KB262676

東北工程을
극복하려면
國史改正
불가피하다

# 東北工程을 극복하려면 國史改正 불가피하다

최재인 지음

KSi 한국학술정보(주)

　본 저서는 연구과제명에 표기된 대로 중국동북공정 극복을 위한 연구였다.

　중국의 동북공정이 2002년 2월에 발표된 후 필자는 중국사서들 기록을 샅샅이 뒤져 동북공정 반증사료 77종을 발굴하였고, 중국동북공정이 발표된 지 2년 후인 2004년 10월 4일, 서울중앙지방법원 민사부를 통해서 주한중국대사 앞으로 중국사서기록 동북공정 반증사료 77종을 중국정부가 확인토록 하라고 제출하려 했지만 이 사료가 아직까지 중국정부에 전달되지 못하고 있다.

　필자가 제출한 중국사서기록 동북공정 반증사료 77종이 주한중국대사의 수취 거부로 중국 측에 전달되지 못하는 이유는 현행국사가 반도사관에 입각한 국사이며 국사학계의 비협조 때문임을 밝힌다.

　필자는 중국사서기록 동북공정 반증사료 77종만 중국정부에 전달된다면 중국동북공정은 완전하게 무산되고 극복될 수 있다고 생각한다.

　그러나 여기에서 문제는 현행국사가 중국동북공정 주장 그대로 고구려 건국 이전의 고대 만주에 우리 민족사의 출발인 단군조선이 건국되었다는 중국사서들의 증언을 인정하지 아니하고 있다는 것이다. 고대 만주에 단군조선이 건국되었다는 사실을 인정하지 않는다면 중국은 중국동북공정 제1요건인 고대만주가 중국의 영토였다는 주장을 취소하거나 철회하지 않을 것이다.

　둘째, 중국사서들 증언의 요동예맥조선을 국정국사로 복원하지 않는 상황에서는 중국정부가 고구려는 중국의 속국이었다는 동북공정을 철회할 리가 만무하다.

　셋째, 중국 사서들은 위만조선 멸망 후 설치되었던 한사군은 반도한사군이 아닌 요동한사군이라고 말하고 있다. 이 증언대로 국정국사를 개정하지 않는 한 중국동북공정의 주장도 철회하거나 취소할 리가 없을 것이다.

　이러하기 때문에 본 연구는 동북공정 극복을 위해 국사교과서 개정 제안이라는 것을 설정하게 되었음을 밝힌다.

　본 연구 결과 내용이 320여 페이지가 되는 것은 중국동북공정 극복을 위해 중국사서들 증언을 하나하나 뒤졌기 때문이다. 4,300년 전 만주에 건국된 단군조선을 국정국사에 복원시키고 요동예맥조선을 국사에 복원시키며 요동한사군임을 증언하는 중국사서와 지리서들대로 국사교과서의 개정 필요성을 인식케 하려는 데 본 연구 논문 발표의 의의가 있음을 요약해서 밝히는 바다.

■ 신화와 역사와의 관계

세계 200여 국가 가운데 무수한 민족이 있지만 신화를 지니지 아니한 민족은 없다고 해도 과언이 아니다. 그러하기에 국립서울대학교의 역사철학 최재희 교수는 『역사철학』이라는 저서의 머리말에서 어느 민족이나 할 것 없이 각 민족의 역사적 신화에 따라 그 민족의 특성을 인정받는다고 했고, 김정학 교수는 『한국민족형성사』에서 신화는 고대인의 원시철학이었다는 것을 밝히고 있다(고대민족문화연구소 [한국문화대계] 321쪽).

그러므로 동서고금 할 것 없이 상고사는 모두가 신화로부터 출발하는데, 그 이유는 상고대 인간들의 세계관은 신이 존재한다고 보고 있기 때문이다.

사실이 이러하기 때문에 고대인들의 역사는 신화의 형식을 빌려서 기술해 왔으니 상고대 역사는 신화가 곧 역사이고 역사가 신화로 서술되었음을 부인하기 어렵다. 상고사는 신화 그 자체가 역사로 되고, 따라서 역사가 신화로 기술되어 나타나고 있기 때문에 우리 민족의 역사도 신화로부터 출발한다.

이러하기에 삼국유사에 고기를 인용한 민족의 국조 환웅과 단군이 신화 가운데 나타나 있고, 단군조선 이후의 부여도 동명성왕의 신화로부터 출발하고 삼국시대 신라의 박혁거세도 신화로부터이고 고구려도 주몽의 신화로부터 출발한 삼국임이 입증된다. 이렇게 볼 때 우리 민족 상고사의 환웅과 단군의 신화에서 어디까지가 신화이고 어디서부터가 역사인지를 식별해야 한다.

왜냐하면 환웅과 단군을 밝힌 『삼국유사』 저자 一然이 불교의 승려였기 때문이다. 불교 이전 인도 바라문교의 경전이던 리그베다(梨具陀陀)에 우주와 만물은 우주의 근본원리로 존재하는 梵(barahman)으로부터 생겨난 것이라 하고 梵을 帝釋天이라 하였는데, 이러한 帝釋天이 유교에서 말하는 天帝이고 기독교에서 말하는 우주창조주 여호와(Jehovah) 유일신임을 『삼국유사』에서는 帝釋이라 해석했다고 볼 수 있다.

　　여기에서부터 환웅이 雄率이라는 인간 삼천 명을 거느리고 태백산이라는 백두산 쪽으로 나타났음을 강림이라고 표기한『삼국유사』古記 인용의 인간, 환웅 역사였음이 입증된다.

　　이러한 인간으로서의 천자 환웅은 風伯과 雨師와 雲師 직책을 지닌 인간들을 거느리고 인간 360여사를 在世理化했던 환웅의 역사였음을 알아야 한다. 바꾸어 말하면 환웅과 단군은 신화가 아닌 인간의 역사라는 것을 알아야 한다는 말이다.

　　그 증거로『삼국유사』를 들 수 있다.『삼국유사』에서는 곰과 호랑이가 하나의 굴에 동거하였고 인간이 되게 해 달라고 기원했다는 記錄이 있지만 동물학적 곰과 범이 아니었음이 입증되었다. 왜냐하면 말 그대로 곰과 범은 인간이 되게 해 달라고 기도할 수가 없는 동물들이기 때문이다.

　　『삼국유사』에 곰과 범이 인간 되게 해 달라고 기도했다는 것은 고대 원시인들이 곰을 신성시했던 토템(totem) 사상에서 인간들이 우주 진리의 이치를 깨닫는 참사람인 眞人이 되게 해 달라는 기도였다는 것을 부인할 근거를 찾기가 어렵다.

　　오늘의 역사학자들은 一熊一虎라는 기록을 곰토템(Totem)과 범토템으로 해석하기도 하는데 이러한 토템(Totem) 역사의 대표적인 사례가 중국 사기 오제본기의 黃帝軒轅을 곰나라 有熊國 출신이라 하고 주나라 무왕을 虎王이었다는 역사기술이 이러한 해석을 뒷받침하고 있다.

　　이렇게 볼 때 환웅천왕 개천신시 이래 단군의 모친을 웅녀라 했던 그 웅녀는 동물인 곰이 변하여 사람이 된 웅녀가 아니라 지금 중국 산동지방 黃帝의 조국이던 有熊國 웅족 나라 小典國의 왕녀가 단군의 모친 웅녀가 아니었다고 부인할 근거를 찾기가 어렵다는 것을 밝힌다.

　　이렇게 해석하는 근거는 우리 민족 반도조선족의 先民인 고대 만주 퉁구스(Tungus, 通古斯)족의 신화와 산동지방 嘉祥縣 武梁祠堂石室의 벽화가 단군신화와 일치하는 내용이 이상의 해석을 뒷받침하는 것임을 밝힌다.

史記卷一五帝本記 黃帝者 有熊國小典之子也 小典者非人名諸侯國號(桓雄 天王의 諸侯國號) 三國遺事 記異篇 古朝鮮條 周虎王 即位己卯. 封箕子於朝鮮

## ◙ 大陸史觀과 半島史觀부터 선별해야

우리의 국사는 대륙의 인간 역사에서 살필 것인가, 한반도의 인간 역사에서 살필 것인가 하는 것부터 선별해야 한다. 그 이유는 우리 민족의 기원을 대륙의 만주에서 단군조선이 건국되었다는 중국의 객관적 사서들 증언대로의 대륙사관의 역사관이 있다.

그리고 우리 민족 역사의 출발이라는 단군조선은 역사 아닌 신화라고 단정하고 우리 민족의 고대조선은 반도조선이었다고 보는 반도사관이 대립하고 있는 것이 현실이다.

여기에 그 대표적인 예가 근대 조선시대의 역사학자들 가운데 대륙 중심 역사안목을 지니었던 역사학자들과 반도 중심 역사안목을 지니었던 반도사관 역사관이 근대조선시대부터 대립해 왔고 거기에 더하여 일제의 식민지사관이 반도사관이었고, 해방 후 오늘의 국사 또한 일제식민지사관 그대로 반도사관에서 벗어나지 못한 국사학계가 대륙사관과 대립하고 있음이 현실이기 때문이다.

이러한 가운데 우리 민족사의 출발을 대륙에서의 출발로 보느냐 반도에서의 출발로 보느냐에 따라 중국동북공정 극복의 대응책이 근본적으로 달라질 수밖에 없다.

그런데도 국사학계의 일각에서 국사 교과서를 검인정으로 해야 한다는 주장에 따라 국무회의에서 2010년부터 검인정 교과서 제도로 바꾸기로 결의했다고 한다.

하지만 우리 국사가 중국동북공정을 극복하지 못한 실정에서의 검인정 국사제도는 시기상조로 불가하다는 사실을 밝힌다. 그 증거가 중국 사서들 증언들의 대륙조선이 우리 국사에서 배제되어 있는 반도사관 국사체제 아래에서 중구난방의 검인정 국사체제는 동북공정 극복에 장해가 된다는 사실을 밝힌다.

그러므로 검인정 국사체제는 중국동북공정을 극복한 연후여야지 중국의 역사침탈 동북공정을 극복하지 못한 현실에서의 검인정 국사체제는 동북공정 극복에 막대한 장애가 된다는 사실을 거듭 밝히는 바이다.

## █ chapter 2  中國史書들 東夷起源 증언 / 121

### 第1節 古代滿洲에서 東夷起因 증언 / 123



### 第2節 檀君朝鮮 神話 아닌 歷史 입증 / 147

## chapter 3   中國史書들 증언 遼東箕子朝鮮과 滅貊朝鮮을 國史로 복원해야 한다 / 223

第1節 遼東箕子朝鮮 / 227

第2節 遼東滅貊朝鮮 / 229

# 現行國史와 日帝植民地史觀과의 관계

## 第1節 日帝植民地史觀과 現行國史 차이

### 1. 現行國史教科書

2007년 3월 발행된 고교국사교과서의 역사관에 따르면 고조선 건국의 단군이야기는 우리 민족 시조 신화로 알려져 있다. 단군이야기의 어떤 요소는 후대에 첨가되기도 하고 때로는 없어지기도 했다. 단군기록은 청동기(BC 10세기 후) 문화를 배경으로 한 고조선 성립의 역사적 사실을 반영하고 있다(고교국사 35쪽)는 현행국사는 무신사관 입각의 국사임이 입증된다.

현행고교국사 속의 환웅부족은 하늘의 자손임을 내세워 자기부족의 우월성을 과시했고 BC 10세기 이후 청동기시대 지배자였던 환웅과 단군은 홍익인간 통치이념을 내세워 자신들의 권위를 세우려 했다. 이는 현행국사의 환웅과 단군이 유신사관에 따라 천부의 이성적 양심작용의 公心에 입각했던 것이 아니라 무신사관의 동물본능작용의 이기심을 지닌 국사 기술의 결과물임을 알 수가 있다.

바꾸어 말하면 우리 민족의 시조였다는 환웅과 단군은 일반 서민과는 다른 천부의 이성적 양심에 입각했던 홍익인간 정신을 지닌 聖人이 아닌 어디까지나 이기적이고 자기중심의 우월성을 사실보다 더 부풀려서 과시했으며 홍익인간 통치이념을 내세워 환웅과 단군 자신들의 지배욕을 채우려 했다는 국사의 교과서는 크게 잘못되었다는 것을 지적하는 바이다.

그런데 이 문제에 대해 국사편찬위원회는 환웅과 단군이 천손임을 나타낸 홍익인간 통치이념을 내세워 자신들 권위를 세우려 했다는 견해를 보이고 있다. 일본의 국사도 한국처럼 천손이라고 밝히고 있지만 일본의 국조 天照

大神의 아우였다는 스사노미꼬도(素戔嗚尊)나 천조대신의 아들이었다는 니니기노미꼬도(瓊瓊杵尊)가 천손임을 자랑(誇示)했다거나 그들의 권위를 세우려 했다는 기록이 없는데 한국의 국사에만 국조를 자신들의 권위를 세우려 했다는 것으로 기술되어 있다.

지난날 조상들의 삶을 뒤돌아보고 그것을 거울삼아 현실적 자아를 확인하고 과거의 역사를 경험 삼아 미래를 내다보는 지혜를 가지고 앞날을 개척해 나가는 국민이 되게 하려는 것이 역사교육의 목적이라고 봤을 때 이러한 국사의 기술은 우리 민족 출발의 시조인 환웅과 단군을 홍익인간 이념을 지니었던 성인(聖人)이 아니고 자신들 권위를 세우려 했다는 이기적 심리를 지닌 인간들이라고 치부하는 것이며, 그로 인해 국사의 교육을 통해서 우리 민족이 본받고 계승해야 할 것이 무엇인지 알 수가 없게 만든다.

한국의 국사에서는 왜 성인들이었던 환웅과 단군이 자기부족을 자랑하고 자신들의 권위를 세우려 했던 이기심을 지니었던 지도자였다고 기술하고 있는지 알 수가 없으며, 이것은 일제식민지사관이 조선인을 폄훼(깎아내리고 헐뜯음)했던 일제식민지사학자들의 역사의식이 국사기술 교수 자신도 모르게 현행국사에 반영된 것이 아닌지 의심하지 않을 수 없다.

## (1) 檀君朝鮮은 歷史 아닌 神話다 - 斷定 排擊 國史

오늘의 국사학계는 단군조선으로부터 위만조선 사이의 사료가 빈곤하다. 그러하다면 객관적 입장에서 증언하는 중국 사서들과 고전들과 지리서들, 4,300년 전 만주의 요서와 요동지방을 중심으로 건국된 단군조선 증언 사료와 은 말 이래 요동기자조선 증언부터 요동위만조선까지 나타나있는 객관적 중국 사서들 10여 종, 요동조선 증언 사료 등을 현행국사학계에서는 인식하면서도 사료가 빈곤하다는 주장만 하고 있는 것인지, 중국의 10여 종 사서들, 단군조선 증언뿐 아닌 은 말부터의 요동기자조선에서 요동위만조선까지의 증언 사료들을 인식하지 못함에 따른 사료 빈곤 주장인지를 알 수가 없다.

필자가 4,300년 전 만주 및 요동지방을 중심으로 건국된 단군조선으로부터 요동위만조선까지 객관적으로 서술한 중국 사서들 20여 종의 증언 및 요동고조선 사료가 현행국사에서 배제되는 이유를 교육부에 추궁하자 이에 대한 교육부의 답변은 현행국사의 정설과 통설에 의해 단군조선과 요동조선이 국사에서 배제되었다는 말 뿐이다.

그러하다면 국사학계가 주장하는 정설과 통설의 근거 사서와 근거 사료가 무엇인가 하는 것이 문제가 된다. 왜냐하면 현행국사학계의 정설과 통설은 반도사관 입각의 국사로 일제해방 전후의 친일사학자 이병도 저술의『국사대관』이 현행국사의 기본으로 되어 있기 때문이다.

그 증거가 중국의 객관적 사서와 고전·지리서 등이 증언하고 있는 4,300년 전의 단군조선 위시의 요동고조선 증언사료를 현행국사에서는 배제하고 묵살할 하등의 이유가 없는데도 무시하고 묵살하고 있는 것은 일제식민지사관 의거의 반도사관 입각 국사의식임을 확인하는 것이다. 이를 확인하기 위하여 중국 사서들 요동고조선 증언 원문을 여기에 옮기는 바이다.

※ 中國의 客觀的 史書들 遼東朝鮮 立證史書들
① 三國遺事引用 魏書云 乃往二千載 有檀君王儉 開國號朝鮮 立都阿斯達滿洲 以高唐卽位五十年庚寅
② 四庫全書 鄭若曾撰朝鮮考 朝鮮國近日 本其在東 相傳 堯戊辰歲有檀君者 居太白山 朝鮮人奉以爲主 此朝鮮立國
③ 中國地理書 山海經卷十八 東海(黃海)之內 北海(渤海)之隅 朝鮮 증언
④ 中國地理書 山海經卷十二 朝鮮在燕列陽東 海北(渤海北) 山南(大興安嶺南) 朝鮮 증언
⑤ 管子 發朝鮮滿洲 및 遼東朝鮮 증언
⑥ 史記卷百十匈奴傳 山西省上谷以東 遼東濊貊朝鮮
⑦ 史記蘇秦列傳 燕東遼東朝鮮
⑧ 史記秦始皇本紀 渤海南至 山東登州東北遼東朝鮮
⑨ 淮南子 太行山脈 東쪽 遼東朝鮮
⑩ 方言 燕東北洌水之間 遼東朝鮮
⑪ 三國志魏志東夷傳 遼東箕子朝鮮繼承 遼東準王朝鮮
⑫ 史記朝鮮列傳 自始全燕時 遼東眞番朝鮮侵略 遼東朝鮮 증언이 遼東衛滿朝鮮 立證

⑬ 史記匈奴傳 漢東拔濊貊朝鮮 以爲郡 樂浪·玄菟郡

⑭ 後漢書卷百十五東夷傳 漢武帝時 衛滿朝鮮部族長 濊君南閭畔右渠 置蒼海郡
數年乃罷 遼東衛滿朝鮮

⑮ 後漢書東夷傳 武帝元封三年 滅朝鮮分置 樂浪·眞番·臨屯·玄菟

⑯ 漢書卷二十八地理志下 樂浪·玄菟屬幽州 應劭注 故眞番朝鮮國

⑰ 前漢書卷二十四下食貨志 武帝因 文·景帝之畜 忿胡粵之害 彭吳穿濊貊朝鮮
置蒼海郡

⑱ 後漢書卷百十五東夷傳 燕人衛滿擊破準朝鮮 傳國至孫右渠 元朔元年(BC 128)
濊君南閭畔右渠 卒二十八萬口 武帝以其地爲蒼海郡 數年乃罷 至元封三年
(BC 82) 罷眞番以並樂浪 罷臨屯以並玄菟

⑲ 後漢書卷百十五三國志魏志東夷傳 順·桓帝之間 高句麗復犯遼東 殺帶方令
掠得樂浪太守妻子 靈帝建寧二年(AD 169) 玄菟太守耿臨討之

⑳ 後漢書光武帝記下 樂浪人王調 據郡不服 樂浪在遼東


이상 열거한 중국의 객관적 사서 및 지리서의 고조선 증언에 의해 만주에 건국된 단군조선에서 기인된 조선국가칭들임이 입증된다. 그럼에도 불구하고 현행국사는 중국의 객관적 사서들이 증언하는 4,300년 전 만주와 요동지방을 중심으로 건국된 단군조선은 역사 아닌 신화로 단정하고 있다.

그러므로 국사학계는 중국의 객관적 사서들이 증언하는 만주 및 요동대륙 조선이 국사로부터 배제되어야 할 이유가 없는데도 배제함으로서 국사의 사료 빈곤 주장은 반도사관 입각의 일제식민지사관 그대로임을 여지없이 드러내고 있는 것이다.

만의 하나 이상 열거한 중국 사서들 속 객관적 증언 20여 종, 만주대륙 및 요동고조선 사료 가운데 국사에서 배제할 수밖에 없는 사료가 있다면 그 사료가 배제될 수밖에 없는 이유를 구체적으로 지적해야 한다. 그런데도 국사학계에서는 아무 말이 없으니 지적할 이유가 없어서 지적하지 못하는 것으로 간주할 수밖에 없다.

## (2) 箕子朝鮮은 信憑性이 없어 인정할 수 없다

중국의 사기에 은 말의 기자가 조선으로 갔다는 기술에 따른 기자조선은 기자가 반도조선으로 온 일이 없기 때문에 기자조선은 허구일 수밖에 없으며 그렇기 때문에 국사에서 기자조선을 인정할 수 없다는 것이 현행의 국사학계다.

그러나 현행국사학계의 기자조선 부정은 어디까지나 일제식민지사관에 따른 반도사관 입각의 국사이기 때문에 부정하는 것이다. 국사학계가 대륙사관에 입각하게 되면 기자조선을 허구라고 할 수가 없다. 왜냐하면 주 무왕이 은 말의 기자가 조선으로 갔다는 소문을 듣고 기자를 조선의 왕으로 인정하면서 주 무왕의 신하로 여기지를 아니했다는 것이 사기송미제세가의 증언이다.

주 초의 무왕이 은 말의 기자가 조선으로 가 버렸다는 소문을 듣고 그 사실을 인정했다는 것은 은대 이전부터 조선이라는 나라가 존재했었기 때문이다. 기자가 조선으로 갔다는 소문이 있었다는 것은 부인할 수가 없는 것이다. 그 증거가 夏禹 때 찬술이었다는 중국상고대지리서인 산해경 증언의 東海之內 北海之隅朝鮮으로 殷末의 箕子가 갔던 조선이 있었음이 입증된다.

그럼에도 불구하고 현행의 국사학계는 반도조선의 역사밖에 알지 못함에 따라 동북아 역사를 알지 못하는 교수들이 中國東海之內라는 중국대륙과 동북아 쪽의 요동에 조선이 존재했음을 전연 인식하지 못하고 기자조선을 부정하고 있는 것이다. 고대 중국의 지리서인 산해경이 증언하기를 중국대륙의 동해라는 황해내륙과 북해라는 발해 쪽 모두가 조선이었다는 증언을 모르는 국사학자들이 기자조선을 부인하고 있음을 밝힌다.

기자조선에 관한 구체적인 것은 다음 3장 중국 사서들 증언의 요동기자조선과 요동예맥조선이라는 제하에서 상론될 것이기에 우선 여기에서는 현행국사학계의 기자조선 부정은 일제식민지사관의 반도사관에서 탈피하지 못한 역사 무지에서 기인된 것임을 먼저 지적하는 바이다.

## (3) BC 10世紀 後 遼寧中心 古朝鮮이 우리 民族 最初國家다

국사교과서는 위만조선 이전의 요령중심 고조선은 BC 10세기 이후의 비파형동검 출토로 알 수 있다고 기술하고 있다. 그러나 이러한 요령중심 고조선은 구체적으로 BC 몇 년에 건국되어 BC 몇 년에 소멸되었으며, 소멸 원인이 무엇인지 밝혀진 것이 없다.

그리고 요령중심 고조선이 반도로까지 발전한 고조선인데 국사의 교과서는 BC 10세기 전후 청동기시대 환웅과 단군에 의해 건국된 요령중심 고조선은 역사 아닌 신화라고 단정하고 있다.

고교국사교과서 29쪽을 보면 BC 10세기경 한반도에 청동기시대가 전개되었다(국사교사용지도서 59쪽 청동기시대라는 제하에서 우리나라 청동기시대는 BC 10세기임을 밝히고 있음)고 하고 있고 BC 10세기 이후 청동기시대에 가장 먼저 나타난 것이 요령중심 고조선임을 밝히고(고교국사 35쪽) 있으며, 단군에 대한 기록도 BC 10세기경의 청동기문화를 배경으로 요령중심 고조선이 건국되었음을 밝히고 있다.

4,300년 전의 단군조선을 역사 아닌 신화라고 배격한 국사교과서가 요령중심 고조선은 4,300년 전 단군조선에 대치된 국가였다고 밝히고 있는 것이다. 고교국사교과서 35쪽을 보면 환웅은 하늘의 자손임을 내세워 자기부족의 우월성을 과시했고 그때(BC 10세기 이후)의 지배층이던 환웅과 단군은 홍익인간의 통치이념을 내세워 자신들 권위를 세우고자 했다고 기술하고 있다.

여기서 문제로 지적할 수 있는 것은 BC 10세기 후 환웅과 단군에 의해 건국되었다는 요령중심 고조선이 어떻게 청동단검 무력의 정복으로 한반도까지 진출하게 되었는지, 홍익인간이념의 교화로 한반도까지 진출하게 되었는지의 기술이 없다는 점이며 그로 인해 요령중심 고조선의 정체를 알 수가 없다는 것이다.

그리고 이러한 요령중심 고조선에 대해 소멸된 것이 BC 몇 년이었으며 또한 소멸원인은 무엇인지 국사교사지도서 4쪽에는 역사로서 합리적으로 설명되어야 한다. 즉 증거의 사실성과 논지의 타당성과 역사서술의 논리성이 전제되어야 하는 국사에서 전연 다른 논리부재를 드러내고 있음을 지적하는 바이다.

그뿐 아니다. 국사 교과서의 주장대로 BC 10세기 후의 요령중심 고조선을 환웅과 단군이 건국했다는 것은 논리적으로 모순이 된다. 왜냐하면 환웅과 단군은 역사적 실존인물이 아닌 신화였다고 하면서 환웅과 단군이 요령중심 고조선을 건국했다고 한다면 환웅과 단군은 신화가 아닌 역사적 시간의 시기만 달리한 실존인물임을 국사의 교과서가 입증하는 것이기 때문이다.

그러므로 4,300년 전의 단군과 환웅을 역사적 실존인물이 아닌 신화로 단정한 국사의 교과서는 BC 10세기경에 실존인물인 환웅과 단군이 요령중심 고조선을 건국했었다는 모순을 이해시켜야 합리적인 국사의 교과서가 될 수 있을 것이다.


## (4) 準王朝鮮과 衛滿朝鮮은 半島朝鮮이다

고교국사교과서 36쪽을 보면 燕人 위만은 무리 1,000여 명을 이끌고 고조선으로 들어와 준왕의 신임을 받고 서쪽의 한나라 쪽 수비의 임무를 맡게 되었다고 되어 있다. 그러한 위만이 준왕을 속이기를 한나라가 침공해 오고 있으니 수도 왕검성을 자신이 호위하겠다고 하고 BC 194년에 준왕을 몰아내고 스스로 왕이 되었다는 기술을 하고 있다.

일제해방 후 오늘에 이르기까지의 국사교육은 준왕조선과 위만조선이 반도 대동강을 중심으로 삼은 반도위만조선이라고 교육해 왔다. 그러던 국사학계가 근래에 와서 국사교과서에 준왕조선과 위만조선이 반도조선인지, 요동조선인지를 알 수 없도록 모호하게 기술하고 있다.

국사교사용지도서 20쪽 오른편 하단에 요령중심 고조선인 후기조선은 대동강 중심 조선이라고 설명되어 있고 또 64쪽 왼편 하단에는 위만이 한반도

북쪽에 세운 것이 위만조선이라고 설명하고 있다.

그런데도 국사학계는 왜 국사의 교과서에 준왕 또는 위만조선의 위치가 반도인지, 요동인지를 밝히지 아니하고 그 위치를 은폐하고 있는지 그 까닭을 알 수가 없다.

일제해방 후 1980년대까지 근 40년간 교과서에 위만조선은 반도조선이었음을 명백하게 밝혀 오던 국사학계가 1970년대 이래 재야사학자들이 중국의 사서들에 위만조선이 반도조선이 아닌 요동대륙조선이라고 명명백백하게 밝혀 놓은 사료들을 제시하며 위만조선을 반도조선이라고 교육하는 국사교과서 기술의 사료를 밝히라고 강력히 요구하는 강도가 높아지자 슬그머니 국사의 교과서에 위만조선의 위치를 감추어 버리고 밝히지를 않고 있음이 입증되고 있다.

이 문제에 관해 국사학계가 준왕조선과 위만조선의 위치를 은폐하지 말고 위만조선의 위치가 요동인지, 반도인지를 분명히 밝혀야 한다는 것을 주장하는 바이다.


## (5) 敗亡衛滿朝鮮 全域 漢四郡 設置를 認定했다가 平壤 一部地域 에만 漢樂浪郡 設置 改作 國史

국사교과서는 일제해방 후 1980년대까지 한사군은 한강 이북의 평양에 낙랑군이 설치되고 황해도에 진번군이, 강원도에 임둔군이, 함경도에 현도군이 설치되었다고 명기해 오다가 1980년대 이후부터는 한 제국의 식민지였다는 한사군이 평양이라는 일부지역에만 설치되었다고 개정하여 설명해왔다.

그러나 한사군 설치 당사국의 사서는 한 무제 후의 昭帝(BC 86~74) 때 한사군의 진번군은 낙랑군에 병합하고 임둔군은 현도군에 병합되었음을 밝히고 있고 한서지리지는 한 무제 때 설치된 낙랑과 현도는 옛날의 箕子去之朝鮮이던 요동의 예맥조선에 설치되었다가 이들 낙랑·현도군은 한 제국의 직할령인 幽州로 편입되었음을 밝히고 있다. 한 제국 직할령인 유주로 편입된 낙랑군이 어째서 현행국사에서는 한반도의 평양 지방에만 낙랑군이 설치되었다는 것인지 알 수가 없다.

그러나 한사군 설치 당사국의 사서들은 이구동성으로 패망한 위만조선 전역에 한사군이 설치되었다는 증언을 하고 있다. 그러면 한국의 국사교과서는 무슨 근거에서 일방적으로 한반도의 일부지역인 반도평양 지방에만 한사군의 식민지가 설치되었다는 것인지 그 근거를 알 수가 없다.

한사군 설치 당사국의 사서들은 모두가 하나같이 패망위만조선 전역에 한사군을 설치했었다는 증언을 하고 있는데 한국사만이 일방적으로 반도평양 지방에만 한 제국의 식민지로 낙랑군을 설치했다고 한다. 만약 漢나라가 평양 지방에만 식민지였던 낙랑군을 설치했다면 패망한 위만조선은 식민지로 한사군을 설치하지 아니하고 어떻게 처리했던 것인지 전연 알 수가 없다. 이 부분이 한국에서만 서술하고 있는 일방적인 역사로 문제가 있음을 밝힌다.

왜냐하면 한사군 설치 당사국은 패망위만조선 전역에 한사군을 설치했다는 증언인데 한국사만이 漢帝國이 한반도 일부지역인 평양 지방에만 漢나라의 식민지였던 낙랑군을 설치하고 패망위만조선 여타 지방은 漢나라가 어떻게 처리하였던가 하는 것이 문제가 된다.

그뿐 아니다. 패망위만조선의 일부지역인 평양지방 이외 지방은 무슨 까닭에서 放棄했던 漢나라였던지 그 이유에 대해 밝혀져야 할 국사의 교과서임을 지적하지 않을 수 없다. 이 문제에 관한 구체적인 것은 제3장 3절 위만조선과 한사군이라는 제하에서 구체적으로 논급될 것이니 참조하시기 바란다.


## (6) 漢四郡 設置 當事國 史書들 敗亡衛滿朝鮮 全域 漢四郡 設置 증언


현행국사는 한 무제가 패망위만조선 전역이 아닌 일부지역인 반도 평양에만 한나라 식민지인 낙랑군을 설치했다고 하지만 사기조선열전에 따르면 한 무제가 위만조선을 멸하고 이로써 드디어 조선을 평정한 자리에 사군을 설치했으며 각각 潐淸(山東)·溫陽(齊地方)·平州(河北)·萩苴(渤海)侯를 봉해 한 사군을 설치했음을 밝히고 있다.

　이러한 한사군 설치에 대한 사실은 한사군 설치의 목격기이던 사마천(BC 145~68)의 사기 때부터 근 150여 년이 지난 후한의, 班固(AD 32~92)가 찬술한 한서조선전에도 기록되어 있다. 그뿐 아니라 조선을 평정하고 사군을 설치하기를 낙랑·진번·임둔·현도라고 한사군명이 개명된 후 진번은 낙랑에 병합되고 임둔은 현도에 병합되었다는 사실이 사기·한서·삼국지 동이전 등에 기록되어 있다.

　그러하기에 일제해방 후의 국사도 위만조선 패망지였다는 반도한강 이북의 평양에 낙랑을, 황해도에 진번을, 강원도에 임둔을, 함경도에 현도군을 각각 설치했다고 1980년까지 교육해 왔던 국사였다. 그러다가 한국의 국사는 일방적으로 1980년 이후의 국사학계는 반도평양 일부지역에만 한나라 식민지 낙랑군이 설치되었다는 국사로 뜯어 고치었다.

　그러하다면 여기에서 문제로 되는 것은 한사군 설치 당사국 정사들인 사기·한서·삼국지 모두가 이구동성으로 패망 요동위만조선 전역에 한사군이 설치되었다는 증언에 따라 1945년 일제해방 후 1980년대까지 반도한강 이북에 한사군이 설치되었다고 교육해 왔던 그 국사의 사료는 그 어느 사서의 그 어느 사료 의거의 한반도 한강 이북 한사군이었다가 1980년대 이후 돌연히 패망위만조선 일부지역인 반도평양에만 漢나라 식민지인 낙랑군만을 설치했다는 국사개정 사서와 사료를 도무지 알 수가 없다.

　그뿐 아니라 한사군 설치 당사국 사서들은 모두가 패망 위만조선 전역에 한사군이 설치되었다는 증언을 하고 있는데 한국의 국사학계는 무슨 근거의 무슨 까닭(cause)에서 패망 위만조선 가운데서도 평양 낙랑만을 한 제국 식민지로 설치하고 漢帝國이 패망 위만조선 여타 지역은 放棄했다고 하는 것인지 문제를 지적하지 않을 수 없다.

　국사학계 및 국사편찬위원회는 그 무슨 근거로 패망 위만조선 전역에 한사군 설치를 증언한 한사군 설치 당사국의 사서들의 사료를 무시 묵살하며, 일방적으로 국사학자들 마음 내키는 대로 조작하며 한 제국이 패망 위만조선 일부지역인 반도평양에만 한 제국의 식민지로 낙랑군이 설치하고 패망 위만조선 반도평양 낙랑 이외의 지역은 放棄했다는 것인지 그 근거를 도무지 알 수가 없다.

그러므로 국사학계와 국사편찬위원회는 국민의 알 권리를 위해 국사가 개정되는 까닭을 밝혀야 하며, 국사는 국사학자들 마음 내키는 대로 조작해도 되는 전유물일 수 없다는 것을 밝히는 바이다.

## (7) 高句麗 · 百濟 · 新羅 三國 以前의 夫餘 否認 國史

고교국사 교과서 38쪽을 보면 부여는 서기 1세기 초가 되어서야 왕호를 사용하는 국가체제를 갖추고 후한과 國交를 했다고 기록하고 있다. 국사교사용지도서 65쪽도 부여는 서기 1세기 무렵에 왕호를 사용하고 후한과 외교관계를 맺었다고 설명하고 있다.

그런데 BC 37년에 압록강 건너편의 만주 졸본에서 고구려를 건국한 주몽은 부여국 출신이라는 것은 역사의 전문학자가 아니더라도 모두 아는 사실이고, 백제 역시 주몽의 태자였다가 제2대 고구려왕이 된 유리왕과는 이복형제로 온조가 그의 형 비류와 함께 남하하여 BC 18년에 한강 부근의 위례성에 도읍을 정하고 백제를 건국하고 부여를 모국으로 했던 溫祚였다는 것은 세상이 다 아는 바이다.

그럼에도 불구하고 부여는 고구려와 백제의 모국이 되는 부여국인데 현행 국사학계는 이러한 부여국이 고구려와 백제보다도 뒤늦은 서기 1세기가 되어서야 왕호를 사용하는 국가체제를 갖추고 역사상에 나타나 후한 때에야 외교관계를 맺었다는 것은 현행의 국사학계 국사학자들이 진실로 고구려 · 백제 · 신라 삼국 이전의 부여 역사를 모르는 사람들인지 도무지 알 수가 없다.

왜냐하면 중국의 전국시대와 秦代의 사서들 부여 증언은 고사하고 삼국지 동이전 증언에 전한시대의 한 제국은 부여왕의 장례 때마다 장례용 부장품으로 玉匣을 상납해 왔던 전한제국이었다는 것도 국사학계는 모르는지,

알면서 부인하는지, 알 수가 없다. 국사학계는 부여 1,000년 역사 가운데 전한시대까지 500년의 부여역사를 말살해서는 안 된다는 것을 밝힌다.

여기의 부여문제는 중요한 문제이기 때문에 본서 제3장 4절에서 부여 1,000년 역사 중 500년 말살의 국사교과서라는 대목에서 상론되겠기에 더 이상의 논급을 유보하는 바이다.


## 2. 日帝植民地史觀 體制

국사학계는 현행국사가 일제로부터 해방된 후 일제의 식민지사관에서 탈피한 국사라고 강력히 주장하고 있다. 현행국사체제가 일제치하 조선총독부 산하 조선사편수회 저작 조선사 36권의 일제식민지사관 체제를 탈피했다는 주장을 확인하기 위해 일제식민지사관의 체제부터 살펴보면 아래와 같다.


### (1) 朝鮮歷史를 日本歷史보다 짧게 만들기 위해 4,300年 檀君朝鮮 歷史 아닌 神話다 抹殺

일본의 상고사는 일본의 개국 기원이 2,600년이라는 것을 밝히고 있다. 그러하기 때문에 일본인이 4,300년 전의 선진민족인 조선인을 지배하기 위해서는 조선인의 역사를 그들의 일본역사보다 짧은 역사로 만들지 않으면 지배하기가 어려웠던 일본은 4,300년 전의 단군조선은 역사 아닌 신화라고 말살하지 않을 수가 없었던 그들의 일본식민지사관이었음이 입증된다.

이러한 단군조선 말살은 일제식민지사학의 괴수였던 이마니시류(今西龍) 著 『朝鮮古史の研究』 위시의 『檀君考』 논문에서 단군조선은 역사 아닌 신화라는 내용으로 단군신화는 몽고족인 元나라가 고려를 침공했을 때인 항몽기(抗蒙期)에 조작된 것이라고 주장했던 것이 우리 국사학계에 그대로 전승되어 일제식민지사관의 원흉이었던 今西龍의 주장대로 우리의 국사 단군조선은 역사 아닌 신화라고 단정하고 단군조선이 국사에서 배제되게 한 국사가 현행국사다.

그렇다면 今西龍의 『朝鮮古史の硏究』라는 저서와 『檀君考』 논문 내용대로 단군조선은 역사 아닌 신화에 불과한 것인가 하는 것이 문제가 되는데 본서는 단군조선은 신화 아닌 역사로서 중국의 상고대 요순시대부터 하·은·주 왕조에 외치까지의 치적이 있는 단군조선이라는 사실을 본서 제2장 2절에서 밝히는 바이다.

그러므로 한국의 국사학계에서 단군조선을 역사 아닌 신화라고 우리의 국사에서 배제하는 것은 단군조선의 외치(外治)를 전연 인식하지 못하고 있는 국사학계임을 밝힌다.

왜냐하면 오늘의 국사학계가 중국의 사기오제본기의 요순시대를 위시해서 하·은·주 왕조에 이르기까지의 단군조선의 외치 증언을 인식하고 있는 국사학계라면 4,300년 전의 단군조선을 역사 아닌 신화라고 단정할 수 없음을 밝힌다.

그러므로 이 문제의 구체적인 것은 본서 제2장 2절 제하 객관적 입장의 중국 사서들 단군조선 증언과 함께 단군조선 내치와 고대 중국 하·은·주 왕조의 단군조선 외치부분을 국사학계는 깊이 살펴보시기를 당부하는 바이다.


## (2) 半島人은 文化後進 野蠻朝鮮人 大陸朝鮮 否認 隱蔽

일본인들은 우리 민족을 지배하기 위해 일본인의 역사 2,600년보다 근 2,000년이나 앞섰던 단군조선을 역사 아닌 신화라고 말살해 버리고, 우리 민족의 문화를 말살하고, 우리 민족을 일본인보다 후진문화를 가진 야만인으로 만들어 버렸다. 이것이 조선의 역사를 날조한 일제의 식민지사관이다.

그러하기 때문에 일제 때의 조선총독이었던 사이도 미노루(濟藤 實)의 敎示에는 먼저 "조선인이 자신의 얼(魂)과 역사와 조선인의 전통을 알지 못하게 하라. 조선 민족의 혼과 민족문화를 상실하게 하고 그들의 조상과 선인 (先人)들의 무위(無爲), 무능(無能), 악행(惡行)을 들추어서, 그것을 조선인 후손들에게 가르쳐라. 조선인 청소년들이 그들의 부모와 조상을 경시하고 멸시하는 감정을 일으키게 하여 그것을 기풍으로 만들라. 그러면 조선인 청소년들이 자국(自國)의 모든 인물과 사적(史蹟)에 대하여 부정적인 지식을 얻게 될 것이며 반드시 실망과 허무감에 빠지게 될 것이다. 그때 일본의 역사와, 일본의 문화, 일본의 위대한 인물들을 소개하면 일본인으로 동화(同化)하는 효과가 지대할 것이다. 이것이 제국일본(帝國日本)이 조선인을 <일본인>으로 만드는 요결이다."라고 밝히고 있다.

일제 때인 1922년 조선총독 사이도 미노루(濟藤 實)가 조선인을 일본인으로 만들기 위한 교육시책을 역설한 것이다.

광복 40주년을 맞으며 사이도 미노루(濟藤 實)의 망언을 다시 한 번 되새겨 보게 되는데 일제가 한국의 전통문화와 역사를 말살하기 위해 광분했었음을 잊어서는 안 된다(서희건 선생의 책 "잃어버린 역사를 찾아서"의 내용 중에서 1986년 11월).

조선인은 지배의 능력이 없는 민족이기에 중국인의 지배를 받아 왔던 민족이었다는 것을 인식케 하기 위해 중국 사서들 증언의 대륙조선을 부인하고 조선인은 시키는 대로밖에 할 줄 모르는 노예근성인 피동성을 지닌 타율성적 민족이라고 깎아내린 일제의 식민지사관이었다.

그리고 일제식민지사관은 조선인은 지능 정도가 낮고 교육을 받지 못한 무식한 조선인들이기 때문에 발전을 하지 못한다는 것을, 침체성을 띤 민족이라고 인식하도록 하는 교육을 했던 일제식민지사관에 입각한 조선인 교육정책이었다.

그런데도 현행국사학자들은 일제의 식민지사관이 조작했던 역사, 일제식민지사관 그대로의 국사를 우리 국민에게 교육하고 있는 것이 현실이다.

## (3) 日帝植民地史觀은 半島 全體가 衛滿朝鮮이었다

　중국의 객관적 사서와 지리서들은 모두가 요동위만조선을 증언하고 있는데도 일제의 식민지사관은 대륙조선 일체를 부인하고 반도의 위만조선이었다고 조작하고 한반도 전체가 위만조선이었다는 주장을 하고 있다. 이러한 일제식민지사관은 대륙조선 역사를 철저하게 은폐하고 부정했다.

　왜냐하면 조선인이 대륙까지 지배했음을 스스로 인식하게 되면 조선인은 후진민족이라고 할 수도 없고 조선인은 지배능력이 없는 노예근성이라는 것이 먹히지가 않기 때문에 일제의 식민사관은 조선인의 대륙지배를 철저히 부정하고 은폐했던 것이다.

　그러하기에 일제의 식민지사관은 중국의 사서들에서는 위만조선이 요동의 위만조선이었다는 사료를 부인함에 따라 반도조선이었다는 사료가 전연 없는 데도 일제의 식민지사관이 위만조선을 한반도 전체로 보았던 데는 근세 이씨조선시대의 실학자들 가운데 正祖(1776~1800) 때 丁若鏞(1762~1836)의 『我邦疆域考』 등 이씨조선의 반도사관 등에 근거했던 것으로 추측할 수 있다.

　반도사관이라는 것은 이조 正祖(1721~1791) 때 비로소 성립된 반도사관이다. 그러나 이 반도사관에는 서기 이전의 위만조선이 반도조선이라고 할 근거가 전연 없다는 사실을 밝히는 바이다. 이렇게 볼 때 반도조선사관의 기원은 이씨조선에만 적용되는 것이지 서기 이전의 위만조선에는 적용될 수 있는 근거가 전연 없다는 사실을 국사학계는 모르고 있다.

　일제식민지사관이 반도조선만을 고집했던 이유는 조선인이 대륙까지 지배했었다는 사실을 인정하게 되면 일제의 식민지정책의 기조가 흔들리어 勢不利를 통감한 데서였음은 더 말할 것이 없는 것이다. 이러한 식민지사관과 조금도 다를 것이 없는 반도사관 역사교육만을 받은 국사학계가 대륙조선 역사를 극력 부인하고 반대하는 것은 일본인들과 마찬가지로 대륙조선사관이 현행국사학계 교육에서 勢不利라고 판단했기 때문이 아닐까. 여기에서 오늘의 국사학계가 일제식민지사관의 근성에서 벗어나지 못하고 있다는 사실을 다시 한번 확인할 수 있다.

일제 때 조선총독부 조선사편수회에서 식민지사학의 원흉이던 이마니시(今西龍)의 하수인 노릇을 하던 이병도가 해방 후 일제 때의 식민지사학자들이 모두 물러가고 난 다음 국립서울대의 교수가 되어 『국사대관』을 저술한 것이 오늘 국사학의 대본이 되어 있음은 부인할 수 없다.

그런데 여기에서 안타까움을 금할 수 없는 것은 일제 치하에서 독립운동을 하면서 민족을 일깨우려고 『한국통사』와 『한국독립운동혈사』를 저술했던 박은식 선생과 『한국고대사』인 고조선 역사를 찾으려던 신채호 선생은 조국의 광복(解放)을 보지 못하시고 한을 품은 채 해외에서 殉死하셨다.

그러나 일제의 해방이 오기까지 생존했던 민족사학자 정인보·안재홍·최남선 제씨들은 무엇을 하고 있었기에 일제시대부터 민족반역자였던 이병도와 신석호가 한국사학계를 주름잡고 있었음을 방치하여 오늘의 한국사가 이 지경이 되게 했는지 도무지 이해할 수가 없다.

이들 중 안재홍은 정치를 하려다 6·25 때 납치되었고 정인보 역시 민족사학자로서의 사명을 하지 않고 있으니 납치되어 오늘까지 생사를 확인할 수 없게 되었고 최남선은 6·25 때의 충격으로 폐인이 되어 버렸지만 일제 해방 후에 이들이 국사를 바로잡아 민족을 일깨우려는 애족지심을 가졌더라면 오늘의 한국사가 반민족적 친일사학자 이병도의 독무대가 될 수는 없었을 것이다. 이처럼 안타까움을 넘어서는 한국사의 왜곡을 어떻게 해야 할지 논자의 역부족을 통탄할 수밖에 없다.


## 3. 日帝植民地史觀과 現行國史 일치점


국사학계는 현행국사가 일제식민지사관을 탈피한 국사라고 강력하게 주장한다. 그렇다면 현행국사와 일제식민지사관과의 차이점이 무엇인가 하는 것이 문제가 된다. 왜냐하면 현행국사 체제는 일제식민지사관 그대로의 체제에서 지엽적인 부분만 수정한 일제식민지사관 복사판 국사가 현행국사임을 부인할 수가 없기 때문임을 밝힌다. 그러면 이 사실을 구체적으로 확인해 보기로 한다.

## (1) 檀君朝鮮 歷史 아닌 神話다 일치

현행국사 체제는 이병도의 국사대관이 기본으로 되어 있음을 부인할 국사 학자는 없을 것이다. 그러기에 조선총독부 조선사편수회 일제식민지사학의 괴수 이마니시(今西龍)가 주장한 삼국유사의 단군조선은 몽고족 고려침입 이후 항몽사상을 고취하기 위하여 조작된 것이라는 역사서술을 국사학계가 계승하고 있는 것이다.

그 증거가 첫째 일연대사가 삼국유사에 인용한 위서(魏書)는 漢나라가 멸망한 다음의 삼국시대 魏(AD 220~265)나라 사서이고, 그 위서에 위나라 이전의 2000년에 단군조선이 건국되었다는 증언이 있으니, 고려 충렬왕(1274~1308) 11년이던 서기 1285년에 一然이 삼국유사를 찬술하기 1,000년 전의 魏書에 단군조선의 증언이 있는 셈이다. 그런데 어째서 국사학계는 이마니시(今西龍)가 몽고족 고려침입 이후의 단군 조작이었다는 주장을 따르고 있는 것인지 알 수가 없다.

국사학계가 현행국사에서 단군조선을 역사 아닌 신화라고 단정하고 배제하는 역사의식의 근거는 일제식민지사학의 괴수 이마니시(今西龍)와 이마니시의 하수인이었던 친일사학자 이병도가 현행국사의 大本(기본자료)이 되게 저술한 「국사대관』에서 밝힌 단군조선은 역사 아닌 신화라는 주장에 따른 것이다. 4,300년 전 단군조선이 역사가 아닌 신화라 단정하는 것은 단군조선 역사말살이 현행국사의 요령중심 고조선 국사를 입증시켜주기 때문이다.

신라 제19대 눌지왕(417~458) 때의 충신이었던 박제상 찬술의 符都志는 삼국유사 이전의 고기를 인용하여 단군왕검이 조선을 건국했다는 사실을 삼국유사보다 850여 년 전인 AD 430년대에 증언하였는데 일제식민지사학의 괴수였던 이마니시(今西龍)가 고려의 항몽기에 단군을 조작했다는 왜곡된 주장을 어째서 국사학계가 따르고 있는지 알 수가 없다.

이렇게 볼 때 일제식민지사관의 제1의 핵심은 일본인 역사 2,600년보다 장구한 4,300년 전의 단군조선을 말살하는 것이었음을 알 수가 있다. 이러한 일제의 속셈을 국사학계는 과연 모르는 것인가.

우선적으로 국사학계에서 단군조선을 중국의 사서들이 객관적 입장에서 증언하는 대로 4,300년 전의 만주 건국의 단군조선이라는 사실을 인식해야 한다. 4,300년 전 만주건국 단군조선을 국사로 복원하지 않고는 오늘의 고대 만주가 漢族의 영토였고 漢族의 역사였다는 중국동북공정을 극복할 길이 없다는 것을 깨달아야 한다.

현행국사가 일제식민지사관을 탈피한 국사임을 주장하려면 무엇보다도 먼저 4,300년 전의 단군조선을 국정국사로 복원하여 단군조선을 역사가 아닌 신화라고 단정하는 국사체제에서 벗어나야 할 것이다.


## (2) 箕子朝鮮 否認 일치

현행국사학계는 기자조선을 부인한다. 그런데 현행국사학계가 기자조선을 부인하는 이유가 무엇일까? 중국의 사기송미자세가를 보면 은 말의 기자가 주 무왕의 혁명을 피하여 조선으로 가 버리자 이 소문을 들었던 주 무왕이 기자를 조선의 왕으로 인정하고 신하로 삼지 아니했다는 증언이 있다.

이 증언을 뒷받침하는 것이 하우왕 때 찬술했다는 고대 중국 지리지인 산해경의 증언이다. 산해경은 고대 중국 동쪽의 동해라는 황해 내륙과 북해라는 발해 쪽 모두가 고대의 조선이었음을 증언하고 있다. 그리고 은 말의 기자가 중국 지리서인 산해경이 증언하는 東海之內 北海之隅의 요동조선으로 갔다는 사실을 중국의 전한서지리지도 증언 하고 있다.

前漢書卷二十八下地理志 樂浪(眞番竝合)・玄菟(臨屯竝合)武帝時置 皆濊貊朝鮮 故
箕子去之朝鮮 樂浪・玄菟屬幽州 應劭曰 故眞番朝鮮國

　근래에 와서 발해지방에서 箕侯라고 새겨진 箕鼎(솟)의 유물이 발견됨에 따라 사기송미자세가 증언의 箕子去之朝鮮의 문헌사료를 한서지리지가 요동의 예맥조선이 箕子去之朝鮮의 眞番朝鮮이었다는 문헌적인 증언과 삼국지 위지동이전 위략 기자의 자손이 진번조선의 否王과 準王이었다는 증언을 실증사학인 고고학의 유물로 기자조선의 존재를 입증할 수 있게 되었다.

　그럼에도 불구하고 현행국사학계가 기자조선을 인정하지 아니하고 부인하는 이유가 무엇일까? 그 첫째의 이유가 은 말의 기자가 반도조선으로 오지를 아니하였다는 반도사관 입각의 국사이기 때문이다.

　그리고 두 번째 이유는 현행국사학계가 오늘의 우리 민족이 동이족이라는 사실을 망각한 데서 기인하고 있다. 오늘의 국사학 교수들이 반도조선 이외의 국사는 인식하지 못함에 따라 상고대의 대륙동이와 반도조선족과는 무관하다는 국사의식을 갖고 있기 때문이다.

　그리고 세 번째, 영국의 경험론 철학자 베이컨(Bacon)의 증언대로 현행국사학자들이 받은 역사교육은 일제식민지사관 체제를 본뜬 이병도 국사대관의 사고방식에서 벗어나지 못한 반도사관의 역사의식을 지니고 있으니 중국 사서들의 고대대륙조선 증언을 보아도 깨닫지 못하고 있는 것이다.

　여기에 비근한 예를 든다면 某 대학의 교수로서 박사학위까지 받을 정도로 유능한 교수로 국사편찬위원회의 위촉을 받고 조선사를 번역한 교수가 사기조선열전을 번역하고 삼국지 위지동이전을 번역했지만 그 교수가 진나라의 진시황 때 축성한 만리장성이 서역 甘肅省의 臨洮로부터 요동의 음산산맥 동쪽까지 쌓은 만리장성을 중국북부 음산으로부터 요동의 산하이관까지 쌓은 만리장성이라는 착각이 바로 이러한 사실을 여실히 입증하는 바이다.

　그러하기에 徐 某 교수가 사기조선전을 번역한 책임자이면서도 사기조선열전의 조선이 반도조선 아닌 요동의 진번조선이 위만조선이었다는 것을 보았으면서도 인식하지 못한 見而不見의 장님 암흑 무지의 교수임이 입증되고 있음을 밝힌다.

　사실이 이러하고 보면 이러한 국사학자들이 민족정신을 얼마나 망가지게 하고 있는가를 탓하기에 앞서 우리 국사학계 교수들 전체가 일제식민지사학자들과 친일사학자들에 의해 속고 있는 처지를 생각할 때 가슴이 미어지게 안타까움을 금할 수 없다.


## (3) 衛滿朝鮮은 半島朝鮮이다 일치


위만조선의 사료는 중국의 정사인 사기조선열전에서 비롯되었다는 사실을 국사학계가 아는지 모르는지? 왜냐하면 국사편찬위원회에서 편찬한 국사교 사용지도서 63쪽에 우리나라 고대사 연구의 기본이 되는 사서는 중국의 사기, 한서, 삼국지 동이전이라고 밝히고 있다.

이렇게 볼 때 국사학계에서 위만조선을 올바로 인식하려면 사기조선열전 증언의 요동조선으로서 진번조선이기도 한 위만조선은 반도조선일 수 없다는 것을 알아야 한다. 왜냐하면 사기조선열전 증언의 위만조선의 왕도는 요동 창려지방 험독현 발해연안 지방에 위만조선의 구도(舊都)가 있었다는 기록들을 보아도 알 수 있기 때문이다.

따라서 사기조선열전의 증언은 위만이 조선으로 망명하기 이전의 조선은 반도조선 아닌 요동의 진번조선이었다는 증언이고 그 진번조선은 전국시대 燕이 전성(燕昭王, BC 311~279)했을 때 遼東의 진번조선에 침입했었다는 증언이고 秦이 燕을 멸하고 통일했을 때의 진번조선은 요동외요(外徼)라는 지금의 요동이 아닌 전국시대 음산 동남쪽의 요동 바깥 지경에 진번조선이 존재했었다는 증언이다.

그리고 위만이 망명하여 준왕의 허락을 받고 秦나라와의 경계였던 空地上下鄣에 거하였을 때 진번조선인들에게 부역을 시키었던 위만이었고 한나라 수비를 구실 삼아 준왕조선이자 진번조선을 탈취한 후의 위만조선의 왕도는 발해연안 험독현의 왕검성이었다는 증언이다.

이렇게 볼 때 국사학계에서는 어찌하여 사기조선열전 증언의 요동조선으로서 진번조선이기도 한 요동위만조선을 반도조선으로 인정하지 않는지 알 수가 없다. 왜냐하면 사기조선열전 증언의 위만조선의 왕도는 요동 발해북안 창려지방 험독현 지방에 위만조선의 구도가 있었다는 객관적 중국 사서들 증언을 부인할 수가 없기 때문이다.

따라서 한나라와 위만조선과의 전쟁 때 한나라의 수군이 발해 쪽에 도착하여 위만조선의 수도 왕검성을 공격했다가 대패를 했었고, 육군 또한 요동으로 출격하여 요동의 패수를 방어선으로 했던 위만조선군과의 전쟁에 대한 左將軍荀彘出遼東討右渠의 증언을 통해 국사학계가 얼마나 요동위만조선에 대해 모르고 있는지 알 수 있다.

그 증거로 국사편찬위원회의 사기조선열전의 조선사 번역서를 보면 한나라의 육군이 요동에 출격하여 요동의 우거를 토벌했다고 되어 있는데 여기에 요동은 '요동으로'이지 '요동에서'가 아니다.

그리고 조선 패수 서군과 한나라군이 전쟁했다는 것을 보면 패수가 국사학계의 주장대로 반도 청천강이었다면 청천강은 西入海이니 패수 서군이 있을 곳이 없음이 입증된다. 왜냐하면 패수가 東入海여야 패수 서군이 있을 수가 있는 것이기 때문이다.

그러므로 이상과 같은 사기조선열전의 원문으로나 번역문으로 볼 때 위만조선이 반도조선이었다고 주장할 수 있는 근거는 단 하나도 찾아볼 수가 없는데 국사학계는 그 무슨 사서의 그 무슨 사료에 근거하여 위만조선이 대동강 중심의 반도조선이었다는 주장인지? 그렇게 주장하는 근거사서의 사료를 알 수가 없다. 그럼에도 불구하고 일제식민지사관과 현행국사 모두가 위만조선은 반도조선이었다는 주장이 일치하고 있다.


## (4) 高句麗 · 百濟 · 新羅 三國 以前의 夫餘 否認 일치


단군조선의 뒤를 이은 부여이기에 고구려 · 백제 · 신라 등 삼국의 모체가 되는 부여인데도 그러한 찬란한 동방 등불의 부여 역사를 고구려 · 백제 이후에 역사상에 나타났다는 국사교과서이다.

삼국의 모체가 되는 부여의 역사문제는 너무도 중요한 문제이기 때문에 별도의 항목에서 자세하게 논술할 것이므로 여기서는 더 이상의 논술은 유보하는 바이지만 이상에 논술한 대로 현행국사가 일제식민지사관 체제 그대로의 부여의 천 년 역사를 인정하지 아니하는 국사체제임이 입증되고 있음을 밝히는 바이다.

이렇게 볼 때 우리의 국사에서 4,300년 전의 단군조선은 역사 아닌 신화라고 말살하고, 기자조선은 은 말의 기자가 반도조선으로 온 일이 없다는 반도사관에서 기자조선을 부인하고, 고구려·백제·신라 삼국의 모체였던 부여 전한 말까지의 500년 역사를 부인하고 요동위만조선을 일제식민지사관 그대로 부인하고 반도조선임을 우겨대는 국사이고 보면 현행국사 민족사의 장구함을 현행국사학계가 알고 있는지 알 수가 없다. 왜냐하면 현행국사 체제대로면 일본인 역사 2,600년보다 우리 민족 한국사가 더 長久하다고 할 수 있는 근거가 없음을 밝힌다.

왜냐하면 4,300년의 단군조선을 역사 아닌 신화라고 단정하고 기자조선 1,000년 역사를 부인하고 부여 1,000년 역사 가운데의 전한 말까지의 500년 역사를 부인하는 우리 국사는 준왕조선과 위만조선 역사를 합치더라도 2,300년 이상의 국사가 될 수 있는 근거가 없음을 밝힌다.


## (5) 現行國史 半島朝鮮 以外 大陸朝鮮 否認 日帝植民地史觀 일치


현행국사학계는 반도조선 이외의 대륙조선 일체를 부인하는 국사학계다. 그렇다면 과연 반도조선 이외의 대륙조선이 존재하지 않았던 것인가? 그렇지 않다. 중국의 사서들과 고전과 지리서 등이 증언하는 바대로 조선은 존재했었다는 증언이다. 그러면 국사학계가 반도조선 이외의 대륙조선을 부인하는 이유가 무엇일까?

그 이유를 두 가지로 들 수 있다. 그 첫째 이유는 해방 후의 국사학자는 반도위만조선 이외의 대륙조선이 존재했었다는 국사교육을 받은 바가 없는 우리 민족 상고사 무지에서 기인되는 이유가 하나 있고, 두 번째 이유는 반도조선 이외의 대륙조선을 인정하지 아니하는 일제식민지사관을 그대로 계승한 국사를 고수하기 위한 목적에서 기인된 이유가 있다.

그러하기 때문에 이 문제에 관해서는 제3장 2절 요동예맥조선 제하 (2)항 우리 국사 예맥조선을 배제해서는 안 된다는 대목에서 상론될 것이기에 여기서는 구체적인 논술을 피하는 바이지만 아무튼 현행국사는 반도조선 이외의 대륙조선을 부인하는 일제식민지사관과의 일치점만을 밝힐 수밖에 없다. 왜냐하면 현행국사학계의 국사는 일제식민지사관을 탈피한 국사라는 주장이기 때문에 현행국사는 일제식민지사관과 일치하는 국사임을 밝히지 않을 수가 없다.

그런데 일제식민지사관이 반도조선 이외의 대륙조선을 부인하고 은폐하는 이유가 우리 민족 4,300년의 역사보다 근 2,000년이나 역사가 짧은 일본인이 위만조선 이전의 중국 사서들이 증언하는 대륙조선을 인정하면 조선민족을 일본민족보다 후진민족이라 할 수 없고 따라서 후진역사를 지닌 일본인이 선진역사를 지닌 조선민족을 지배한다는 것은 여러모로 모순되기 때문에 일본이 조선을 지배하기 위해서였음을 밝힌다.

일본이 반도조선 이전의 대륙조선을 인정하게 되면 일본의 조선 지배를 정당화하기가 어려웠을 뿐만 아니라 일제의 식민지사관을 성립시키기가 어려웠기 때문에 위만조선 이전 중국 사서들 증언의 단군조선 위시의 기자조선과 요동예맥조선 일체를 부인하고 은폐했음이 입증되는 바이다.

그럼에도 불구하고 현행국사학계가 일제식민지사관과 대륙 조선을 부인하는 입장이 일치하면서도 일제식민지사관을 탈피했다는 주장은 모순이며 자가당착임을 지적하는 바이다. 그러면 이 사실의 확인을 위하여 현행국사와 일제식민지사관과의 차이점을 살펴보기로 한다.

## 4. 現行國史와 日帝植民地史觀과의 차이점

### (1) 漢江以北偉滿朝鮮에만 漢四郡 배정

일제식민지사관은 반도 전체를 위만조선이었다고 보았다는 것은 밝혔거니와 현행국사와 일제식민지사관과의 차이점은 반도 한강 이북만이 위만조선이었고 반도 한강 이남은 삼한이었다는 점이 일제식민지사관과는 차이가 있는 국사임을 밝힌다.

그 이유는 일제식민지사학자들이 반도 전체가 위만조선이었다면서도 위만조선이 패망한 이후에 설치되었다는 한사군의 위치에 관해서 일제식민지사학자들 견해가 학자들마다 달랐기 때문에 일제강점기는 한사군의 위치를 결정하지 못한 채 해방이 되었다는 것은 밝힌 바이다.

그러하기에 일제해방 이후 일제식민지사학자들이 모두 물러간 다음에 일제식민지사관의 괴수였던 이마니시(今西龍)의 하수인 노릇을 하던 친일사학자 이병도가 서울대학의 교수가 되어 현행국사의 대본으로 되어 있는 『국사대관』을 저술한 가운데 한강 이남은 삼한이었다고 하고, 한강 이북만이 위만조선이었다는 국사임에 따라 한강 이북의 한사군 위치를 이병도 단독으로 배정한 것이며, 1980년대까지 국사의 교과서에 평양 낙랑군, 황해도 진번군, 강원도 임둔군, 함경도 현도군이었다고 한사군을 이병도 임의로 배정했음을 밝힌다.

이러한 이병도는 후한서동이전 昭帝始元五年(BC 82)年에 진번군과 임둔군은 낙랑군과 현도군에 병합되었다는 사실조차도 무시했다.

그 증거가 해방 후의 이병도가 한강 이북만이 패망위만조선이었다고 하고 한강 이북에 한사군을 배정했을 때 漢武帝 다음의 昭帝(BC 86~74) 때 이미 한사군이었다는 진번군은 낙랑군에 병합되고 임둔군은 현도군에 병합되었다는 후한서동이전의 증언을 인식하고 있었다면 한 무제 다음의 昭帝(BC 86~74) 때에 이미 없어졌던 진번군과 임둔군을 한반도의 황해도와 강원도에 배정할 수는 없다는 것을 밝힌다.

사실이 이러하기에 전한서지리지에 한 무제 때 설치되었던 한사군을 낙랑·현도군이라 하고 그 낙랑·현도군은 반도조선 아닌 요동예맥조선의 부족국가였던 요동기자조선의 故土에 낙랑군과 현도군이 설치되었다는 증언이었는데 전한서지리지에 應劭가 注를 붙이기를 낙랑군과 현도군은 요동의 진번조선이었다고 하고 진번조선은 옛 기자조선에 낙랑군과 현도군이 설치되었다는 지리지의 증언임을 밝힌다.

前漢地理志書卷二十八下　東賈眞番之利　樂浪·玄菟　武帝時置　皆濊貊朝鮮·箕子去之朝鮮……樂浪郡條　元封三年開　莽曰　樂浪屬幽州　玄菟郡條　莽曰　玄菟屬幽州　應劭曰　故眞番朝鮮也

사실이 이러함에도 불구하고 일제해방 후 80년대까지 한강 이북 평양에 낙랑군이, 황해도에 진번군이, 강원도에 임둔군이, 함경도에 현도군이 설치되었다는 국사는 잘못된 국사였음을 밝힌다. 이러한 가운데서 1980년대로 접어들면서부터 안호상(초대문교장관) 위시의 김득황(양찬우 내무장관 때 차관 만주통), 임승국(대륙통) 제씨들이 만주건국 단군조선과 요동대륙고조선 사료를 제시하면서 강력히 요동한사군설을 주장함에 따라 1980년대 이후부터의 국사학계가 이병도 한강 이북 전체 한사군설에서 평양만이 한 제국 식민지의 낙랑이었다는 국사로 바꾸어 버린 것이 현행의 국사교과서라는 것을 밝힌 바이다.

이렇게 볼 때 이것은 중대한 사건이 아닐 수 없다. 왜냐하면 친일사학자 이병도의 아성(牙城)이던 국사학계서조차 이병도의 한강 이북 한사군 배정을 수정하기에 이른 사건이기 때문이다. 그리고 보면 오늘의 국사학계가 반도 평양 낙랑군만이 한 제국의 식민지로 설치되었다는 주장의 근거 사서가 무엇이며 사료가 무엇인가 하는 것이 문제가 된다.

이 문제에 관한 국사편찬위원회의 해명은 다음과 같았다. 漢人들의 유적들이 반도평양에서만 발견되므로 패망 위만조선의 자리로 추측되는 황해도 진번군과 강원도 임둔군과 함경도 현도군은 신빙성이 없는 것이며, 漢人들의 유적·유물이 발견된 평양만이 한 제국 식민지의 낙랑군이었다고 국사교과서는 인정하는 것이다(국사편찬위원회 : 삼국사기 고구려본기 등에 낙랑의 위치가 반도 내로 보이는 기록이 있는 관계로 한사군의 위치를 한반도 평양으로 批定한 것으로 보입니다. 2008년 6월 24일 회신 12.).

국편 "답변 14. 국사학계에서 유물발굴 등을 볼 때 한사군 설치는 고조선 전 지역에 걸친 것이 아니라 판단한 것으로 보입니다. 답변 15. 이는 학계의 의견이 반영된 것입니다."라는 회신임을 밝히는 바이다.

일제해방 후인 1945년부터 1980년대까지 40년 동안의 국사는 패망위만조선 전역이라는 반도북부 평양 낙랑군, 황해도 진번군, 강원도 임둔군, 함경도 현도군이었다고 국사교과서를 저작하여 교육하지 아니하였느냐는 질문이었는데 교육부의 답변은 국사학계가 종전과는 다른 한사군 설치 견해라는 답변이었고, 국사편찬위원회의 해명은 반도평양지방 고고학적 유물발굴 등을 볼 때 한사군 설치는 조선 전 지역에 걸친 것이 아니라는 판단에서였다는 설명이고 보면 일제식민지사학자로 동원되었던 京都帝大 후지다(藤田亮策) 교수 저 『朝鮮考古學硏究』 350~353쪽에 반도평양토성은 낙랑군 치소로 보기 어렵다고 하고 封泥도 위조품이었음을 증언했음을 국사편찬위원회는 모르고 있음이 입증됨을 밝힌다.

한사군 설치 당사국 사기와 한서에는 패망 위만조선 전역 한사군 설치 증언인데 한국의 국사만이 일방적으로 패망 위만조선 일부지역인 평양에만 한나라 식민지인 낙랑군이 설치되었다는 사료의 확실성과 국사기술의 정확성 없이 한나라 식민지이던 낙랑군이 평양에만 설치되었다는 주장의 국사교과서다.

따라서 한사군 낙랑군 설치 이외의 지역은 한나라가 어떻게 처리했는지를 밝혀야 하는 것인데도 그것은 밝힘이 없이 단지 漢나라 유물 그것도 위조품 몇 개 발견되었다는 것 가지고 패망 위만조선 일부지역에 한해서 한나라 식민지 낙랑군 설치라는 국사가 얼마나 허술한 국사조작인가 하는 것이 입증되는 것임을 밝힌다.

패망 위만조선 일부지역에만 漢나라 군현이라는 낙랑군이 설치되었다는 국사대로면 패망 위만조선 漢나라 군현이 설치되지 아니하고 放棄되었던 까닭이 무엇이었으며 漢의 군현설치 이외의 放棄地域은 한나라가 어떻게 처리하였던 것인지의 설명이 있어야 할 국사임을 지적한다.

왜냐하면 국사교사 지침서 4면 역사기술의 정확성, 논지의 타당성과, 사료의 명확성 없는 한군현 설치 국사임이 입증되는 것이 한 무제 때 설치된 낙랑·현도군은 한 제국 직할령인 幽州로 편입되었다는 한서지리지의 증언이었기 때문이다.

그러고 보면 한나라 식민지로서의 낙랑군은 역사상에 존재했었던 사실이 없다. 왜냐하면 한사군이라는 낙랑·현도군은 한 제국 직할령인 유주로 편입되어 버렸는데 현행국사는 그 무슨 사서의 사료에 근거하여 평양낙랑이 한 제국의 식민지였다는 국사의 주장인지를 알 수가 없음을 밝힌다.

이렇게 볼 때 일제식민지사관과 현행국사의 차이는 한강을 중심 삼고 한강 이남은 삼한시대였고 한강 이북만 반도위만조선 멸망으로 인한 한사군이 설치되었다고 하는 것만 일제식민지사관과 차이가 있는 국사 부분이라는 것을 밝힌다.

역사상의 삼한 사료는 2종이 있는데 그 하나가 중국 삼국지 위지동이전이고 두 번째는 후한서동이전의 삼한사료로 중국대륙 帶方 남쪽 사방 4천 리에 마한·진한·변한의 삼한의 삼한이 있었다는 사료이다.

중국대륙 삼한 사료의 진한은 마한의 동쪽에 있고 진시황 때 부역을 피해 진한으로 온 백성들이 부지기수였다고 하고, 이러한 마한 동쪽의 진한은 비단 연나라와 제나라들뿐 아닌 名物이었다는 것이 중국대륙에 존재했다는 삼한사료다.

後漢書東夷傳·三國志魏志東夷傳 韓在帶方之南 方可四千里 有三韓 馬韓·辰韓·弁韓……辰韓在馬韓之東 避秦役來適韓國 非但燕齊之名物也

그리고 또 하나의 삼한사료는 환단고기 가운데 삼한관경본기가 있고 1세 단군왕검 때 조선을 3분한 삼한으로 나누어서 다스렸다는 삼한사료가 있는데 만주는 진한으로서 단군왕검께서 친히 다스리신 직할령이었고, 마한은 중원대륙이었다고 하고, 변한은 한반도였다고 하는데 어느 삼한사료가 정통삼

한사료인지를 분간하기가 쉽지 아니한 난제로 남아 있음을 밝히는 바이다.

그러므로 반도한강 이남이 삼한이었다는 사료는 조선의 遺民들뿐 아니라 삼한의 流民들이 한반도로 옮겨 왔다는 데서 한강 이남 삼한을 주장하는 사람들은 중국 帶方 남쪽 사방 4,000里 삼한사료가 마치 한반도 한강 이남 삼한인 것처럼, 한강 이남 마한에 50여 국과 진한·변한 각 12국씩이 있었다고 하는 삼한론은 신빙성이 없는 남한 삼한론 주장임을 지적하는 바이다.

그리고 후한서와 삼국지에 준왕이 위만에게 조선을 빼앗기고 장수와 신하 수천 명과 함께 배를 다고 남쪽(남쪽 지점이 어디인지 밝혀짐이 없음)으로 가서 마한을 破하고 나라를 세웠다가 미구(未久)에 없어졌다는 기록이 있다.

後漢書東夷傳　朝鮮王準爲衛滿所破　乃將其餘衆數千人　走入海　攻馬韓破之　自立
爲韓王　準後絶滅　馬韓人　復自立爲辰王
三國志東夷傳　准旣僭號稱王　爲燕亡人衛滿所攻奪　將其左右宮人走入海　居韓地
自號韓王　其後絶滅　今韓人猶有奉其祭祀者

그러나 이러한 삼한 주장들은 오늘의 국사학자들이 한강 이남이 삼한이었다고 보는 것은 중국 한서 및 삼국지 동이전 삼한론을 한강 이남 삼한론에 代入한 삼한론임을 부인할 근거가 없는 남한 삼한론이다. 그러므로 오늘의 국사학계에서 한강 이남 삼한을 백제가 통합했다고 하려면 한강 이남 삼한 사료부터 밝혀야 한다.

그 이유는 이조 正祖(1776~1800) 때의 실학자 정약용(丁若鏞) 찬술『我邦疆域考』에서 삼한사료는 찾을 수가 없다고 했는데도 일제 해방 후의 대학강단의 국사학계나 재야국사학자 가운데 고구려·백제·신라 이전의 한반도 삼한사료가 있으면 제시하기 바란다.

왜냐하면 한반도 삼한사료에 있어서 삼국사기 신라본기에 조선의 유민을 六村이라 하고 이 六村을 辰韓의 六部라고 했는데 蘇伐公(慶州崔氏 始祖)이 알에서 나왔다는 박혁거세를 길러 왕으로 세운 후의 혁거세 38년 호공(瓠公)으로 하여금 馬韓을 예방케 한 바 마한왕이 진한과 변한은 마한의 속국이었는데 진시황이 중국을 통일함에 동쪽으로 건너왔다는 기사가 있지만 이

기사는 신빙하기 어렵다. 왜냐하면 마한왕을 방문했다는 瓠公은 원래 왜국 사람이었다는 기사이기 때문이다.

이와 같이 삼국 이전 한반도 삼한사료는 삼국사기 신라본기의 한반도 조선 遺民과 함께 중국대륙 삼한에서 건너온 三韓 流民이 있었다는 것 이외의 한반도 삼한사료를 찾을 수가 없는 것이 고대사서라는 청태조 이후에 편찬된 만주원류고(滿洲源流考)에서도 반도조선 사료나 반도삼한 사료를 찾을 수가 없다. 그러므로 일제식민지사관 체제와 현행국사체제의 차이점이 바로 여기에 있음을 밝히는 바이다.


## 5. 現行國史는 日帝植民地史觀 體制 그대로이고 일부만 수정한 복사판 입증


현행국사는 이상 살펴본 대로 일제식민지사관 체제 그대로에다가 일부만 수정한 일제식민지사관의 복사판 국사임이 입증되고 있다. 그럼에도 불구하고 이날까지의 국사학계는 현행국사가 일제의 식민지사관을 탈피한 국사라고 강하게 주장해 왔다.

도대체 현행국사체제의 어느 부분이 일제식민지사관 체제와 차이가 있는 국사체제인지 알 수가 없다. 그러므로 일제식민지사관을 탈피한 국사라는 국사학계는 일제식민지사관 체제와 현행국사체제의 차이점을 구체적으로 밝혀 주었으면 한다.

이상으로 살펴본 대로 일제식민지사관 체제와 현행국사 체제와의 일치점은 자그마치(적지 않게) 5개항에 달하는데 일제식민지사관 체제와 현행국사체제와의 차이점은 불과 1개항에 지나지 않음을 볼 때 현행국사는 일제식민지사관 체제 그대로이고 일부만 수정한 일제식민지사관 복사판임을 국사학계가 부인할 근거가 없음을 밝힌다.

그 증거가 우리 민족 국사체제에서의 기본은 단군조선·기자조선·위만조선이라 하는 체제가 기본이 되는 체제인데 일제의 식민지사관은 단군조선과 기자조선의 부인은 물론이고 요동의 위만조선을 반도의 위만조선이라는 국사가 일제식민지사관을 탈피한 국사라고 주장할 수 있는 근거가 무엇인지를 알 수가 없음을 밝힌다.

그뿐 아니다. 일제식민지사관은 고구려·백제·신라 이전의 부여 역사를 인정하지 아니하고 말살해 버린 것이 일제식민지사관의 조선사 체제인데 현행국사도 고구려·백제·신라 삼국의 모체가 되었던 부여 1,000년 역사 가운데 전한 말까지의 부여 500년 역사를 말살하고 부여가 고구려·백제·신라 이후의 서기 49년에 역사상에 나타나 후한과의 국교를 했던 부여였다고 부여 1,000년 역사 가운데서 500년 부여 역사를 말살해 버리는 현행국사는 일제의 식민지사관과 근본적으로 차이점을 발견할 수 없음을 밝힌다.

이렇게 볼 때 현행국사학계가 참으로 중국 사서들 증언의 위만조선 이전 대륙조선을 모르고 있고, 거기에 더하여 부여가 고구려·백제의 모국이었음을 몰라서 전한 말까지의 부여 역사와 요동대륙조선을 국사에서 배제하는 것이라고 보기가 어렵다. 그 이유는 중국 사서들 대륙조선 증언은 10여 종이 넘는 사서들이고 삼국사기 또한 고구려는 부여에서 갈라져 나온 고구려였음을 밝히었고, 백제 역시 부여에서 갈라져 나온 주몽의 삼남이던 온조가 세운 나라였음을 밝히고 있다.

그러하기에 광개토대왕의 비문에도 이 사실을 밝히고 있을 뿐 아니라 백제의 蓋鹵王(455~475) 때 북위로 보내었던 國書 가운데 고구려와 백제는 부여를 모국으로 한다고 밝히고 있다. 역사의 전문가가 아닌 일반국민도 이 사실을 모르고 있는 사람이 없을 정도인데 이를 국사학계가 모를 리가 없을 것이라고 믿는다.

## 6. 現行國史 衛滿朝鮮 領土範圍 疑惑 國史學界서 해소하지 못하면 더 以上 國史論爭할 이유 없어져 國史論爭 종지부 찍을 수밖에 없다

현행국사에서는 위만조선의 영토가 반도한강 이북으로부터 압록강까지였다고 한다. 이렇게 볼 때 현행국사에서 위만조선의 영토는 동서남북의 사방이 수백 리밖에 되지 않는 소국 중에서도 소국이 위만조선이 된다. 그러면 현행국사는 위만조선 영토가 사방 수백 리밖에 되지 않는 소국이 위만조선이었던가 하는 것이 문제가 된다.

위만조선 증언의 기본사서인 사기조선열전에는 위만조선 영토의 사방이 동서가 1,300리였고 남북이 2,000리였다는 기록이 있다. 그런데도 현행국사에서는 위만조선은 동서가 3~4백 리에 불과하고 남북 또한 북쪽의 압록강으로부터 남쪽의 한강까지가 7~8백 리도 못 된다고 한다.

그런데 사기조선열전이 증언하는 동서가 1,300리이고 남북이 2,000리였다는 위만조선은 한반도 전체보다도 더 넓고 더 큰 위만조선이었음이 입증된다. 그 증거가 한반도는 북쪽의 백두산으로부터 남쪽의 경상도 부산과 전라도 순천·목포까지의 남북이 2,000리도 못 되는 한반도이고 보면 동서가 1,300리였고 남북이 2,000리였다는 위만조선은 한반도 전체보다 더 넓고 더 큰 위만조선이었음이 입증된다.

이렇게 볼 때 일제 해방 이후 국사에서 위만조선 영토는 한강 이남은 삼한이었고 한강 이북에서 백두산까지가 위만조선이었다는 것은 동서남북 사방이 수백 리에 불과한 소국이 위만조선이었다는 것은 너무도 잘못된, 말이 되지 아니하는 어불성설이고 언어도단의 국사조작이 아닐 수 없다.

그 증거가 한 무제가 위만조선을 평정하고 한사군을 설치했다는 곳이 황하 삼각주 이남의 산동 등주지방에 홰청군을 설치하고 전국시대 말까지의 齊나라 지방에 온양군을 설치하고 회남자 증언의 태행산 동쪽으로부터 하북성에 평주군을 설치하고 발해로부터 요동의 요령지방에 추저군을 설치했다는 것이 패망위만조선의 영토에 설치했다는 한사군이었음이 입증된다. 그러면 이 사실의 확인을 위하여 위만조선의 기본사서인 사기조선열전을 살펴보기로 한다.

사기조선열전에 의하면 燕이 전성했을 때라는 燕昭旺(BC 311~279) 때 燕이 진번조선을 침략했었다고 하고 秦나라가 燕을 멸했을 때의 조선은 漢代 이후의 요동이 아닌 漢代 이전의 전국시대부터 진시황 때까지의 음산 동쪽 요동 바깥쪽(遼東外徽)의 조선이었음을 밝히고 있다.

이러한 조선은 지금의 중국 음산으로부터 발원하여 하북성 북경 멀리 서남쪽으로 흘러 발해 쪽으로 들어가는 桑乾河이자 永定河를 㶟水라고도 하고 洌水라고도 하고 薩水라고도 하고 浿水라고도 하는 강을 漢나라와 경계로 했던 조선이 준왕조선이던 진번조선이었고 위만조선이었다는 기록이다.

이러한 위만조선은 예맥조선의 한 부족국가였다는 것이 사기흉노전의 증언이다. 그러하기 때문에 한 무제가 위만조선을 멸한 다음에 패망위만조선을 예맥조선으로부터 뽑아내고 들어내어서 낙랑(진번병합)과 현도(임둔병합)군을 설치했었다는 증언이었다. 여기에 이상 증언의 사실 확인을 위해 그 원문들을 전재(轉載)하는 바이다.

① 史記朝鮮列傳　自始全燕時　嘗略屬眞番朝鮮　秦滅燕屬遼東外徽　至浿水爲界　滿亡命渡浿水　居秦故空地上下鄣　稍役屬眞番朝鮮蠻夷　王之都王險　集解注　徐廣曰　昌黎(渤海北岸) 有險瀆縣也　索隱　應劭注　地理志云　遼東有險瀆縣　朝鮮王舊都　高后時天下初定　遼東太守即約滿爲外臣　方數千里　括地志云　朝鮮東西千三百里　南北二千里
② 史記卷百十匈奴傳　直上谷以往者　東接濊貊朝鮮……漢東拔濊貊朝鮮以爲郡樂浪(眞番竝合) 玄菟(臨屯竝合)郡
③ 漢書卷二十四下食貨志　武帝因　文・景帝之畜　忿胡(衛滿)粤之害……彭吳穿濊貊朝鮮置蒼海郡　則燕齊之間　靡然發動
④ 後漢書卷百十五東夷傳　燕人衛滿擊破準而自王朝鮮　國至孫右渠　武帝元朔元年(BC 128) 濊君南閭畔(叛)右渠　卒二十八萬口　詣遼東內屬　武帝以其地爲蒼海郡數年乃罷　至元封三年(BC 108) 滅朝鮮分置　樂浪・眞番・臨屯・玄菟四郡

그런데 현행국사 반도한강 이북 위만조선 영토에서 문제가 되는 것은 사기조선열전에 위만이 漢나라 外臣이 되고부터 漢나라로부터 많은 재물과 무기 등을 지원받은 다음에 주위의 小邑들을 침공하여 영토를 넓히었다는 그 위만조선 영토 확장지가 어느 지역들이었던가 하는 것이 문제가 된다.

왜냐하면 위만조선은 사기조선열전과 사기흉노전과 전한서식화지와 후한 서동이전의 증언대로 요동예맥조선의 부족국가였기 때문에 위만이 예맥조선 의 영토를 무력으로 침탈했다고 할 수가 없다. 그러하다면 이러한 위만이 무력으로 小邑들을 침탈했다는 그 지역이 어느 지점이었던가 하는 것이 문 제가 된다.

이 문제에 대해서 史記卷八高祖本記가 증거하기를 漢나라는 건국 직후 이던 高帝五年(BC 201) 항우(項羽)가 불복하고 반란을 일으켰고, 그다음 高帝 11년에는 韓信의 반란이 있었고, 그다음 줄을 이어 淮南王 黥布의 반란이 있었고, 燕王 盧綰 등의 반란 음모가 줄줄이 이어졌기에 이로 인해 漢나라 초기에는 하루도 평안한 날이 없었다.

그러므로 漢高祖가 죽은 다음 呂太后가 섭정했던 惠帝(BC 194~188) 때는 물론이고 그 후의 두 少帝이던 恭과 弘(BC 187~180)을 거쳐 文帝(BC 179~ 157)와 景帝(BC 156~141) 때까지 나라가 혼란했기에 태사공 사마천은 증언하 기를 이때의 나라 혼란들은 마치 전국시대를 방불케 했다는 증언이었다.

그러하기에 위만은 漢나라의 이러한 혼란기를 기회로 이용하여 漢나라 변방이던 전국시대의 齊나라 지방을 침공하여 영토를 확장했었음이 입증되 는 것이 위만조선이 한 무제에게 멸망한 뒤에 한사군으로 설치되었던 산동 북부지방의 홰청군이었고 온양군은 홰청군의 서편 옛 齊지방에 설치되었음 이 이 사실을 재론의 여지없이 입증하는 바이다.

이상의 사실들을 입증하는 것이 전한서의 식화지에 한 무제가 文帝 때와 景帝 때에 위만에게 영토를 빼앗겼던 그 恕과 恨을 풀기 위하여 彭吳라는 사람을 시켜 예맥조선의 부족국가이던 위만조선의 부족장 濊君南閭를 매수 하여 蒼海郡을 설치했다가 漢나라 안팎의 반발에 견디지 못하고 창해군을 설치한 지 불과 수년 후에 철폐하고 말았다는 사실이 이상의 사실을 재론의 여지없이 입증하는 것임을 밝힌다.

그러므로 한 무제 때 설치된 한사군은 요동한사군이라는 홰청·온양·평주·추저가 아니고 반도한사군인 낙랑·진번·임둔·현도였다는 현행국사의 주장이라면 한 무제 때 한사군으로 설치되었던 홰청·온양·평주·추저는 설치된 지 19년 만에 모두 없어지고 이 지역은 幽州로 편입된 후 100여 년이 지난 반고가 한서조선전에서 한사군을 낙랑·진번·임둔·현도라고 개명하기까지의 100여 년간의 한사군명은 무엇이었던가를 현행국사학계는 밝혀야 한다는 것을 지적한다.

이상의 사서들 사기조선열전과 사기흉노전과 전한서식화지와 후한서동이전. 전한서지리지 등의 사료들을 종합해 보면 첫째, 위만조선은 반도조선이 아닌 요동조선이었다는 것과, 둘째, 위만조선은 예맥조선의 부족국가였다는 것과, 셋째, 위만조선은 사방이 수천 리였다는 것과, 넷째, 濊君이라는 일개 부족장이 거느린 戶口가 28萬口였다는 것이 입증된다. 이렇게 볼 때 현행국사 위만조선 한강 이북 사방이 몇백 리였다는 국사는 재론의 여지없이 잘못된 위만조선 국사의 조작임이 입증된다.

그 증거가 일제해방 후의 현행국사 위만조선 영토는 반도한강 이북 사방 수백 리밖에 되지 않는다는 국사는 앞에서 밝힌 대로 일제식민지사관 체제 그대로의 국사가 아니라고 주장할 근거를 찾을 수가 없다. 그러므로 현행국사학계와 국사편찬위원회가 위만조선 영토의혹 문제를 한 점의 의혹도 없이 해결하지 못하는 한 이날까지의 국사논쟁에 종지부를 찍을 수밖에 없다는 것을 밝힌다. 국사학계와 국사편찬위원회는 위만조선 영토 의혹을 해명할 것을 강력히 촉구한다.

### 1. 東夷起源의 肅愼

숙신은 동북아 최고대 민족으로서 동이의 기원이 됨에 따라 黃帝 이래 舜代부터 중국 正史인 사기에 나타나는 만주 최고대 민족으로서 아세아족의 뿌리이기도 한 숙신 동이는 중국 황하문명의 주인이 숙신이었다는 것은 앞의 선사시대의 漢族이라는 대목에서 이미 밝힌 바이다.

이러한 숙신은 만주 최고대 민족으로서 동이로 알려져 있기도 하지만 가장 역사가 장구한 민족이라는 의미에서 通古斯(Tungus)족이라고도 알려져 있는 민족이다. 그러므로 숙신은 동이와 함께 通古斯族으로도 알려져 있는 민족으로 숙신·동이·通古斯는 異名同體의 민족임이 입증된다.

이러한 동북아 최고대 민족인 숙신은 舜임금에게 국가수호의 기본무기인 檀弓을 제공(竹書記年舜二十五年 肅愼貢弓矢)하기도 한 민족이고 주 무왕의 은나라 혁명 때 檀弓이라는 무기를 제공하면서 은나라 폭군이던 紂王을 정벌하라는 명령을 무왕에게 하달한 것이 주나라의 은혁명이라는 것을 밝힌다. 이 문제에 관한 구체적인 것은 제2장 중국 사서들 단군조선 증언이라는 제하에서 단군조선 내치와 외치 대목에서 상론될 것이기에 여기서는 더 이상의 논급은 유보하는 바이다.

숙신은 고대 중국 요순 이래 하·은·주의 종주국이었다는 사실을 알아야 하는데 김육불 저 『동북통사』에서는 이러한 사실에 관해서는 전연 언급이 없다. 왜냐하면 김육불 교수의 『동북통사』에서는 중화민족의 단결에 장해가 된다고 생각된 부분은 일체 취급하지를 아니한 『동북통사』라는 것은

『동북통사』해제 대목 30~31쪽에서 이미 밝힌 바이다.

이렇게 볼 때 동북아 최고대 민족으로 동양인의 뿌리이기도 한 숙신은 중국 황제 이래의 요순을 위시한 하·은·주의 종주국이었던 중국의 춘추시대와 전국시대까지도 중국에 영향력을 행사한 민족이라는 것을 부인할 수 없다. 왜냐하면 이 사실이 한 제국 이래 魏晋時代까지도 중국에 영향력을 미치었던 숙신이라는 것이 역사적으로 입증되고 있기 때문이다.

이 사실을 입증하는 것이 후한서동이전에 숙신 동이는 동양인의 뿌리라는 사실과 삼국지 동이전에 동이의 교화가 동쪽으로는 황해 내륙으로부터 서쪽으로는 고비(Gobi) 사막 쪽까지 중국대륙에 동이·숙신의 교화가 미치었다는 증언과 함께 虞舜으로부터 주나라 전국시대 말까지 숙신의 영향력이 미치었다는 증언이다.

後漢書東夷傳　王制云　東方曰夷　夷者柢(根)也　言仁而好生(東夷族의　弘益人間精神)
天性柔順　易以道御　至有君子　不死之國焉　증언
三國志魏志東夷傳　書稱東漸於海　西被於流沙(고비(Gobi)沙漠)　朔南曁聲敎訖於四
海　其九服之制(九夷之制)　可得而言也……自虞曁周東夷有肅愼之貢　皆曠世而至
其遐遠也　증언

이러한 숙신족은 청나라에 이르기까지의 중국인은 숙신족의 후예였다는 것이 입증되고 있다. 그 증거가 숙신족을 通古斯(Tungus)족이라고도 하는데 한진대(漢晋代)는 通古斯(Tungus) 또는 동호족이라 해 왔고 唐代는 읍루말갈족이라 해 왔고 唐末부터 宋代까지는 契丹族이라 해 왔고 宋代 이후에는 女眞 또는 만주족 그리고 반도족이라 일컬어지고 있는 것이 숙신의 후예임이 입증되고 있다(김육불, 동북통사, 176~182쪽).


## (1) 燕將帥秦開　遼東東胡逐出과　五郡開設

『동북통사』는 전국시대 연과 조선은 국력이 대등하였던 것 같다고 했는

데 사기흉노전 연의 장수 진개가 동호땅 1,000여 리와 삼국지위략에 조선
땅 2,000리를 탈취했다는 연은 전국시대 막강한 국력을 지닌 강국이 아니라
고 하기 어려운데 그것이 사실일까?

그러나 진개를 전후한 燕은 자력의 국력으로는 나라를 지키기가 어려워서
齊나라의 국력에 의지하여 국가를 보존하고 있었던 燕이었음이 입증된다.

> 史記卷三十二　齊太公世家　齊桓公二十三年　山戎伐燕　燕告急於齊　齊桓公救燕
> 遂伐山戎　至于孤竹而還
> 史記匈奴傳卷百十　山戎伐燕　燕告急干齊　齊桓公北伐山戎　山戎走

사실이 이러하기에 燕의 文侯(BC 361~331) 때 蘇秦의 전국책을 받아들인
燕이었음이 입증된다. 그러면 이 사실의 확인을 위하여 史記蘇秦列傳과 史
記樂毅列傳을 차례로 살펴보기로 한다.

전국시대 燕의 文侯(BC 361~331)와 蘇秦과의 대화 내용을 보면 趙나라는
燕 수도와의 거리가 百餘里밖에 안 되기 때문에 趙나라와 화친을 하고 서
로 협력해야 한다고 하니 燕의 文侯가 蘇秦 자네 말이 옳다고 하고 가깝게
는 趙나라의 압박을 받고 있고 멀리로는 秦나라의 압박을 받고 있으니 蘇
秦 자네 말대로 전국책을 받아들여 나라의 安易를 지키겠다고 했던 燕이었
음이 입증된다.

> ① 史記卷六十九蘇秦列傳　燕文侯曰　燕東有朝鮮遼東　北有林胡樓煩　西有雲中九
> 原　南有嘑沱易水……大王知其所以然乎　今趙之攻燕也　渡嘑沱涉易水　不至
> 四五日而距國都矣　故曰秦之攻燕也　戰於千里之外　趙之攻燕也　百里之內　夫
> 不憂百里之患　是故願大王與趙從親　文侯曰　子言則可　然吾國小　西迫彊趙　南
> 近齊　子必欲　合從以安燕　寡人請以國從

사실이 이러하기에 낙의열전에 의하면 제나라 국력에 의지했던 연소왕(BC
311~279)은 제나라에 원한을 품기를 일찍이 제나라에 대한 보복을 잊어 본
일이 없지만 소국인 연의 국력으로는 어찌할 도리가 없어서 屈身을 하고
있으면서 이에 趙나라 賢將 樂毅를 초청하여 어떻게 하면 제나라를 정벌할

수 있겠는지를 문의하니 樂毅의 대답이 제나라는 戰國七雄 중에서 霸國이
니 연나라 홀로는 정벌할 수 없다고 하고 왕이 필히 齊나라를 정벌하고자
하시면 趙나라와 楚나라와 魏나라와 연합해서 정벌할 수밖에 없다고 할 정
도의 소국이었음이 입증된다.

② 史記卷八十樂毅列傳 齊大敗燕 昭王於怨齊 未嘗一日而忘報齊也 燕國小 辟
　　遠 力不能制 於是屈身……以招賢者 樂毅燕王 當是時 齊國彊 於是燕昭王
　　問伐齊之事 樂毅對曰 齊霸國之餘業也 未易獨攻也 王必欲伐之 莫與趙及楚
　　魏 皆合從與燕伐齊 樂毅報

그럼에도 불구하고 김육불 교수 『동북통사』는 흉노전과 위략에 기술된
연의 진개가 동호땅 1,000여 리 또는 조선 땅 2,000여 리를 탈취하여 산서
성의 상곡으로부터 하북성의 어양·우북평·요서·요동 五郡을 설치하고
연이 조양으로부터 양평까지 1,000여 리에 연의 장성을 쌓았다는 중국학자
들의 역사 날조를 『동북통사』는 그대로 믿고 있음이 입증된다.

왜냐하면 사기흉노전의 秦開와 삼국지위략의 秦開가 燕昭王(BC 311~279)
때의 장수였는데도 燕의 昭王이 齊나라 보복정벌을 樂毅장군과 의논한 것
을 보면 연소왕 때의 국력은 燕의 국력만으로는 燕을 보존하기가 어려워서
燕의 文侯가 蘇秦의 戰國策을 받아들이었던 그 燕을 중국의 사가들이 가
공(架空)한 인물 秦開를 『동북통사』 저자인 金 교수는 실존인물로 믿고 있
는 『동북통사』임이 입증된다.

이렇게 볼 때 사기흉노전의 진개와 삼국지 위략의 진개가 실존인물의 장
수였다면 중국정사인 사기에 진개의 열전 하나 없음이 웬일인가 하는 의문
이 제기된다. 왜냐하면 사기흉노전 진개와 삼국지 위지동이전 위략에 나타
나는 진개가 가공인물이 아닌 실존의 장수였다면 중국 전국시대의 진개보다
더 큰 장수가 없는데 어찌하여 중국의 정사에는 진개의 열전 하나가 없는
것인지 역사적인 상식을 가지고는 이해할 수가 없기 때문이다.

바꾸어 말하면 전국시대 七雄 국가 중에서 진개보다 더 큰 공적을 세운
장수가 없는데 어찌하여 중국인도 아닌 伯夷列傳까지 있는 사기에 중국역

사상 최대 장수인 진개의 열전이 없는 이유를 정상적인 역사상식을 지닌 역사학자로서는 이해할 수 없다는 것을 밝힌다.

두 번째 진개가 가공인물이 아닌 실존 장수로서 산서성의 상곡으로부터 하북의 요서·요동까지를 탈취했음이 역사의 날조가 아닌 실제의 역사였다면 연소왕(BC 311~279) 때의 燕이 조선 땅 2,000리 탈취로 滿藩汗(鴨綠江)까지 빼앗아 버렸는데도 어찌하여 진개 이후의 사기진시황본기의 조선 땅 증언이 진나라 동쪽이 황해라는 동해에 이르렀다고 한 다음 조선의 영토는 발해 남쪽의 산동 楊蘇台等州로부터 동북 조선은 북쪽으로 진나라와 조선과의 경계가 황하 북쪽 음산 남쪽의 삭방이 요새였고 조선은 음산 동쪽의 요동조선이었다는 사기진시황본기의 증언이 거짓의 허위조작의 기술이었다는 것이 된다.

> ③ 史記秦始皇本記 地東至海曁朝鮮 正義注 海謂渤海南至 楊蘇台等州之東海也
> 曁及也 東北朝鮮國 北據河爲塞 並陰山至遼東 正義注 黃河陰山在朔州北塞
> 外 從河傍陰山東至 遼東 築長城爲北界

그런데 燕昭王(BC 311~279) 때의 진개가 조선 땅 二千里 탈취로 滿藩汗이라는 압록강 지경까지 전국시대의 燕이 빼앗아 버렸다면 진시황 때의 요동조선이 존재할 수가 없음은 물론이고 한 제국의 무제 때의 위만조선이 요동조선일 수 없는 것인데도 전한서흉노전에 한 무제 때이던 武帝元朔二年(BC 127)이 되어서야 흉노로부터 하남(황하 남쪽) 땅을 취하고 진시황 때 蒙恬 장군이 축성한 요새이던 朔方의 요새를 修築하고 흉노를 방비할 때 한나라는 상곡과 조양은 동호라는 예맥조선의 땅이었기에 감히 넘겨다보지도 못했다는 증언이 진개 동호 땅 1,000리, 조선 땅 2,000리 탈취가 사실일 수 없는 날조임이 입증된다.

> ④ 史記卷百十匈奴傳 諸左方王將居東方 直上谷以往者 東接濊貊朝鮮 증언
> ⑤ 前漢書卷九十四上匈奴傳 匈奴入鴈門殺略千餘人 於是漢使將軍衛靑 李息擊
> 胡……於是漢遂取河南地 築朔方復繕故秦時 蒙恬所爲塞 因河而爲固 漢亦

그러므로 전국시대 말기 연 진개 동호 땅 1,000리 조선 땅 2,000리 탈취가 역사조작이 아닌 실제의 역사였다면 진나라 이후의 漢代 사서들 및 고전들 삼국지 위지동이전 위략 진시황 때 음산 동쪽 요동준왕조선과 사기조선열전 위만조선도 요동조선일 수 없는 반도조선일 수밖에 없다.

그뿐 아닌 사기흉노전은 패망위만조선은 예맥조선의 일부족 국가였기에 한 무제가 예맥조선 가운데서 패망위만조선만 들어내어 한사군의 樂浪(眞番竝合) 玄菟(臨屯竝合)郡을 설치했다는 증언이고 한서지리지 역시 무제 때 설치된 낙랑·현도군은 箕子去之朝鮮이던 요동예맥조선에 설치되었다는 증언이다.

⑥ 史記卷百十匈奴傳 漢使楊信於匈奴 是時漢東拔濊貊朝鮮以爲郡 樂浪·玄菟
⑦ 前漢書地理志卷二十八下 樂浪·玄菟 武帝時置 皆濊貊朝鮮 箕子去之朝鮮 王莽曰 樂浪·玄菟屬幽州 應劭注 樂浪·玄菟 箕子去之朝鮮 故眞番朝鮮國 증언

그뿐 아니다. 진개 조선 땅 二千里 탈취가 역사조작이 아닌 사실이면 전한 초의 회남자 증언 연나라 鴈門 쪽의 갈석산 동남쪽을 지난 태행산 동쪽 산동북부 화북(華北)평원과 하북(河北) 및 요동조선 증언도 거짓이 되고, 전한 말 楊雄 저 방언 燕東北外郊洌水之間朝鮮 증언도 거짓의 조작일 수밖에 없고 사기조선열전 요동조선 증언도 거짓이 될 수밖에 없다.

⑧ 漢初 淮南子 時則訓 太行石間東方極 自碣石過 朝鮮大人之國
⑨ 前漢末 楊雄著 方言卷二 燕之外郊洌水之間朝鮮
⑩ 史記朝鮮列傳 眞番朝鮮 遼東外徼……至浿水爲界 滿亡命 渡浿水 稍役屬眞番朝鮮蠻夷 王之都王險 集解 應劭注 地理志云 遼東有險瀆縣 朝鮮王舊都

이렇게 볼 때 『동북통사』 역사관은 전국시대 진개 동호 땅 1,000리 조선 땅 2,000리 탈취 이후에도 조선은 요동대륙에 건재했다는 사기흉노전 上谷以東濊貊朝鮮 증언과 사기흉노전 漢東拔濊貊朝鮮 漢四郡 樂浪·玄菟郡 設置 증언과 사기조선열전 遼東衛滿朝鮮 증언과 陳壽 삼국지 동이전 魏略

遼東準王朝鮮 증언과 范曄 후한서동이전 요동위만조선, 요동한사군 증언 모두를 부인하는『동북통사』임이 입증된다.

이렇게 볼 때 문제로 되는 것은『동북통사』저자 김육불 교수가 사기흉노전 진개 동호 땅 1,000리 탈취와 삼국지 위지동이전 위략의 진개 조선 땅 2,000리 탈취가 사실이 아닌 역사의 날조였음을 인식했더라면『동북통사』에서 이러한 주장은 하지 아니했을 것이라 보인다. 왜냐하면 중국의 여타 사서들은 사기흉노전의 진개와 삼국지 위지동이전 위략 진개를 일체 인정하지 아니하는 사서들임이 입증되기 때문이다.

그럼에도 불구하고 한국의 국사학자들 가운데는 진개 동호 땅 千里 탈취와 조선 땅 2,000리 탈취를 사실로 인정함에 따라 학술지들에 인용하는 사례가 적지 아니한 데 문제가 있음을 지적하는 바이다. 왜냐하면 중국 전국시대 말의 가공인물 진개를 실존인물의 장수로 인정하게 되면 진시황 이래의 漢代에 걸친 중국정사들 사기·한서·삼국지 동이전 요동조선 역사가 존재할 수 없게 된다는 사실을 부인할 수가 없기 때문이다.

그러므로 역사의 연구는 문자적 기록에만 얽매일 것이 아니라 그 역사기술의 전후를 살펴보는 역사적 안목을 지녀야 한다는 것을 밝힌다. 왜냐하면 중국의 전국시대 말기 진개 기록의 역사 전후를 살펴보면 진개 기록은 역사의 날조임을 확인할 수 있는 것인데 진개를 실존인물로 인정하는 역사학자들은 역사의 맥도 살필 줄 모르는 역사학자가 아니라고 부인할 수 없다는 사실을 밝히는 바이다.

여기에 해당하는 비근한 예가 단군조선의 신화에 있어서 곰과 범은 동물학적 곰과 범일 수 없다는 것을 인식하지 못하는 국사학자 가운데는 단군의 모친 웅녀를 동물학적 곰에서 사람으로 변화했다고 문자 그대로 해석하는 사례가 비일비재인데 이성에 입각하는 역사학자라면 단군의 모친 웅녀는 동물학적 곰이 아니고 곰토템(totem) 사상에서 유래된 것임을 인식할 수 있게 될 것이다.

이렇게 볼 때 단군의 모친 웅녀가 동물적 곰에서 사람으로 변신했다는 신화가 아니라는 사실을 쉽게 인식할 수 있게 된다는 것을 밝힌다. 여기에 관한 문제는 중국 사서들 증언의 단군조선이라는 제하 ③ 환웅천왕의 개천신시 배달국은 중국 黃帝의 조국인 유웅국의 종주국이라는 대목에서 상론될 것이니 상고하시기 바란다.


## (2) 萬里長城 東쪽 끝과 遼東


만리장성은 진시황의 명을 받은 몽염 장군이 서역 隴西의 臨洮에서부터 요동까지 쌓은 장성이 만리장성이다. 그런데 문제는 만리장성의 기점이 서역의 隴西·臨洮라는 것은 재언의 여지가 없는 것이지만 만리장성의 종착점인 요동이 어디인가 하는 것에 대해서는 이론이 많다.

왜냐하면 요동이 전국시대 말의 진시황 때까지의 요동과 한나라 이후의 요동이라는 지역이 전연 다른 요동지역이기 때문이다. 그럼에도 불구하고 역사학자들 가운데는 전국시대 위시의 진시황 때까지의 요동과 漢代 이후의 요동지역이 전연 다른 요동지역이라는 사실을 인식하는 역사학자를 만나기가 심히 어렵다.

여기에 그 대표적인 사례가 전국시대 말기의 연나라 문후가 소진에게 연나라의 강역을 설명하면서 전국시대 연의 동쪽이 조선이었고 그 조선은 요동에 있는 조선이었다는 전국시대 요동은 오늘의 하북성 동쪽의 요동이 아닌 산서성의 상곡·태원 지방을 요동이라고 한 사실을 인식하는 역사학자를 찾아보기 어렵다는 말이다.

그러하기에 진시황본기에 北據河爲並陰山至遼東 原文에 대한 注들이 명확한 설명이 없고 다만 정의의 注가 陰山在朔州(黃河北方의 朔方) 北塞東至遼東築長城爲北界 이상의 설명을 찾아보기가 어렵다. 그러므로 사기몽염전에도 築長城 因地形 用陰制塞 起臨洮至遼東이라고만 기록되어 있고, 거기에 따르는 注도 遼東在遼水 동쪽 長城東至遼水라 되어 있으니 遼水가 어디 있는 遼水인지 알기가 쉽지 않다.

그러므로 사기조선열전의 秦滅燕屬遼東外徼朝鮮이 어디였는지, 그리고 진번조선의 소재가 어디인지, 그리고 사기조선열전 漢修遼東故塞가 어디인지, 더 나아가서는 至浿水爲界라는 浿水가 어디인지 갈피를 잡지 못하고 있는 것이 역사학계임이 입증되는데 중국인『동북통사』저자도 예외가 아니라는 것을 밝힌다.

왜냐하면 사기조선열전 진번조선과 전한서지리지하 東賈眞番之利 眞番朝鮮과 玄菟郡屬幽州 應劭曰 故眞番朝鮮 모두가 하나의 국가인데도『동북통사』는 진번과 조선을 두 개 국가로 분립한『동북통사』의 근거를 알 수가 없고 진번조선의 위치 또한 밝힌 바가 없다.

아무튼『동북통사』는 장성의 동쪽 끝으로부터 지금의 압록강을 넘어 대동강에 이르렀다(동북통사, 155쪽)고 되어 있으나 장성이 진개 때의 장성은 있을 수가 없는 것이니 진시황 때 음산 동쪽까지의 요동장성은 모르고 하북 동쪽 요동으로 착각한 발해연안 산하이관까지의 장성이 한 제국 이후의 어느 나라 축성의 장성을 말하는 것인지 알 수가 없다.

결론적으로 진시황 때 축성한 만리장성 동쪽 끝 요동은 지금 하북성 동쪽의 요동이 아닌, 진시황본기의 황하 북쪽 正義注 陰山在朔州北塞外東至遼東임을 분명히 밝힌다. 그러므로 사기조선열전 秦滅燕遼東外徼 조선은 진나라 때의 요동 故塞를 修築하여 浿水를 경계로 했다는 그 요동은 삼국지 위지동이전 위략 진시황 때 몽염이 음산 동쪽 요동까지 장성을 쌓았을 때의 否王・準王조선은 음산 동쪽 요동조선이었다는 것을 분명히 밝히는 바이다.


## (3) 東夷・東胡・烏丸・鮮卑


동호는 동이의 별칭이고 오환과 선비는 모두가 동이에서 분리된 동호・오환・선비인데 이들이 동이로부터 동호로 불린 것이 진시황 이후부터인 전한시대부터였음이 입증된다. 그러므로 전한시대 이전의 전국시대까지는 동호라는 종족칭이 없었다는 말이다.

여기에서 이들의 선조가 烏丸山과 鮮卑山에 살았던 데서 붙은 종족칭이다. 오환은 전한시대에 흉노에게 망하였다. 그러면 흉노는 어떤 종족인가? 사기흉노전에 의하면 흉노의 선조는 하우의 후손이라고 되어 있는데(史記卷 百十匈奴傳 其先祖夏後氏之苗裔也) 사기오제본기와 산해경 증언대로면 흉노족도 숙신 동이가 중원으로 이동한 후의 중원 동이의 분파임이 입증된다.

이렇게 볼 때 사마천 이후의 중국사가들이 숙신으로부터 기인된 동이를 동호니 예맥이니 흉노니 선비니 오환이니 하는 부족칭을 붙여 왔던 것이 입증된다. 그러하다면 문제는 동호는 언제부터 동이에서 동호로 개칭되었는가 하는 것이 문제가 되는데 삼국지 동이전의 활하족(猾夏族)은 흉노족을 지칭한 것이니 오환과 선비가 언제부터 어느 지방에 살았는가 하는 것이 문제가 된다.

왜냐하면 烏丸은 흉노에게 망했다지만 선비족은 중국 사서기록이 漢·魏 시대 이래 중국의 상곡과 하북과 요서와 요동이 선비의 땅이었다고 기술되어 있다.

이렇게 볼 때 사기흉노전에서 上谷以東濊貊朝鮮이라고 기술된 그 예맥족이 동호족이라는 선비족이었는데 오환은 일찍이 흉노에게 망했다지만 선비족이 동이예맥족으로 기술되어 있음이 입증된다.

그렇다면 여기에서 문제로 되는 것이 한고조가 태원지방에 침입했던 흉노를 정벌하려다가 白登山에서 흉노에게 포위되어 죽을 수밖에 없었던 그 한고조를 풀어서 살게 해 줌에 따라 그 이후부터의 한나라는 전한 10대제인 元帝(BC 43~33) 때까지 200년 동안이나 흉노에게 조공을 바쳐 왔던 한 제국이었음이 입증된다.

그런데 삼국지 위지동이전의 선비족 가운데 檀石槐는 흉노에게 빼앗겼던 땅을 모두 점거하니 그의 領地는 동서로 4,000餘里가 넘었다는데 그 후부터의 선비족은 중국 본토로 침입하여 여러 나라로 분립되었던 가운데 수나라가 중국 땅을 통일했던 그 선비족도 동호였음이 입증된다.

이렇게 볼 때 동이로부터 분리된 오환·선비는 사기흉노전에서 상곡 이동은 예맥족이라고 기술된 그때의 예맥족은 선비족을 지칭했던 것으로 동이를 중국인들이 동호라고 칭해 왔던 그 동호는 선비족 지칭이었음이 입증된다.

그 증거가 선비족 가운데 최고로 걸출했던 인물이 후한 灵帝(147~167) 때의 檀石槐(三國志東夷傳 鮮卑檀石槐至靈帝時大鈔略幽幷二洲)와 마지막 선비족이었던 隋文帝가 그 대표적 인물이다. 그러면 선비족의 역사를 살펴보기로 한다.

여기에서부터 선비족이 본격적으로 중국대륙을 점거하게 된 기본적인 요인이 후한의 靈帝(147~167)와 동시대인이던 선비족의 檀石槐 이후 魏·晋 시대를 거쳐 오호십육국시대까지 중국 땅을 점거했던 선비족은 前燕(349~370), 西燕(385~394), 南燕(398~410), 西秦(385~431), 南涼(397~414)이었지만 선비족은 拓拔珪에 의한 북위(386~534), 서위(535~556), 동위(534~550), 北周(556~581), 隋(581~618) 등이 중국 땅의 선비족들이었음이 입증된다. 그러므로 선비족의 英傑은 檀石槐·拓拔珪·隋文帝 등이다.

그럼에도 불구하고 이 모든 선비족이 중국의 한족인 것처럼 취급하고 있는 김육불 교수의 『동북통사』는 문제점이 있음을 지적한다. 그 증거로 金 교수는 고대 黃帝 이후 요순을 위시한 하·은·주 모두가 한족(漢族)이라고 취급하고 있고, 은 말의 조선으로 갔다는 그 箕子를 한족(漢族)의 동북아 진출이라고 주장하고 있다(동북통사 87, 111~113쪽, 128쪽).


## 2. 日帝植民地史學者 今西龍 檀君朝鮮 조작 주장

① 今西龍 著 『朝鮮古史の研究』 國書刊行會
② 今西龍 著 『檀君考』 青邱說叢壹卷 朝鮮總督府圖書館所藏 國立中央圖書館 移管所藏

일제의 식민지사학자 이마니시(今西龍)는 한국의 사서 가운데 단군기사는 삼국유사 이전은 없다는 주장이다. 그런데 삼국유사는 元나라 세조 忽必烈 (1206~1228) 이래 몽고족이 고려에 침입했을 때의 항몽기에 민족의식을 고취하기 위하여 단군의 신화가 조작되었다는 주장인데 그 내용은 아래와 같다.

今西寄贈本 昭和 10年 5月 6日 朝鮮總督府圖書館 圖書登錄番號 54409001

「檀君考」 朝鮮には開國の神人に檀君なるものありとの傳說を有し其の國を檀君朝
鮮と稱し， 又檀君の稱號は古くより存するものに非す檀君考一面. 「朝鮮古史の研
究」一章現存古文獻に見ゆる檀君記事ある最も古きものは三國遺事にして此書あり
以前のものには斷簡にも零墨にも檀君の語さへあるもの無し朝鮮古史の研究4面

참으로 어처구니없는 今西龍 무지의 주장이 아닐 수 없다. 그 증거가 一
然大師(1206~1285)가 古記를 인용하여 단군을 소개하기 1,000년 전의 단군
조선은 중국 삼국시대 曺魏時代 사서인 위서에 乃往二千載 有檀君王儉 증
언이 없다는 주장이지만 국내 사서로는 고려 一然 이전의 850년 전의 신라
제19대 訥祇王(417~458) 때의 충신이던 朴堤上(?~416) 찬술의 符都志에 환
웅천왕 전후의 역사로부터 단군왕검의 역사가 밝혀져 있고 一然의 삼국유
사보다 585년 전 渤海 大野勃 찬술의 檀奇古史에 단군조선과 단군세가까
지 있는데도 이마니시는 고려 때의 一然이 단군신화를 조작했다는 무지가
입증되고 있다.

이러한 이마니시(今西龍) 단군조작 주장은 삼국유사 인용의 중국 사서 단
군조선 증언 魏書부터 부정한다(今西龍 著, 『檀君考』, 6쪽). 위서는 삼국시대 曺
魏 46년간(220~265) 위서가 있고, 오호십육국시대 선비족이 세운 북위(386~
534) 위서가 있다. 삼국시대 위서는 진(265~418)의 司空이던 王沈이 찬술한
위서이고, 북위의 위서는 北齊(550~577)의 魏收가 撰한 위서인데 현존하는
위서는 북위의 위서뿐이다.

그 이유가 진의 司空이던 王沈이 단군조선을 증언했던 위서(魏書)가 宋
(420~480)나라 때의 학자들에게 壓遺되어 오던 중 隋(581~618)나라 經籍志考
證을 찬술한 章宗源에 의하여 비판되기를 夷狄의 나라 조선(단군조선)을 드
러내어 中華의 夏族에게 累(정신적 피해)를 끼치었다(章宗源撰 隋經籍志考證卷一矜
夷狄而陋華夏)고 비판된 후 자취를 감추어 버린 위서다. 그러므로 이마니시(今
西龍)는 북위의 위서에 乃往二千載 有檀君王儉 立都阿斯達 開國號朝鮮 與
高唐同時 기록이 없다는 단군조선 조작 주장이다.

하지만 한고조 이후의 華夏族이라는 중국인에게 불리하다고 보이는 사서
나 經籍에는 가필수정하거나 아예 삭제해 버리는 사례가 비일비재인데 그

대표적인 사례가 曹魏 때의 위서 忘失임은 더 말할 것이 없고(今西龍 著, 「檀君考」, 現存の魏書には此記事を失すれとも檀君考 6面), 중국의 최고대지리서인 산해경 기록의 肅愼氏之國 在白民北有樹(人物樹·嫡子樹) 名曰雄常先八代帝 於此取之 八代帝의 八字를 入字로 가필하고 代字를 伐字로 가필하여 八代帝가 入伐帝로 수정된 현존하는 산해경이 그 대표적 사례라 할 수 있다.

그뿐 아니다. 중국상고사인 사기오제본기 黃帝 때의 蚩尤는 甲胄(갑옷과 투구)로 무장함에 따라 黃帝가 蚩尤를 당해 내지를 못하고 하늘을 우러러 탄식했다는 黃帝를 蚩尤勝利者로 만들어 놓은 사기오제본기 역사 왜곡이 입증되고 있다. 이 사실에 관련되는 역사왜곡 입증의 사기 원문과 注들을 전재하는 바이다.

史記卷一五帝本記 本文 軒轅之時 神農氏世衰 而蚩尤最爲强莫能伐 注索隱 管子曰 蚩尤受盧山之金 而作五兵 注正義 蚩尤軍兵 銅頭鐵額伐刀戟大弩 威振天下 黃帝以不能禁止蚩尤 乃仰天而歎

이렇게 볼 때 일제식민지사학자 이마니시(今西龍)는 중국사학자들 역사 왜곡의 행태를 인식하지 못한 무지를 밝힌다. 왜냐하면 일제식민지사학자 이마니시(今西龍)는 일본의 국조 아마데라스오미가미(天照大神)가 조작신인 것처럼 한국의 國祖檀君도 역사 아닌 신화조작이라는 이마니시(今西龍)의 착각임이 입증되기 때문이다.

그 증거가 일본서기 상고사 神代의 아마데라스오미가미(天照大神)가 조작신임은 물론이고 천손강림이라는 스사노미꼬도(素戔嗚尊)는 신라인이었고, 니니기노미꼬도(瓊瓊杵尊) 역시 가야인임이 입증되는 일본서기 神代記의 상고사 조작일 뿐 아니라 瓊瓊杵尊 증손이라는 神武天皇 위시의 綏靖·安寧·懿德·孝昭·孝安·孝靈·孝元·開化까지의 9代 신대기 천황들은 실존 천황이 아닌 가공천황들이라는 사실은 현재 일본국사학계에서 모르는 사람이 없는 일본서기 신대기 천황들 날조임이 입증된다.

바꾸어 말하면 신무천황으로 인한 일본 건국의 기원이 2,600년이라고 되어 있지만 신무천황 이전의 素戔嗚尊가 五十猛神을 거느리고 반도의 신라 국으로 강림했다가 신라국에서는 세력을 잡기가 어렵다고 판단한 素戔嗚尊 (한국명 延烏郞·三國遺事 증언)가 일본의 鳥根縣 이즈모(出雲)지방으로 건너갔던 시기가 서력기원 이후일 수밖에 없음이 입증되는 것이 한반도 신라국의 건 국이 서력기원전 57년이었음을 감안할 때 素戔嗚尊 일본도일이 아무리 빨 라도 서력기원 이전일 수 없음이 입증됨을 누구도 부인할 수가 없다.

그리고 보면 일본서기 상고사 記年 2,600년은 거짓의 조작임이 입증되기 에 일본의 역사학자 쓰다(津田左右吉) 박사는 일본서기 상고대 기년은 수정되 어야 한다는 주장으로 인한 옥고를 치르기까지 했지만 오늘의 일본 대부분 의 국사학자들이 쓰다(津田左右吉) 박사의 주장에 동조하고 있다는 사실은 그 누구도 부인할 수 없는 일본국사학계의 현실임이 입증되고 있다.

이러한 가운데의 이마니시(今西龍)는 위서의 단군조선 기년이 堯庚寅年이 라는 기록에 대해서 疑惑을 제기했는데 李朝 太祖 때의 명신이던 權近(135 2~1409)의 應制詩注뿐 아닌 成宗(1469~1494) 때의 명신 徐居正(1420~1488)이 어명을 받고 찬술했던 『東國通鑑』은 李朝의 官撰通史로서 단군의 기년을 堯戊辰年임을 명기했는데 중국청조 때의 사고전서 가운데 鄭若曾撰 조선 고 단군조선 기년을 堯戊辰年 입증에 따라 단군조선 존재와 그 기년은 재 론의 여지없이 확인되기에 이르렀다.

이러한 이마니시(今西龍)는 삼국유사의 풍백과 우사는 道敎語辭인 司職神 名詞를 인용한 풍백·우사였다는 주장인데 道敎의 시조 老子(BC 604~?)는 유교의 시조 孔子(BC 552~479)와 동시대 인물이었음이 입증된다.

그리고 보면 BC 500년대 이전의 BC 2700년대의 黃帝와 蚩尤 전쟁 때 蚩尤가 환웅천왕의 장수이던 풍백과 우사를 청하여 도움을 받았다는 풍백 과 우사가 어째서 BC 500년대에 창시되었던 道敎司職神의 명사 인용이었 다는 주장인지 그 근거를 알 수가 없는 주장이기에 이마니시(今西龍) 주장의 원문을 여기에 소개하는 바이다.


檀君傳說 帝釋桓因が庶子桓雄に 天符印三個を授け往て 天下を治めしむ 是れ

이렇게 볼 때 삼국유사 단군을 서기 1200년대 一然이 신화로 조작하였다
고 주장하는 이마니시(今西龍)의 무지가 입증됨을 밝힌다. 그 증거가 중국사기
오제본기 산해경 注의 증언이 BC 2700년대 黃帝와 蚩尤와의 전쟁 때 존재
했던 풍백과 우사를 BC 500년경에 창시된 道敎司職神 名詞 인용이었다는
이마니시(今西龍)의 주장은 어불성설이요 언어도단임이 입증되기 때문이다.

그 증거로 이마니시(今西龍)의 역사 무지는 고려 때의 一然이 1285년에 삼
국유사를 찬술하기 근 1,000년 전인 신라 訥祇王(417〜458) 때 충신이던 朴
堤上이 찬술한 符都志 1장〜6장까지는 구석기시대 역사 서술이었고 8장〜
9장까지는 천산산맥 중심의 환단고기 역사와 일치하는 서술이었다.

그리고 10장〜11장까지는 환웅천왕의 천문지리 홍익인간에 관한 서술이
었고 17장〜20장까지는 단군으로부터 중국 堯舜 때까지의 관계가 서술되었
고 24장〜26장까지는 夫婁와 夏禹와의 치수관계 서술이었고 27장 이후는
기자조선에 관한 서술이었고 32장부터는 신라편 서술의 符都志이다.

그뿐 아니다. 一然의 삼국유사보다 585년 전 渤海 大野勃 찬술의 檀奇
古史는 환웅천왕 시대의 풍백과 우사뿐 아닌 단군세기가 환단고기의 단군
세기와 일치되는 檀奇古史다. 그럼에도 불구하고 이마니시(今西龍)는 『朝鮮
古史の研究』 저서와 『檀君考』 논문에서 현존문헌 가운데의 단군기사는 一
然 찬술의 삼국유사가 最古史書라는 주장이다.

하지만 신라시대 朴堤上의 符都志는 삼국유사보다 825년이나 앞서 찬술
된 符都志이고, 渤海 大野勃 撰述의 檀奇古史는 삼국유사보다 585년이나
앞서 찬술된 檀奇古史인데도 이마니시(今西龍)의 단군조선 기록사서 중 삼국
유사가 현존문헌 가운데 最古史書라는 주장은 이마니시(今西龍)의 역사 무지
가 재론의 여지없이 입증됨을 밝힌다.

## 3. 東北工程對備 高句麗研究財團 研究論文에 대한 반박

### (1) 國立서울大 盧泰敦 敎授 - 왜 古朝鮮인가

1200년대 고려가 몽고와의 전쟁 때 쓰인 삼국유사와 제왕운기가 단군의 후손이라 함에 따라 고조선이 우리 역사 기원으로 자리 잡게 되었다(고구려연구재단, 고조선·단군·부여 10쪽).

그러나 한국고대문화가 고조선에서 비롯(始作)된 것도 아니고 고조선이 고대조선 전체를 의미하는 것도 아니다. 고조선은 고대한국 여러 나라 중의 하나일 뿐이다. 한국문화의 기원을 고조선에서 찾으려 해서는 안 된다(상게서 11쪽).

盧 교수의 '왜 고조선인가' 논문은 1200년대의 一然이 항몽용으로 단군이라는 신화를 조작했다는 일제식민지사학자 이마니시(今西龍) 주장에 따른 논문이 아닌지 의문된다. 고조선 이전에 고대한국이 존재했었다는 역사적 근거를 찾을 수가 없다. 그 증거가 기원전 2300년 단군조선은 一然의 삼국유사 이전 신라 朴堤上의 符都志와 渤海 大野勃의 檀奇古史가 단군조선을 입증하고 있기 때문이다.

왜 조선인간의 논문은 고조선 이전의 고대한국의 존재를 구체적으로 밝힘이 없는지 동북공정 극복을 위한 국사교과서 개정안을 마련하려는 본 논자는 이해하기가 어렵다. 이렇게 말하면 이 논술은 논문의 형식을 벗어난 일종의 비판서라고 평가할 사람도 없지 않겠으나 본인에게는 논문의 형식이 문제가 아니라 어떻게 하면 동북공정을 극복할 것인가에 초점을 맞춘 논술이라는 것을 양해해 주실 것을 당부하는 바이다.

盧 교수의 '왜 고조선인가'에서 고조선 개념이 단군조선으로부터 위만조선까지 사이의 어느 조선으로부터 어느 조선까지를 고조선으로 규정하는지 알 수가 없다. 왜냐하면 단군조선도 고조선이고 중국 사서들 증언의 요동예맥조선도 고조선이고, 사기소진열전 연, 동쪽 요동조선과 사기진시황본기 진, 동쪽 요동조선들도 고조선이고, 준왕조선과 위만조선도 고조선이라고 표

기하는 사례들이 허다하기 때문이다.

盧 교수 논문 고조선이 고대조선 전체를 의미하는 것도 아니라는 고조선은 고대 한국 여러 나라 가운데 하나일 뿐이라는 논문에서 밝히는 그 고대조선이 어느 조선으로부터 어느 조선까지가 고대조선인지 밝혀짐이 없으니 객관적 중국 사서들 증언 만주건국 단군조선 위시 遼東濊貊朝鮮과 史記蘇秦列傳 燕東遼東朝鮮과 史記秦始皇本記 秦東쪽 遼東朝鮮과 三國志東夷傳 魏略 遼東準王朝鮮과 史記朝鮮列傳 遼東衛滿朝鮮까지의 조선이 노태돈 교수의 고조선이라는 개념의 범주에 포함되는 고조선인지?

아니면 고조선은 고대 한국 여러 나라 가운데의 하나일 뿐이라는 논문대로 고대조선이라는 고조선보다 고대한국이 먼저 존재했던 것 같은 뉘앙스(nuance)를 풍기는 노태돈 교수 논문 가운데의 고조선 이전에 존재했던 고대한국 존재 증거를 찾을 수가 없다는 것을 밝힌다.

그 이유는 '왜 고조선인가' 논문 가운데의 고조선은 고대 한국 여러 나라 가운데 하나일 뿐이라는 것을 볼 때 고조선은 고대 한국 후에 등장했던 고조선임을 부인하기 어려운데 왜 고조선인가 논문 고조선족과 고대한국족 기원이 밝혀짐이 없는 논문임을 지적하는 바이다.

그 증거가 현행국사교과서 BC 10세기 이후 요령중심 고조선이 우리 민족 최초국가라고 명기하고 있는데 盧 교수 논문의 고조선은 고대 한국 여러 나라 가운데 하나일 뿐이라는 논문이고 보면 현행국사교과서 BC 10세기 후 요령중심 고조선 이전의 우리 민족 국가로서의 고대 한국이 별도로 있는 것인지 알 수가 없는 문제점을 밝힐 것을 당부한다.

그리고 盧 교수의 왜 고조선인가 논문에서 한국고대문화 모두가 고조선에서 비롯(始作)된 것도 아니니 고조선의 문화에서 한국문화의 원형을 찾을 수 있는 것은 더더욱 아니다. 한국문화의 근원을 고조선에서 찾으려 해서는 안 된다(상게서, 11쪽)는 논문이고 보면 국정국사 요령중심 고조선이 우리 민족 최초국가라는 것은 잘못된 거짓의 국사임의 증언(증언)인지 밝혀져야 할 논문임을 지적한다.

왜냐하면 盧 교수의 왜 고조선인가 논문 가운데 고조선은 한국문화 기원을 이해하는 데 고조선 역사와 문화에 대한 이해가 중요하다(상게서, 11쪽)는 논술로 볼 때 고조선과 고대 한국이 異名同體 아닌 별개의 고조선인지 분명히 밝혀져야 할 논문임을 지적한다.

그뿐 아니다. 盧 교수 논문 12쪽 삼국유사는 단군조선 건국이 堯 즉위 50년 후의 경인년이라 하였는데 徐居正 『東國通鑑』은 堯 즉위 25년 후인 무진년이라고 하였다. 그러나 중국사학계에서 이를 믿는 사학자는 없는 형편이(盧 교수 논문 12쪽)라고 단정하는 盧 교수 논문대로면 淸代의 중국 종합사서였던 사고전서 가운데의 鄭若曾 찬 朝鮮考 단군조선 立國은 堯戊辰年이라는 증언이 중국인들의 거짓 증언이라는 것인지를 盧 교수는 밝혀야 할 논문임을 지적한다.

盧 교수 논문은 堯 자체가 실존인물이 아닌 신화상의 인물일 뿐(盧 교수 논문 12쪽)이라고 단정하고, 중국 사기에 黃帝者小典之子也……軒轅之時 神農氏世衰……而蚩尤最爲强莫能伐……帝嚳崩而弟放勳立　是爲帝堯……於是帝堯老命舜攝行天子之政이라는 사기오제본기를 역사 아닌 신화라고 단정하는데 이렇게 단정하는 근거를 알 수가 없음을 지적한다.

그 이유는 중국의 堯임금을 신화에 불과하다는 노태돈 교수 논문이지만 무신사관 입각의 중국공산당 국가도 중국고대사인 사기오제본기 堯舜을 盧 교수처럼 신화라고 단정하지 아니하는 증거가 중국의 夏·殷·周 斷代工程이고 동북공정 추진임을 노태돈 교수가 모르고 있는 논문인지 밝혀야 함을 지적한다.

거기에 더하여 동북공정 극복을 위한 동북아 역사재단의 理事로 재직 중인 노태돈 교수이고 보면 중국인들도 인정하는 三國遺事引用 魏書云 乃往二千載 立都阿斯達 開國號朝鮮뿐 아닌 중국의 정사인 淸代 綜合史書 四庫全書 鄭若曾撰朝鮮考 朝鮮國近日 本其在東 相傳 堯戊辰歲 檀君者 居太白山 朝鮮人奉以爲主 此朝鮮立國 증언을 신화라고 단정하는 盧 교수임이 입증된다.

이렇게 볼 때 노태돈 교수의 왜 고조선인가 논문이 중국동북공정 대응책으로 설치된 고구려연구재단 연구성과 논문으로 4,300년 전 만주건국 단군조선 2333년이라는 紀年은 역사 아닌 신화이기 때문에 의미가 없다(전게서, 12~13쪽)고 단정하는 盧 교수 논문이 고구려 이전의 고대 만주는 중국영토라는 동북공정 극복에 기여되는 점이 무엇인지 알 수가 없는 논문임을 지적한다.

그런데 같은 책 노태돈 교수 논문의 '단군은 어떤 존재인가?' 81쪽 단군신화가 과연 고조선시대의 산물인가 하는 의혹을 제기하고 단군신화는 元나라 고려 침입에 따른 항몽기에 민족의식을 불러일으키기 위해 조작되었다는 일제식민지사학자 이마니시(今西龍) 저서 「朝鮮古史の研究」 및 「檀君考」 저서 내용을 옳다고 인정하고 인용한 盧 교수 논문이 아닌지 의문된다.

왜냐하면 盧 교수 논문에서의 문제는 중국정사인 사기오제본기 蚩尤最强暴莫能伐 山海經 引用註 가운데 蚩尤請風伯·雨師注가 고려 때 도교용어 인용이라는 盧 교수의 논문이 일제식민지사학자 이마니시(今西龍) 저 「朝鮮古史の研究」 31쪽, 「檀君考」 21쪽과 일치하는 논문이기 때문이다.

> 今西龍　遺著　『朝鮮古史の研究』　檀君傳說に風伯·雨師·雲師を將みて……實に道教の思想そのまま也……道教的語辭なるは明なり風伯·雨師·雲師等皆な道教に見ゆる司職神なり(朝鮮古史の研究, 30~31쪽)

이렇게 볼 때 중국사기 오제본기 산해경 注의 風伯과 雨師·雲師는 一然大師가 서기 1285년 삼국유사 찬술 이전 산해경 史記注 風伯·雨師 입증 註를 노태돈 교수는 서기 1200년대 고려 도교 용어 인용이라는 논문인데 문제가 있음을 지적한다.

이 문제 제기의 증거가 신라 제18대 實聖王(402~417)과 제19대 訥祇王(417~458) 때의 충신이던 朴堤上(363~419) 저서 符都志에 환웅시대와 단군시대, 그리고 신라사 기술의 符都志 단군 증언은 고려의 항몽 850년 이전 단군 증언인데 노태돈 교수는 그 무슨 사서의 사료로 단군신화가 서기 1,200년대 고려항몽기 산물의 단군신화 조작이라는 주장인지 그 증거 사서와 사료를 밝혀야 할 논문임을 지적한다.

그뿐 아니다. 국사학계가 僞書라고 단정하는 『桓檀古記』는 제쳐 둔다 하

더라도 발해의 대야발 찬술의 『檀奇古史』는 一然의 『삼국유사』보다 585년
이나 앞서 단군조선의 풍백·우사·운사 증언뿐 아닌 단군세기까지를 밝힌
『檀奇古史』를 고려항몽기 이전의 찬술임을 왜 부인하고 묵살하는 논문인지
알 수가 없음을 밝힌다.

　이렇게 볼 때 盧 교수 논문 81쪽 일연대사 찬술의 삼국유사 단군신화는
一然보다 근 1,000여 년 전 박제상 저 符都志 환웅과 단군 증언뿐 아니라
거기에 더하여 우리 민족 선민 東夷 증언의 사기오제본기 치우는 黃帝와의
전쟁 때 환웅천왕 때의 풍백과 우사를 청하여 폭풍과 폭우가 쏟아지게 했다
는 사기오제본기 증언을 盧 교수 논문 고려항몽기에 단군신화가 조작되고
풍백과 우사는 서기 1,200년대 고려 도교어(道教語) 인용이었다는 논문 근거
가 일제식민지사학자 이마니시(今西龍) 『朝鮮古史の研究』 그대로이고 보면
盧 교수의 '왜 고조선인가' 논문은 일제식민지사관 복사판 논문임이 입증됨
을 밝힌다.

　노태돈 교수가 이상의 문제들에 대해 해명함이 없이 학문의 자유(이성적 양
심 입각의 자유)를 구실 삼아 단군신화는 서기 1,200년경 元나라 고려 침입 항
몽기에 민족의식 喚起(鼓吹)를 위한 단군신화 조작이었다는 일제식민지사학
자 이마니시(今西龍) 주장대로 국사왜곡을 계속한다면, 노태돈 교수는 이성적
양심 입각의 자유와는 근본적으로 다른 이성과 양심을 부인하는 동물 본능
적 동물심리 입각의 방종을 자유라고 착각하는 양심부재임이 틀림없다. 이
문제는 현행국사학계 양심사망 대목에서 밝히었으니 상고하시기 바란다.


## (2) 韓國教員大 宋鎬晸 教授가 말하는 古朝鮮


　조선은 한국 최초의 국가다. 고조선은 부여·삼한을 위시한 고구려·백
제·신라 삼국까지 여러 나라의 국가 형성에 중요한 영향을 끼치었다. 우리
가 고조선이라고 할 때 단군조선·기자조선·위만조선 단계를 거쳐 BC
108년 위만조선이 멸망하기까지의 조선을 의미한다.

춘추시대(BC 770~304) 관자에 따르면 고조선 등장시기를 BC 8~7세기 이후부터 고조선 역사가 시작된 것으로 보아야 한다고 하고 고조선은 BC 108년 위만조선이 멸망하기까지로 보아야 한다(전게서, 17쪽).

이러한 고조선 어원이나 古朝鮮 國家稱 起因을 단군조선에서 찾으려 하지 아니하고 사기조선열전 첫머리에 注를 붙인 魏나라 사람 張晏의 注에 따라 洌水에서 조선국가칭 어원이 있다는 것이 어느 정도 설득력이 있다는 논문인데(상게서, 17쪽) 사기조선열전조선 張晏注 조선국가칭의 어원(語源·起源)이라는 것은 언어도단이라 보임을 지적한다.

宋 교수 논문 이조 때의 安鼎福은 기자조선은 요동이었다고 한 것을 소개하고 일제 때의 申采浩와 鄭寅普는 淸代(1616~1912) 滿洲源流考에 따라 요동의 숙신(東夷起源)을 珠申이라 했고 사기에 따라서는 숙신이라(肅愼朝鮮 音寫表記) 했다고 하고 그러나 숙신이 조선과 동일한 실체로 보는 것은 잘못(상게서, 19쪽)이라는 것이다.

이렇게 볼 때 宋 교수가 중국의 최상고대사인 사기오제본기 증언의 숙신은 동이족 기원의 증언이고 고대 동이는 고대 중국의 종주국 증언과 더 나가서는 고대로부터 동이·동호·예맥조선 모두가 숙신으로부터 기인된 조선들이었다는 중국 사기·한서·삼국지 증언을 부인(전게서, 18쪽, 19쪽)하는 근거를 宋 교수는 밝혀야 한다는 것을 지적한다.

이렇게 지적하는 증거가 중국의 상고사인 사기에 동이의 기원이 숙신임을 밝히었고, 중국 사서들 조선이라는 국가칭도 단군조선에서 비롯되었고, 고대 중국 지리서인 산해경(夏禹 때 伯益 찬술의 山海經)에 東海(黃海) 안쪽과 北海(渤海) 쪽 모두가 조선이었다는 것을 증언함에 따라 중국 사서들 증언의 조선국들 모두가 요동조선이었음이 입증된다.

그 증거가 중국의 사기소진열전에 춘추전국시대 연, 동쪽 조선과, 사기흉노전의 산서성 상곡 이동 예맥조선과, 사기진시황본기 진, 동쪽 조선이었고, 중국고전 관자발조선과, 한초 회남자 증언 태행산 동쪽 요동조선과, 전한 말 양웅 저 방언 燕東北洌水之間遼東朝鮮이 있다. 그리고 최후 조선은 삼국지 동이전 위략의 요동준왕조선이 있고 그다음은 사기조선열전의 요동위만조선이 있다.

그럼에도 불구하고 宋 교수 논문에는 서력기원을 전후해서 중국의 동북방이라는 하북지방이나 요서지방에 존재했던 조선이 없다(전게서, 20쪽)는 논문이 웬 말인지 알 수가 없다. 왜냐하면 사기송미자세가 증언의 기자조선은 하북지방이었고, 그다음이 관자 증언의 發朝鮮 역시 만주 및 하북요동의 조선이었고, 그 이후가 사기흉노전 산서성 상곡이동 요동예맥조선과, 사기소진열전의 연, 동쪽 요동조선이었고, 사기진시황본기 진, 동쪽 요동조선과 사기조선열전 요동위만조선을 宋 교수가 부인(전게서, 20쪽)하고 반도위만조선이라고 주장하는 역사적 근거가 밝혀져야 한다는 것을 지적한다.

왜냐하면 중국 고대지리서인 산해경 東海(黃海) 안쪽, 그리고 北海(渤海) 쪽 조선 증언에 따른 전한서 지리지 증언이 무제 때 설치된 낙랑·현도군은 기자가 조선으로 갔다는 요동기자조선의 故土에 설치된 낙랑·현도군은 반도조선 아닌 요동예맥조선에 낙랑·현도군이 설치되었다는 전한서지리지와 사기 흉노전 예맥조선의 부족국가이던 패망위만조선 故土에 樂浪(眞番竝合)·玄菟(臨屯竝合)郡을 설치했다는 증언인데 宋 교수 반도위만조선 주장의 근거 사서와 사료가 무엇인지 알 수가 없음을 지적한다.

여기 그 증거로 송호정 교수가 말하는 조선은 반도조선이라는 주장을 중국 사서들이 반증하는 요동조선 증언들의 원문들을 전재하는 바이다.

① 史記卷百十五朝鮮列傳 自始全燕時 嘗略屬眞番朝鮮 秦滅燕屬遼東外徼 至浿水爲界 滿亡命渡浿水 居秦故空地上下鄣 稍役屬眞番朝鮮蠻夷……王之都王險 集解注 徐廣曰 昌黎(渤海北岸) 有險瀆縣也 索隱 應劭注 地理志云 遼東有險瀆縣 朝鮮王舊都 薛瓚云 王險城 在樂浪 浿水之東也……左將軍荀彘出遼東討右渠索隱 朝鮮相路人遼東漁陽人也 酈道元著 水經注 浿水出遼東樓方縣 東南過臨浿縣 東入於海 ……
② 史記卷三十八宋微子世家 於是武王乃封箕子於朝鮮而不臣也
③ 前漢書卷二十八地理志下 武帝時置 樂浪·玄菟 皆濊貊朝鮮 箕子去之朝鮮 武帝元封三年 開樂浪·玄菟 屬幽州 應劭注 故眞番朝鮮國 武王封箕子於朝鮮 증언
④ 史記卷百十匈奴傳 漢東拔濊貊朝鮮 以爲郡 樂浪(眞番竝合)·玄菟(臨屯竝合)

二郡也 증언

⑤ 後漢書光武帝記下 樂浪人王調 據郡不服 樂浪在遼東 故朝鮮國 증언

## (3) 宋鎬晸 敎授 神話 속의 傳說 箕子朝鮮

삼국유사의 환웅은 곰이 변하여 여인이 된 웅녀와 결합하여 태어난 단군이 세운 나라의 왕위를 기자에게 물려준다고 되어 있다고 하고, 중국 사마천의 사기와 반고의 한서와 漢나라 때 저작된 尙書大典에 삼국유사와 비슷한 내용이 실려 있다고 소개한다. 그리고 근세 조선시대 유학자들은 기자가 조선에 와서 왕이 되었다는 전설을 믿고 평양에 箕子廟를 세우고 자랑스럽게 여겼다고 소개한다(전게서, 111쪽).

그러나 남한이나 북한 할 것 없이 남북한 국사학계 모두는 기자가 반도조선에 왔다는 사실을 부인하고 있다는 것은 요동대륙기자조선을 인식하지 못하는 데서 기인되는 주장들임이 입증된다. 여기에 국사학계가 반도사관의 일제식민지사관 잔재에서 탈피하지 못한 증거의 입증임을 밝힌다.

그 증거가 사마천 사기의 송미자세가에 은 말의 기자가 조선으로 가 버렸다는 기사는 은 말 이전에 조선이라는 국가가 존재했었기 때문에 사기에 기자가 조선으로 갔다고 기술한 것이지 은 말 이전에 조선이라는 국가가 존재하지도 않았는데 사마천이 조선이라는 국가칭을 조작했던 사기송미자세가 조선 기술은 아니라는 사실을 宋 교수가 인정하는지 부인하는지 알 수가 없다.

바꾸어 말하면 은 말·주 초라는 시대는 고대에 속하는 시대였기 때문에 은 말·주 초의 중국인들 가운데 조선이라는 국가가 존재했었음을 인식하고 있었다 하더라도 그것이 한반도라는 지역에 조선이 존재했었음을 은 말·주 초의 중국인들이 인식하고 있었을 것이라고 기대하는 근거가 어느 사서의 어디에 있는 것인지 알 수가 없음을 밝힌다.

그 이유는 본 논자가 알기로는 중국인들 가운데 한반도라는 지역에 조선이 존재했었다는 사실이 중국 땅에 알려졌던 시기는 진시황 이후였음이 입

증되는 것이 진시황 때 長生不死의 불로초를 구하기 위해 동남동녀(童男童女)를 배에 태워 동쪽으로 보내었다는 것이 진시황 때만 하더라도 정보가 어두워서 중국 동쪽의 한반도가 조선이었다는 것을 모르고 있었다고 보이고, 거기에 더하여 반도조선 동쪽이 일본이었다는 것까지는 더더욱 모르고 있었던 시대가 아니었던가 하고 보인다. 그러므로 宋 교수는 서력기원전에 한반도 지역이 중국인들에게 조선이라는 국가가 알려졌을 것이라고 보는 근거가 어디에 있는 것인지 의문되는 바이다.

이렇게 볼 때 은 말·주 초의 기자가 조선으로 갔다는 그 조선은 夏나라 우왕의 신하였던 伯益이 禹의 치수를 돕기 위해 오늘의 만주 땅과 중원 땅을 살펴본 연후에 찬술했다는 상고대 인문지리지인 산해경에 중국대륙 東海(黃海) 안쪽과 北海(渤海) 쪽 모두가 조선이었다는 증언이다.

그러므로 산해경 증언의 조선이 오늘의 발해연안 요동조선으로 기자가 갔다는 사실을 전한서지리지가 증언하고 있고, 지금으로부터 근 20년 전의 1991년 발해 쪽에서 箕侯로 새겨진 청동기 유물의 箕鼎이 발견된 실증사학이 요동기자조선을 입증하는 바이다.

그럼에도 불구하고 이러한 기자조선의 문헌사료가 지금으로부터 20년 전에 고고학적 유물발견의 실증사학으로 기자조선의 실재가 입증되고 있는데도 宋 교수의 논문은 신화 속의 전설 기자조선 논문이다.

이렇게 볼 때 남북한 국사학계 모두가 우리 상고사 조선을 몰라도 너무 모르고 있는 국사 무지에서 기인되고 있는 요동예맥조선인 기자조선을 국정국사에서의 배제는 너무도 잘못된 국사임을 지적하는 바이다.

그런데 宋 교수는 우리 민족의 원주지를 申采浩는 중국 북방까지 확대해서 그 이동경로를 설명했다고 소개하고 기자집단은 周나라 계통과 구별되는 동이족 가운데 하나의 기자족으로 보고 있다(宋 교수 논문, 112쪽)는 논문이다. 그러나 사람들이 西夷라고 일컫고 있는 周나라 무왕도 동이족 가운데의 九夷 중의 西夷였음을 宋 교수는 모르고 있음을 지적한다.

이렇게 볼 때 宋 교수가 우리 민족의 근원지는 어디라 보며 우리 민족이 동이예맥족과는 어떤 관계에 있는 민족이라 보는지 알 수가 없다. 왜냐하면 오늘 우리의 국사학계가 우리 민족이 동이족임을 인정하고 더 나가서는 동이의 근원이 숙신이고 그 숙신이 通古斯(Tungus)족이고 예맥이라는 그 예맥족과 반도족인 오늘의 우리가 어떤 관계가 있다고 보는 것인지 알 수가 없다.

이 문제에 관한 구체적인 것은 다음 2편 중국 사서들 동이기원 증언이라는 대목과 만주동이와 중원 동이의 소멸이라는 대목과 요동예맥조선이라는 대목에서 상론하겠지만 오늘의 국사학계에서 근세 이씨조선 이외에 반도조선 사료가 중국 사서에는 없다는 사실을 전연 모르고 있는 사실을 밝힌다.

宋 교수는 殷末의 기자가 우리와 근본적인 조상을 같이하는 동이였음을 인식하지 못함에 따라 요동의 기자조선을 증언하면서도 요동기자조선은 우리와는 무관하다는 역사의식을 지니고 있음을 밝힌다.

그러나 중국동북지방 종족의 시조가 숙신이였고 동이였던 그 동이 숙신을 중국사가들이 산융·융이·퉁구스(Tungus)·예맥·동호였다고 기술해 왔던 동이기원족인 숙신이 반도조선족의 先民이었고 반도조선족은 숙신으로부터 나온 숙신과 동이 반도조선족과는 불가분의 종족들이라는 사실을 인식하지 못하는 宋 교수임이 입증됨을 밝힌다.

그 증거가 宋 교수는 숙신을 조선과 동일한 실체로 보는 것은 잘못이(상게서, 20쪽)라고 하고 북경과 가까운 요서지역에 조선이 위치했다는 내용은 찾아볼 수 없다(전게서, 20쪽)는 논문인데 참으로 기가 막히는 역사 무지의 논문이 아닐 수 없다.

왜냐하면 宋 교수가 부인하는 단군조선 주민의 종족이 숙신이고 동이이고 산융이었음의 입증이고, 회남자 증언의 태행산 동쪽의 요동조선이고, 삼국지 동이전 위략 증언의 요동준왕조선이고, 사기조선열전의 위만조선이 오늘의 하북지방 요서·요동조선임을 입증하는 것이 사기흉노전 위시의 하북지방 예맥조선 증언들이기 때문이다.

그리고 宋 교수는 조선국가칭 기원을 단군조선에서 찾지를 아니하고 사기조선열전에 張晏이 注를 붙인 濕水·汕水·洌水에서 조선이라는 국가칭 어원을 찾는 것은 어처구니없는 주장(전게서, 17쪽)임을 지적한다. 이러한 宋 교수의 논지대로면 기자조선은 실제의 조선이 아닌 신화 속 전설의 기자조선이라는 것이 된다.

　그리고 사기흉노전 하북 요서·요동이 예맥조선 입증임도 모르고 있고 사기소진열전 연, 동쪽 요동조선과 사기진시황본기 요동조선들은 모두가 예맥조선이었고 산동북부 하북 요서·요동조선은 반도조선족과는 불가분의 조선이었던 것도 모르고 있는 宋 교수임이 입증된다. 만의 하나 宋 교수가 이 논증에 이의가 있으면 중국 사서들 증언의 조선국가 기원을 밝혀야 한다는 것을 지적한다.


## (4) 高句麗研究財團 吳강원 博士 先史時代 歷史時代 교차점 古朝鮮

　선사시대는 문자로 기록됨이 없는 시대를 말한다고 하고 한국사에서는 고구려·백제·신라 이전을 선사시대라고 말한다(전게서, 22쪽)는 吳 박사 논문대로면 고구려·백제·신라 이전의 준왕조선 또는 위만조선 역사는 선사시대라는 논문임을 본다.

　과연 그럴까? 고조선 역사기록 가운데 사기소진열전 연, 동쪽 조선과 사기흉노전 산서성 상곡 이동 예맥조선은 전국시대 燕의 장수 진개에게 조선 땅 二千里를 탈취당하고 동쪽으로 이전하기까지의 과정이 기록되어 있다고 하고 이들 중국 사서들 기록은 고조선이 은 말의 기자가 殷·周 동쪽 조선으로 감으로써 마치 조선 역사가 개시된 듯이 되어 있는데 BC 4세기 이전 고조선의 정치·사회에 관해서는 아무런 기록이 없는 선사시대와 다름이 없다(전게서, 23쪽)는 논문이다.

　이렇게 볼 때 참으로 딱하기 그지없는 吳 박사임이 입증된다. 왜냐하면 중국의 사가(史家)들은 중국의 역사를 밝히는 데 목적이 있고 사명이 있는 것이지 이웃나라인 조선의 역사를 구체적으로 기술함이 없었다고 해서 중국 사서들이 객관적 입장에서 증언하는 고대조선들을 무조건 부인하는 역사의식인 데 문제가 있음을 지적한다.

　여기에 그 실증의 증거를 들겠다. 사기흉노전에 漢나라 동쪽의 王(諸侯)과 장수(將帥)들은 중국 산서성 상곡 이동의 예맥조선과 접해 있다는 사실만을 밝힌 것뿐인데 중국인들이 무엇 때문에 예맥조선 정치·경제·사회 내용까지 밝힘이 없다고 불평인지 吳 박사의 역사의식을 이해할 수가 없다.

그런데 중국과 접해 있는 조선에 관해서 정치·사회의 내용이 밝혀져 있는 조선이 예맥조선 단 하나뿐인데 이것도 맹자가 咸口蒙에게 중국의 十分之一 세제를 설명해 주는 과정에서 언급된 예맥족 二十分의 一 세제 설명이었음을 밝히면서 예맥족은 전쟁을 위한 성곽을 축성함이 없었고, 예맥족은 백성에게 과다한 세금도 부과함이 없었던 예맥조선은 홍익인간의 통치이념으로 백성들 피와 기름을 짜내는 膏血의 세금을 부과하여 지배계급의 화려한 궁전을 지어서 지배층들 호사를 누리는 따위의 착취가 없는 정치였음을 밝힌 것뿐이었다.

여기에 관한 구체적인 것은 단군조선 영역이었던 하북지방 산융 숙신 동이 예맥조선(濊貊朝鮮)의 부족국가이던 산융이라는 융이왕이 秦나라 繆公이 현자라는 소문을 듣고 由余를 사신으로 보내었을 때 사신 유여가 무공과의 대화 가운데서 동이·숙신·산융·융이라고 칭하는 단군조선의 정치는 眞聖人의 정치라는 것을 일러 주었던 데서 홍익인간 교화통치체제가 단군조선 영역의 하북지방 산융·융이부족 자치국가를 통해서 드러났을 뿐이라는 것을 밝히는 바이다.

이 문제에 관한 자세한 것은 제2장 중국 사서들 동이기원 증언과 함께 중국 사서들 단군조선 증언 대목에서 단군조선의 내치와 외치가 밝혀지고 단군조선은 홍익인간 교화정치의 종주국으로서 자치국가의 제후국들을 거느리었던 단군조선이었음을 밝히었으니 상고하시기 바란다.

역사적 기록이 있다는 BC 4～2세기 고조선이라는 준왕조선과 위만조선에 관한 기록도 진시황이 서역의 臨兆에서 음산 동쪽의 요동까지 만리장성을 축조했을 때 만리장성의 동쪽 끝이 음산까지 축성되었다는 설명 가운데 음산산맥 동남쪽 조선이었다는 준왕조선과 그 조선의 二千里를 燕 秦開가 탈취했다는 것뿐이다.

그리고 사기조선열전의 위만조선 기록 또한 위만조선과 한 제국과의 관계

악화로 전쟁하여 한사군을 설치했다는 기록뿐이지 준왕조선이나 위만조선 내의 정치·경제·사회 내용을 밝힌 부분이 없다는 것은 그 누구도 부인할 수 없다.

그럼에도 불구하고 吳강원 박사(硏究員)는 조선인의 손으로 조선역사기록을 남긴 역사시대가 아닌 객관적 입장의 중국인들이 증언하는 조선은 우리 민족 역사로 인정할 수 없는 무역사시대 선사와 역사가 교차하는 원시시대였다고 규정하고 있다(전게서, 24쪽). 그러므로 吳 박사 논문 고조선은 선사와 역사가 만나는 곳이 고조선이라고 규정한다.

이러한 吳 박사는 중국인의 손으로 객관적 입장에서 기술된 단군조선 위시의 위만조선까지의 고조선은 우리 민족의 손으로 기술된 역사가 아니기 때문에 우리의 국사로 인정할 수 없다는 입장에서 삼국사기와 삼국유사의 고구려·백제·신라 이전의 고조선시대는 우리 민족의 손으로 기술한 역사시대라고 할 수 없는 선사시대라고 규정한다(전게서, 22쪽).

吳 박사의 이러한 논문은 준왕조선 또는 위만조선은 우리 민족의 손으로 기술한 역사서가 아니기 때문에 준왕조선과 위만조선을 우리 민족사로 인정할 수 없다(전게서, 22~24)는 주장에는 실로 놀라움을 금할 수 없는 역사의 무지를 밝힌다.

그 이유는 중국 사마천 후에 반고와 진수가 한서와 삼국지를 기술했던 것처럼 우리 역사도 신라 때 박제상(363~419)의 부도지(符都志)가 있고 고려 이전 발해(699~926) 대야발의 단기고사가 있고 삼국시대 김부식의 삼국사기, 일연의 삼국유사가 있고 이어서 이승휴의 제왕운기가 있다.

그리고 이조 때 正史로서 단군조선을 증언한 徐居正의 『東國通鑑』과 허목의 동사와 규원사화·동해역사·동국사략·세종실록지리지 등등 무수한 사서들은 중국의 십팔사략과 같은 근 20여 종에 달하는 사서들이 있음을 동북공정 극복책으로 설립된 고구려연구재단 연구원 吳 박사가 왜 부인하는지 알 수가 없는 노릇이다.

吳 박사는 고조선에 관한 문헌기록이 없다면서 삼국유사와 제왕운기류 같은 신화를 바탕으로 한 전승이 있을 뿐이라 하고 사기와 위략 같은 현실

적 사건을 바탕으로 한 삼국사기만 인정하고 평양대동강변 토성에서 낙랑
유물이 발견되었다는 그 유물들이 일제 식민지사학자들이 조작한 유물인 것
조차도 모르고 있는 吳 박사의 무지를 지적한다(전게서, 32쪽)(日本京都帝大 藤田
亮策 敎授 著, 古朝鮮文化總攬, 朝鮮考古學硏究, 350~353面 參照).

  그런데 여기에서 문제로 되는 것은 동북공정 극복을 위해 설치된 고구려
연구재단과 동북아연구재단 연구원이신 吳 박사의 국사의식이 중국의 객관
적 사서들 단군조선 위시의 요동조선 증언을 우리 民族의 손으로 기술한
역사가 아니라고 무조건 무시하면서 국내 신라 때부터 단군조선 증언의 符
都志를 왜 무시하는지 알 수가 없다.

  그리고 吳 박사는 위만조선이 반도평양 중심의 반도조선이었음이 분명하다
(전게서, 34쪽)는 사료가 어디에 있는지 알 수가 없다. 그 이유는 중국의 객관적
사서들 모두가 증언하는 요동조선 가운데 준왕조선이나 위만조선은 반도조선
아닌 요동위만조선임을 증언하고 있는 사서들의 사료들뿐이기 때문이다.

  그럼에도 불구하고 중국의 동북공정 추진은 삼국시대 이전의 만주는 중국
漢人들 영토였고 漢人들 역사였다고 하고 고구려는 위만조선 패망 후 한사
군 현도군 경내에서 고구려가 건국되었고, 반도한사군 지역도 중국의 역사
로 편입되어야 한다는 주장의 동북공정인데 동북아역사재단 연구원 오강원
박사는 반도위만조선 역사 주장을 가지고 어떻게 동북공정을 극복할 것인지
동북공정대비재단인 동북아역사재단 연구원이신 吳 박사는 밝혀야 한다는
것을 지적한다.


## (5) 吳강원 博士가 풀어야 할 과제들


  이승휴 제왕운기는 고구려·백제·신라·부여·예맥 모두가 단군의 후예
라고 했지만 고조선은 역사적으로나 문화적으로나 그 실체가 분명하게 드러
나 있지 않다. 그러므로 사람에 따라 단군조선의 개국연대를 실존적 역사
연대로 보는 사람도 있지만, 사람에 따라 단군개국 연대를 인정하지 아니하

고 준왕조선과 위만조선을 고조선으로 보기도 한다(상계서, 68쪽)는 논문이다.

이와 같은 현상의 원인은 고조선에 관한 기록이 신뢰할 만한 것이 없기 때문이라는 논문이다. 그러하다면 문제는 객관적 입장의 사서들인 중국 사서들 4,300년 전 단군조선 증언과 그 후의 중국 사서들 20여 종에 달하는 요동조선 증언들이 신빙성이 없다는 역사적인 근거와 이유가 무엇인지 밝혀져야 할 논문임을 지적하지 않을 수 없다.

그 증거가 객관적 중국 사서들이 입증하는 단군조선 위시의 요동조선 증언 사료가 무려 20여 종의 증언 사료가 있고, 국내사서 또한 근 20종의 단군조선 위시 도합 40여 종 역사서 증언은 신빙성이 없다고 단정하는 근거를 도시 알 수가 없다.

이러한 어려운 난관에서도 반도평양 토성을 중심 삼은 고고학적 유물을 바탕으로 최소한의 위만조선 상황이 밝혀지게 되었다고 하고 그 증거를 吳 박사는 北魏(386~534) 때의 고구려 사신이 중국의 지리학자 酈道元(469~527)에게 위만조선 멸망 후 낙랑군이 반도 대동강 패수였다는 말을 신빙성이 있는 증언이라고 위만조선의 왕검성이 반도평양에 위치하고 있었고 평양중심 문화가 준왕조선과 위만조선 문화라고(상계서, 69쪽) 주장하는 吳 박사의 논문이다.

이렇게 볼 때 吳 박사가 한사군 설치 당사국 사서들 사기·한서·지리지 등 요동낙랑군 증언보다 고구려 사신 평양낙랑군 주장이 더 신빙성이 있다고 보는 역사학적 근거와 기준이 무엇인지 자못 궁금하기 그지없다는 것을 밝힌다.

더 정확히 말하면 한사군 설치 목격기인 사마천 사기조선열전에 以故遂定朝鮮爲四郡 潊淸(山東地方) 溫陽(옛날의 齊地方) 平州(河北地方) 萩苴(渤海地方) 요동 한사군 설치 증언보다 한사군 설치 600~700년 후의 고구려 사신 그것도 비역사가인 사신이 반도 평양 낙랑군 대동강이 패수였다는 말이 더 신빙성이 있다는 증거가 무엇인지 도무지 알 수가 없음을 밝힌다.

바꾸어 말하면 한사군 설치 목격기 사기조선열전을 기술한 사마천으로부터 150여 년 후의 반고 撰 전한서조선전의 한사군명이 樂浪·眞番·臨屯·玄菟로 나타났던 것은 한서지리지 증언대로 낙랑·현도가 한 제국 직

할령인 幽州로 편입된 후에 개명되었던 낙랑·현도군이었고, 낙랑·현도군
은 箕子去之朝鮮이던 요동예맥조선에 설치된 낙랑·현도군이었다는 한서
지리지와 사기흉노전의 증언인데 吳 박사는 왜 비역사가인 고구려 사신 주
장만을 신빙성이 있다는 것인지 도무지 알 수 없는 논문임을 지적한다.

吳 박사의 두 번째 문제는 이것이다. 오박사는 논문에서 위만조선이 한반
도 고조선이라고 현행국사학계의 합의가 이루어진 것은 그동안 국사학계의
꾸준한 연구를 통한 개가라고 하고 있다. 그리고 고조선 탄생 배경이 紅山문
화에 있고 夏家店 하층문화에 있다는 것은 한반도 문화와 큰 차이가 있기
때문에 타당하지 않다고(상게서, 73~74쪽)하는 어처구니없는 주장을 하고 있다.

참으로 기가 막히고 어처구니가 없는 역사 무지이다. 그 증거가 중국의
최상고대사서인 사기오제본기의 동이 증언은 고대 만주 숙신으로부터의 동
이기원의 증언이고, 중국고대 황하문명은 고대만주 요동 숙신 동이문화의
전수였다는 것이 사기오제본기의 증언인데 吳 박사는 어찌하여 고조선족
문화 출발이 紅山문화 또는 夏家店문화가 고조선 출발문화일 수 없다는 주
장인지 그 주장의 근거를 알 수 없다.

吳 박사가 세 번째 풀어야 할 과제는 티베트 지방 출신 BC 200년경부터
의 漢族文化 출발 중국역사는 동이족 문화와 근본적으로 이질적인 문화가
한족(漢族) 문화인데 吳 박사는 어째서 紅山 또는 夏家店 문화는 반도조선족
과 동질적인 문화가 아니라는 吳 박사의 논문인지 그 근거가 심히 궁금하다.

그 증거가 오늘의 중국 문화는 한 무제 때의 儒生이던 董仲舒(BC 170~
104)가 동이족의 유교를 한 제국의 국교가 되게 함에 따른 유교가 漢族의
문화인 것처럼의 漢族문화 변신을 漢族 문화의 본질인 것처럼 착각하는 역
사 무지를 지적하는 바이다. 이 문제에 관해서는 본서 2장 중국 사서들 동
이기원증언 대목에서 구체적으로 밝히게 될 것이니 참조하시기 바란다.

吳 박사 이상 두 편 논문의 논지로 볼 때 첫 편의 논문 선사시대는 문자
의 기록이 없는 시대를 말하는 것이니 고조선은 무역사시대(無歷史時代)라는
결론에 따라 고구려·백제·신라 이전의 고조선은 역사적으로 인정할 근거
가 없다는 논문의 무지임을 지적한다.

이것은 중국의 동북공정이 고구려 건국 이전의 만주는 고대 중국 漢族의 영토였고 고대 중국 漢族의 역사였다는 중국동북공정 주장을 뒷받침해 주는 논문이 아니고 동북공정을 논박하고 반증하는 근거가 이상 두 편의 논문들 가운데 어느 부분인지 도무지 알 수가 없음을 밝힌다.

그 이유가 삼국지위지 위략과 사기흉노전의 전국시대 연의 장수 진개에게 요동대륙 조선 땅 二千里를 탈취당하고 잔존한 조선은 반도조선이 됨에 따라 요동과 만주는 우리 민족과는 무관함을 주장하는 논문임이 변명의 여지 없기 입증되는 논문이 아니라고 할 근거를 양 편의 논문 가운데 어느 부분인지를 찾을 수가 없다.

네 번째 풀어야 할 과제 내용 역시 준왕 후의 조선이던 위만조선의 수도 왕검성 및 한 제국 식민지의 낙랑군이 지금의 반도 평양이었고 평양 중심 세형동검문화가 준왕조선과 위만조선 문화였다는 연구 성과는 개가(凱歌)였다(吳 박사 논문, 69쪽)는 연구논문이고 보면 두 편 논문 모두가 반도 한사군 역사는 중국사로 편입되어야 한다는 중국동북공정 주장 추진을 그대로 인정하고 幫助(동북공정을 거들어서 도와줌)하는 논문이 아닌 근거를 찾을 수가 없다.

만의 하나라도 이러한 두 편의 吳 박사 논문이 중국동북공정 추진을 인정하는 논문이 아니고, 반박하고 반증하는 논문이라면 두 편 논문 선사시대 交叉 고조선 역사 없다는 조선 논문과, 풀어야 할 과제 논문으로 고구려·백제·신라 삼국 이전의 만주와 요동이 우리 민족 역사와 관계가 있다고 볼 근거를 찾을 수가 없는 논문임을 밝힌다.

왜냐하면 중국지리학자 酈道元 저술의 水經注는 遼東浿水 증언인데 고구려 사신이 반도평양 낙랑군 대동강이 패수였다는 말은 한사군 설치 당사국 한서지리지의 요동낙랑 증언보다 더 신빙성이 있다는 吳 박사 논문이 역사연구의 기본사료와 보조사료도 식별하지 못하는 吳 박사가 역사학자로서의 理性이 있는 사람으로 제정신이 있는 역사적 상식을 지닌 사람의 논문이라는 근거를 찾을 수가 없다는 것을 밝힌다.

이렇게 볼 때 동북공정 극복을 위해 설립되었던 연구재단의 논문이 도리어 동북공정의 주장과 추진에 도움이 되는 논문 발표가 아닌지 알 수가 없다는 것을 거듭 밝힌다.


## (6) 吳강원 博士 – 古朝鮮은 어디였나


조선에 관해서 근본적으로 두 가지 계통의 문헌기록이 전해지고 있다. 그 하나는 『삼국유사』나 『제왕운기』류와 같은 신화로 전승된 조선이 있다(전게서, 29쪽)는 吳 박사의 반도사관에 입각한 논문이고 이것은 무신사관 입각의 논문임이 확인된다. 그 이유는 인류역사 이래 학문적 세계관과 역사관은 유신론과 무신론이라는 二律背反철학에 입각하는 역사철학 대립의 역사관임을 부인할 수 없기 때문이다.

사실이 이러하기에 吳 박사는 신화로부터 출발했다는 단군조선을 부인하는 것으로 보아 중국 삼국시대 위서와 청대의 종합사서이던 사고전서의 단군조선 증언을 吳 박사가 인정하지 아니하고 부정하는 역사적 근거를 알 수가 없다.

왜냐하면 吳 박사 논문 조선을 분석함에 있어서 서력기원전 4세기경 조선의 세력이 강력했다는 삼국지 동이전 위략의 조선은 전국시대 燕昭王(BC 311~279) 때의 장수 진개에게 조선 땅 二千里를 탈취당했음을 인정하는 논문이다(상계서, 30~31쪽).

吳 박사는 논문에서 기원전 2세기에 위만조선이 漢帝國과의 전쟁에서 BC 108년에 패망함에 따라 위만조선의 고토에 낙랑·진번·임둔·현도군이 설치되었다는 고조선이 어디였는지 분명하게 드러나 있지 않다고 주장하고 있다. 그러나 객관적 입장의 중국 사서들은 고조선 위치를 아래 사서들처럼 증언하고 있다. 요동조선 위치를 밝히고 있는 중국 사서들 원문들을 전재하는 바이다.


① 魏書云 乃往二千載 有檀君王儉 立都阿斯達(滿洲) 開國號朝鮮 與高唐同時
② 四庫全書 鄭若曾撰朝鮮考 朝鮮國近日 本其在東 相傳 堯戊辰歲有檀君者 居
　　太白山 朝鮮人奉以爲主 此朝鮮立國

③ 山海經卷十八　東海(黃海)之內　北海(渤海)之隅　朝鮮

④ 中國戰國時代　史記蘇秦列傳　燕文侯曰　燕東有朝鮮遼東　位置　증언

⑤ 史記秦始皇本記　地東至海暨朝鮮　正義注　至海謂渤海南至　楊蘇台等州之東海
也　暨及也　東北朝鮮國　北據河爲塞　並陰山至遼東　築長城爲北界　遼東朝鮮位
置　증언

⑥ 三國志魏志東夷傳　魏略曰　昔箕子之後朝鮮侯　秦並天下　使蒙恬築長城　到遼
東時　朝鮮王否立　否死其子準立　朝鮮與燕界於溴水(浿水)　衛滿亡命　渡溴水
(浿水)　詣準降　求居西界　遼東朝鮮位置　증언

⑦ 史記朝鮮列傳　自全燕時嘗略屬眞番朝鮮　秦滅燕屬遼東外徼　至浿水爲界屬燕
滿亡命渡浿水　稍役屬眞番朝鮮蠻夷　王之都王險　索隱　徐曠曰　昌黎有險瀆縣
也　集解　應劭注　地理志云　遼東有險瀆縣　朝鮮王舊都　薛瓚云　王險城在樂浪
浿水之東也　遼東朝鮮位置　증언

⑧ 北魏　酈道元著　水經注　浿水出遼東樓方縣　東南過　臨浿縣　東入於海　遼東浿
水位置　증언

⑨ 管子發朝鮮　經重甲　發朝鮮不朝　請文皮毿　服而以爲弊乎　一豹之皮容金也　然
後八千里之發朝鮮　可得而朝也　滿洲・遼東朝鮮位置　증언

⑩ 史記匈奴傳　諸左方　王將居東方　直上谷以往者　東接濊貊朝鮮　遼東朝鮮位置　증언

⑪ 漢初　淮南子　時則訓　太行石間東方極　自碣石過　遼東朝鮮　位置　증언

⑫ 前漢末　楊雄著　方言　燕之東北外郊洌水之間　遼東朝鮮　位置　증언

⑬ 後漢書光武帝記下　初樂浪人王調　據郡不服　樂浪郡　在遼東　故朝鮮國　位置　증언


　　이상으로 열거한 중국 사서들 반도조선 아닌 요동조선 위치 증언 사료가
무려 10여 종이 넘는데 동북아역사재단 연구원 오강원 박사는 어째서 준왕조
선과 위만조선 위치를 밝히기가 어렵다(전게서, 35쪽)는 것인지 알 수가 없다.

　　왜냐하면 한민족(韓民族) 역사인 고조선 이상 객관적 입장 증언 고대사 사
료를 지닌 민족은 세계 200여 국가 가운데 유일하게 고조선의 역사 증언뿐
이기 때문이다.

　　그러므로 여기에서 유의해야 하는 것은 중국 사서들 가운데의 고대사에서
반도조선 사료가 전무한 실정에서 사기조선열전 원문의 주석가였던 후한의
응소가 지리지를 인용하여 注를 붙이기를 요동의 험독현에 위만조선왕 舊
都가 있었다는 注에 뒤이은 薛瓚注가 왕검성은 낙랑군의 패수 동쪽에 있다
는 注였는데 吳 박사는 위만조선의 수도 왕검성에 대하여 薛瓚의 註를 왕

검성은 요동이 아닌 반도 낙랑군 패수 동쪽에 있었음을 바로잡았다고 하고 위만조선의 위치가 반도 평양 낙랑임이 확실하다(전게서, 31쪽)는 논문이다.

이렇게 볼 때 吳 박사의 논문에서 후한 대의 주석가 徐曠이 사기조선열전 원문에 붙인 注가 창려지방은 발해 북안이었고 험독현이었음을 밝히었고, 應劭注 역시 위만조선 왕검성은 요동의 험독현이라는 注에 대하여 薛瓚이 붙인 注가 왕검성은 낙랑군 동쪽이 패수였다는 注가 요동 아닌 반도 평양 낙랑군 증언이라고 吳 박사가 단정하는 근거가 어디에 있는가 하는 것이 문제가 된다.

應劭가 지리지를 인용하여 요동의 험독현에 조선왕 舊都가 있었다는 注에 대하여 薛瓚注 왕검성은 낙랑군 패수 동쪽이었다는 注가 어째서 위만조선 왕도가 요동이 아니고 한반도였다는 注가 된다는 것인지 吳 박사 주장의 근거를 알 수가 없다. 왜냐하면 吳 박사는 徐曠 注의 험독현이 창려지방이었다는 그 昌黎가 발해북안이었던 것도 인식하지 못하는 무지를 밝힌다.

吳 박사는 薛瓚註 위만조선왕도 왕검성은 낙랑군 패수 동쪽이었다는 注는 중국의 漢代를 전후한 사서 가운데 한반도가 조선이었다는 사서가 전무한 실정에서 요동낙랑 아닌 반도위만조선 낙랑이라 주장하는 吳 박사가 위만조선相 路人이 요동조선인(索隱注 路人遼東漁陽人)이 아니고 반도조선인이었다고 보아야 할 근거를 알 수가 없다.

왜냐하면 한반도가 조선이었다는 반도사관은 근대 이씨조선 이전까지 한반도가 고조선이었다는 사실을 인정한 역사서가 전무하기 때문이다. 사실이 이러하기 때문에 후한 대의 注釋家였던 薛瓚이 한반도가 조선이었음을 인식하고 있었다는 근거를 찾을 수가 없음을 밝힌다.

徐曠注 昌黎有險瀆縣也라는 창려가 발해 북안도 아니고 험독현도 요동이 아니라면 한 무제 사신 涉河가 자신을 호송하던 위만조선의 裨王長을 패수에 이르러 죽이고 패수를 건너 塞로 달려갔다는 그 塞가 하북성의 平州 楡林地方이 아니었다고 주장할 근거를 알 수가 없다.

그 이유는 徐曠注 험독현은 발해북안의 창려지방이었음을 밝힌 注이고 應劭注 역시 위만조선의 구도 왕검성은 요동험독현임을 명백하게 밝히었기 때문에 薛瓚注는 앞의 注들이 모두 밝힌 요동을 재삼 밝힐 필요성이 없었기에 왕검성은 으레 요동낙랑 패수 동쪽이었음을 밝힌 것뿐임이 입증되기 때문이다.

그 증거가 전한서지리지에 한사군으로 설치되었던 낙랑·현도군은 요동의 幽州로 편입되었다는 증언이었고, 또한 후한서 광무제기하에 낙랑인왕조가 불복했던 낙랑 역시 요동낙랑임을 입증하고 있음을 설찬이 몰랐을 것이라고 볼 근거가 없다.

그러므로 吳 박사가 半島樂浪浿水東이라고 注로 바로잡았다는 주장 근거를 알 수가 없다. 왜냐하면 일제식민지사관 이외의 반도낙랑 증언의 중국사서가 없는데 설찬이 무슨 근거에서 반도낙랑 패수로 바로잡았다는 吳 박사의 주장인지 도무지 알 수가 없기 때문이다.

그러므로 이 문제는 패수가 요동 패수냐 반도 패수냐 하는 것이 문제가 되는데 薛瓚注의 낙랑 동쪽의 패수가 어째서 요동이 아니라는 吳 박사의 주장인지 吳 박사 주장의 근거를 알 수가 없는 이유가 중국의 지리학자 酈道元 水經注 증언의 패수는 요동 樓方縣에서 동남쪽으로 흘러 요동의 臨浿縣을 지나 동쪽바다인 발해로 들어간다는 패수 증언이 하기와 같기 때문이다.

水經注 浿水出遼東樓方縣 東南過 臨浿縣 東入於海

이러한 패수는 사기조선열전에 연인 위만이 패수를 건너 준왕조선으로 망명했다고 명기되어 있는 패수는 漢나라와 조선과의 국경이 요동패수임의 입증이다(史記朝鮮列傳 漢興復修遼東故塞 至浿水爲界).

이렇게 볼 때 오강원 박사 주장의 薛瓚注 衛滿朝鮮 王儉城 在樂浪郡 浿水之東也 註가 어째서 위만조선 왕도가 요동이 아니고 한반도였다는 註가 된다는 주장인지 그 근거를 구체적으로 확인해 보아야 하겠다.

왜냐하면 국사학자 가운데는 패수를 요동의 大凌河니 遼河니 灤河니 하는 학자들도 있는데 吳 박사는 고구려 사람들은 반도평양낙랑 대동강 패수라 했다지만 전한서지리지의 낙랑은 요동유주로 편입되었다는 증언과 후한

광무제기의 낙랑인왕조 불복낙랑은 반도낙랑 아닌 요동낙랑이라는 증언을 吳 박사가 보았는지 보지 못했는지 알 수가 없다(상게서, 32쪽).

하지만 아무튼 중국 사서들 요동낙랑 증언은 무조건 무시 묵살하고 어째서 薛瓚注 王儉城在樂浪 浿水之東也라는 注가 요동낙랑 아닌 반도낙랑임이 확실하다(상게서, 31~32)고 단정하는 근거가 밝혀져야 할 논문임을 지적한다.

그 이유가 吳 박사는 고구려 때 북위 사신(使臣)으로 갔던 사람(정체불명)이 요동 패수 水經注 저자 酈道元에게 패수는 고구려의 수도가 있는 대동강이었다고 했다는 데서 漢나라 식민지였던 낙랑군은 대동강변이었음이 분명하다고 단정한다.

더 정확히 말하면 吳 박사는 北魏(386~534) 때 사람 지리학자 酈道元 저술의 『水經注』에 北魏로 갔던 고구려 사신(정체불명)이 고구려 북쪽의 패수는 『수경주』패수 수류와는 달리 반도 서남쪽으로 흘러 평양낙랑군 조선현을 지나 서북쪽으로 흐른다고 말한 기록이 있다(吳 박사 논문, 32쪽)고 소개하고 고구려 사람들은 대동강을 패수라 했다고 하고 반도평양이 낙랑군 조선현임이 분명하다는 논문이다(상게서, 32쪽).


## (7) 吳博士 '古朝鮮 어디였나' 論文執筆意圖가 무엇인가


吳 박사는 준왕 이전 문헌사료가 절대적으로 부족하다지만 중국 사서 및 고전과 지리서 등이 증언하는 조선이 10여 종이 넘는데 어째서 준왕 이전 고조선 문헌사료가 절대적으로 부족하다는 주장인지 도무지 알 수가 없다.

그리고 吳 박사의 '고조선 어디였나' 논문에서 고조선 위치 또한 밝힘이 없는 조선증언 사서나 고전이나 지리서가 없는데 어찌하여 吳 박사는 고조선의 위치를 알 수 없다는 주장인지 이해하기 어렵다.

그 증거가 중국 사서들 조선국가칭들의 기원이 되는 단군조선의 위치가 고대만주에서 건국된 단군조선이었다는 증언이 ① 中國三國時代 魏書云 乃往二千載 有檀君王儉 開國號朝鮮 立都阿斯達 만주위치 조선증언이었고, ② 淸代의 四庫全書 鄭若曾撰 朝鮮考도 堯戊辰歲 有檀君者 居太白山(不咸山·白頭山·長白山) 朝鮮人奉以爲主 此朝鮮立國 만주위치 명시 단군조선 증언이었다. 그리고 중국 고대지리서인 ③ 山海經卷十二 朝鮮在燕列陽東 海北(渤海北) 山南(大興安嶺南) 朝鮮은 만주 위치 증언이고, ④ 山海經卷十八 東海(黃海)之內 北海(渤海)之隅 朝鮮位置도 명시 증언이었고, ⑤ 中國古典 管子 發朝鮮도 滿洲 및 遼東朝鮮 증언이고, ⑥ 史記蘇秦列傳 燕東有遼東(戰國時代 太原·上谷地方遼東)朝鮮 증언이다. 그리고 ⑦ 史記秦始皇本紀 渤海南至 東北遼東朝鮮 증언이고, ⑧ 史記朝鮮列傳 自始全燕時 嘗略遼東眞番朝鮮 증언이 요동위만조선 증언이고, ⑨ 古典 淮南子증언 太行山 東쪽 大人之國 遼東朝鮮 증언이고, ⑩ 前漢末 楊雄著 方言 燕東北洌水之間 遼東朝鮮 증언이고, ⑪ 三國志魏志東夷傳 魏略 陰山東쪽 遼東準王朝鮮 증언이고, ⑫ 史記匈奴傳 上谷以東 遼東濊貊朝鮮 증언이다.

이렇게 볼 때 10여 종의 중국 사서 및 고전·지리서에서 나타난 조선 관련 증언들이 모두 요동조선의 위치를 명시하고 있는데 吳 박사는 어째서 '고조선 어디였나'라는 논문을 쓴 것인지 이해하기가 어렵다.

그 증거가 吳 박사 '고조선은 어디였나' 논문에서 위만조선 패망으로 한사군 설치 조선의 위치가 분명하게 드러나 있지 않다는 주장이 웬 말인지 이해할 수가 없다는 말이다.

왜냐하면 중국 사서 및 지리서 위시의 고전들 모두의 고조선 위치 증언이 앞에서 열거한 대로 객관적 입장의 중국 사서들 요동조선 증언 사료가 무려 12종이나 있는 가운데 위만조선의 위치가 요동임이 명명백백하게 입증되고 있는데도 吳 박사는 어찌하여 위만조선 패망으로 한사군 설치 조선의 위치가 분명하게 드러나 있지 않다는 주장이 웬 말인지 이해할 수가 없다.

그런데 吳 박사는 위만조선이 반도대동강 유역에 자리 잡고 있었음이 분명하다(상게서, 43쪽)는 吳 박사의 논문인데, 이러한 견해에 따라 사기조선열전 원문 注 徐曠曰 발해 북쪽 昌黎有險瀆縣也와 應劭注 地理志云 遼東有險瀆縣 朝鮮王舊都 注를 부인하고 薛瓚云 王儉城 在樂浪浿水之東也가 요동조선 아닌 반도조선 평양낙랑군 注로 바로잡았다(상게서, 31쪽)는 吳 박사

논문의 의도를 알 수 없음을 밝힌다.

두 번째 吳 박사의 浿水觀이 北魏 때의 중국지리학자 역도원 저 수경주 패수 증언은 요동 樓方縣에서 동남쪽으로 흘러 요동의 臨浿縣을 지나서 발해 쪽으로 東入海한다는 요동패수 증언인데 吳 박사는 고구려 북위 사신(정체불명)이 요동패수 아닌 반도대동강 패수였다는 말이 더 신빙성이 있다는 이유를 이해하기 어렵다. 그 이유가 吳 박사의 반도 패수 주장은 일제식민지사학의 두목이던 이마니시(今西龍)의 『朝鮮古代史の硏究』 청천강 浿水考를 계승했던 친일사학자 이병도 『국사대관』 청천강 패수보다 훨씬 남쪽의 반도평양 대동강 패수 주장이고 보면 吳 박사 논문의 이 주장은 사기조선열전의 「漢興復修遼東故塞 至浿水爲界」대로 漢나라와 반도조선과의 국경이 요동 아닌 반도 대동강 패수가 漢나라와의 국경이 되지 않을 수 없다.

이렇게 볼 때 중국의 객관적 입장의 사서들 고조선 증언은 요동고조선 증언들뿐인데 吳 박사 논문의 고조선은 대륙고조선 전체를 부인하고 반도대동강 패수가 漢나라와 국경이었다는 고조선 역사관인 데 문제의 심각성이 있다는 것을 지적하는 바이다.

그 증거가 중국 사서들 요동고조선 증언은 12여 종에 달하는데 반도고조선 증언 사서가 단 하나도 없는 가운데 吳 박사의 '고조선 어디였나' 논문은 사기조선열전 漢나라와 조선과의 국경 浿水가 반도대동강이었고 보면 吳 박사 논문의 고조선 疆域(영토)은 본서 1장 2절 5.에서 위만조선영토 의혹보다 더한 반도평양 패수라는 대동강 이북은 漢나라 영토이고 평양대동강 패수 이남으로부터 한강이북까지가 준왕 또는 위만조선의 영토였다는 논문이고 보면 참으로 기가 막히는 논문임을 밝힌다.

이상의 논문을 발표한 吳 박사 소속의 신분이 중국동북공정 극복을 위한 대비책으로 설립되었던 지난날 고구려연구재단의 연구원이었고, 현재도 동북아역사재단 연구원 신분이라는 것을 감안할 때 이상의 논문들은 동북공정 반론(反論)이 아닌 도리어 중국동북공정 주장들을 幇助(거들어서 도와줌)하는 논문인 데는 실로 놀라움을 금할 수 없다는 것을 밝힌다.

그 증거가 사기조선열전 原文 위만조선 위치가 遼東渤海北岸 昌黎地方

이 險瀆縣이었다는 注뿐 아닌 應劭注 遼東險瀆縣 朝鮮王 舊都였다는 注와 後漢書光武帝記下 樂浪人王調 據郡不服 樂浪郡 在遼東樂浪 증언과 前漢書地理志 樂浪·玄菟幽州編入 注를 薛瓚이 모조리 부인하고 중국 사서 가운데 한반도 조선 증언 사서가 전무한 실정하에서 薛瓚이 그 무엇에 근거를 두고 반도대동강이 반도낙랑 패수라고 徐曠注와 應劭注뿐 아닌 전한서지리지 요동낙랑注와 후한광무제기 요동낙랑 증언을 모조리 잘못이라고 바로잡았다는 吳 박사 주장인지 그 근거를 알 수가 없다.

이상으로 열거한 대로 중국 사서와 지리서 및 고전 모두가 만주건국 단군조선을 위시한 요동고조선 증언은 12여 종 사서들이 있는데 오강원 박사는 어째서 준왕 이전 조선문헌 사료가 절대적으로 부족하다는 주장인지 그 이유와 근거를 알 수가 없다는 것을 거듭 밝힌다.

하지만 현행국사학계 위시의 吳강원 박사가 준왕 이전 문헌사료 부족(전게서, 35쪽) 주장은 국사학계가 반도조선 입각에서 기인되는 주장임이 입증되고 있으니 이 문제에 관해서는 다음 3장 2절 (3)항 중국 사서에는 반도조선 증언사서가 전연 없다는 대목에서 재론하게 될 것이다.

결론적으로 응소가 지리지를 인용하여 注를 붙인 요동 험독현에 위만조선 舊都가 있었다는 注에 대해서 薛瓚註 王儉城은 반도낙랑군 패수 동쪽에 있었다고 바로잡은 것은 위만조선의 위치가 요동이 아닌 반도 평양임이 입증된다(상게서, 31쪽, 32쪽)는 주장 근거가 무엇인지 도무지 알 수가 없다는 것을 밝히면서 酈道元의 수경 注 패수 증언 「水經注 浿水出遼東 樓方縣東南過臨浿縣東入海」 패수는 반도패수 아닌 요동패수 증언임을 거듭 밝힌다.

따라서 동북공정 대비책으로 설립된 동북아역사재단 연구원이신 吳 박사는 반도위만조선 주장의 논문이 동북공정 극복의 어떤 면에 기여할 수 있는 논문이라고 보고 발표한 논문인지 도무지 알 수가 없음을 밝히는 바이다.

## (8) 江南大 朴경철 敎授가 보는 夫餘

　고구려·백제 모두 부여가 모국이었음을 대외적으로 밝히기를 광개토대왕비의 앞부분에서 밝히었고 백제 蓋鹵王 역시 북위에 사신을 보냈을 때 부여가 모국이었다고 소개했다(朴 교수, 고구려연구재단 고조선·단군·부여 연구논문, 120쪽). 그러하기에 우리 국민의 역사적 상식이 부여는 고구려·백제의 모국이었음을 인식하고 있다는 논문이다.

　그럼에도 불구하고 현행국사교과서에는 부여가 고구려·백제 건국 이후인 AD 1세기가 되어서야 왕호를 사용하는 국가체제를 갖추고 후한과 서력 49년에 국교를 하기 시작하여 역사상에 나타났다는 국사의 교과서다.

　그런데 우리 민족의 전통적 역사학자는 4,300년 전 단군조선의 뒤를 이었던 부여가 고구려와 백제의 모국임을 모르는 사람이 없는데 일제의 식민지사관이 우리 민족 4,300년의 역사를 일본인 역사보다 짧은 역사로 만들기 위해서 4,300년 전의 단군조선을 역사 아닌 신화라고 말살했다.

　그리고 단군조선의 뒤를 이었던 부여의 1,000년 역사를 인정하지 아니했던 일제식민지사관의 반도사관에 따라 현행국사 부여 역사도 전한 말까지의 부여역사 500년을 인정하지 아니하는 국사로 된 것은 제1장 일제식민지사관과 일치하는 국사체제라는 제하에서 밝힌 바이다.

　이렇게 볼 때 현행 국사교과서는 일반 국민의 상식적인 역사인식과 어긋나게 고구려·백제의 모국이었던 부여 천 년 역사 가운데 前漢末까지 부여 5백 년 역사를 말살하고 고구려·백제의 모국이던 부여가 도리어 고구려·백제·신라 삼국보다 늦게 후한 초가 되어서야 역사 무대에 나타난 부여였다고 역사를 왜곡한 것이 일제식민지사관의 복사판 국사가 아니라는 증거가 무엇인지 알 수가 없다는 것을 朴 교수도 인정했음인지? "우리 민족 국사인식 정립을 위해 노력해야 한다."는 술어로 표현하고 있음을 밝힌다(상게서, 120쪽).

　그러기에 중국의 동북공정은 올바른 부여 역사 인식에 걸림돌이 되고 있다고 비판하고 위만조선 이전부터의 부여 그 후의 고구려·발해 역사의 실체를 노골적으로 훼손하고 있다고 동북공정을 반박하고 있다.

이러한 동북공정에 대응하기 위하여 고대 동북아 역사의 요동고조선, 그리고 부여·고구려·발해 등 민족 문화의 원형이 동이이고 예맥이라는 것을 강조하고 있음을 본다(전게서, 123쪽).

이것을 더 구체적으로 말하면 동이·예맥을 주체로 한 고조선이고 부여라는 것을 밝히고 있는 논문이라는 말이다. 그러므로 국사학계가 동북아의 동이·예맥 역사를 올바로 인식하기 위해서는 싫건 좋건 할 것 없이 국사교사지도서 63쪽에 우리 고대사 연구의 기본사서는 중국의 정사인 사기·한서·삼국지 동이전이 우리 민족 상고사 연구의 기본사서가 되어야 한다는 지도서대로의 국사학계의 동북아 동이·예맥족의 역사연구가 심화되어야 한다는 것을 강조하는 바이다.


## (9) 못강원 博士가 보는 夫餘

국사교과서의 부여는 서기 1세기경 왕호를 사용하는 국가체제를 갖추고 후한의 광무제 때던 서기 49년에 후한과 국교를 하기 시작하였다고 묘사되고 있다. 오강원 박사는 부여를 서기전 2세기경과 서기후 4세기경으로 나누어서 볼 수 있다고 하고 초기에는 군사적인 성격을 강하게 지니었던 반면 사회는 전반적으로 안정되어 갔다고 한다.

이러한 부여를 삼국지 위지동이전의 증언은 밝히기를, 부여인은 흰옷을 입는 백의민족으로 바지저고리에 소매가 넓은 두루마기를 입고 가죽신을 신었으며 부호들은 집집마다 가병을 두었고 출타 시에는 금과 은으로 된 장식품들로 장식하고 冠을 쓰는 등 호화를 누리었다고 소개한다.

그리고 부여 땅은 본래 동이족 기원의 숙신 예맥의 땅이었음을 밝히고 부여의 성곽을 濊城이라 하고 부여의 왕을 예왕이라 하는 동북아 최대의 부국이고 강국이 부여였음을 삼국지 위지동이전을 인용해서 밝히고 있다.

그런데 이러한 부여의 왕이 별세하시면 수많은 부장품과 함께 중국에서도 희귀한 玉匣을 입힌 채 매장되었다(고조선·단군·부여, 162쪽)고 기술되어 있는데 玉匣은 입거나 입히는 物件이 아니다. 왜냐하면 玉匣은 보석(眞珠) 구슬로 만들어진 상자이기 때문이다.

그뿐 아니다. 중국에서도 입힌 채 매장되었다는 희귀한 옥갑은 전한시대의 중국이 부여왕 장례 시 부장품으로 상납했던 옥갑이었던 것을 吳 박사가 아는지 모르는지 알 수가 없다.

왜냐하면 중국에서도 희귀한 옥갑이 입힌 채 매장되었다는 기술이 있지만 이 옥갑은 부여와 수천 리 떨어져 있던 전한시대의 漢나라가 부여와 인접했던 현도태수에게 미리 준비하여 맡겨 두었다가 상납했던 옥갑이었다는 것이 삼국지 동이전의 증언이다.

三國志魏志卷三十東夷傳　夫餘在長城之北……漢時夫餘王葬用玉匣　常豫以付玄
菟郡　王死則迎取以葬

그뿐 아니다. 吳 박사가 간과한 것은 부여와 흉노와의 관계다. 이러한 부여는 단군조선의 뒤를 이었던 부여였기 때문에 단군조선의 후광을 입었던 부여는 漢나라를 건국했던 한고조 때부터 漢나라의 조공을 받아 왔던 흉노의 왕 冒頓에게 부왕을 살해하고 왕이 된 죄를 추궁하고 흉노의 천리마를 달라고 하고 흉노의 왕비 閼氏까지 부여에게 바치라고 했다.

부여의 이 요구를 흉노왕 모돈의 모든 신하들이 천리마는 흉노의 寶馬이니 줄 수 없다고 하고 부여의 흉노왕비 알씨 요구는 무례하다고 거절해야 한다고 했는데도 한고조로부터 조공을 받을 정도로 강성했던 흉노왕 모돈이 흉노의 보마이던 천리마와 사랑하는 왕비 閼氏를 부여왕에게 바치기까지 하게 했던 부여의 국력이었다.

그럼에도 불구하고 오강원 박사는 부여와 흉노와의 이러한 관계를 인정하지 아니하고 있다. 그 이유는 흉노와 부여와의 이러한 관계가 사기흉노전의 기술이었는데 사마천이 사기흉노전을 기술할 때 부여를 부여로 기술하지 아니하고 동호라고 기술함에 따라 모돈과의 그러한 관계에 있었던 동호는 부여가 아니었다고 부인하는 것이다.

그렇다면 흉노에게 조공을 바치었던 한고조 때는 BC 200년대였는데 BC 200년대 동북아에서 부여를 제외한 동호로서 흉노왕 모돈을 좌지우지할 수 있을 만큼 강성했던 동호가 어느 지방의 동호였는지를 吳 박사는 밝혀야 한다. 왜냐하면 역사상에 동호로 나타나 위세를 떨친 烏丸·鮮卑族의 등장은 서력기원 이후의 역사상 등장이었기 때문이다.

이렇게 볼 때 전한시대의 부여는 흉노를 좌지우지할 만큼의 강국이었고 이러한 부여왕이 승하하시면 부여와 수천 리 떨어져 있던 장안이 수도였던 漢나라가 부여왕 장례를 위하여 옥갑을 부여왕의 장례용으로 상납해 왔던 그 理由를 무엇이었다고 보는지 알 수가 없는 오강원 박사(동북아역사재단 연구원)의 주장이다.

흉노왕 모돈 때의 동호가 부여였음을 부인하는 吳 박사는 중국의 전국시대였던 BC 300년대의 燕나라 昭王(BC 311) 때의 진개가 동호 땅 千里를 빼앗았다는 것은 중국 사가들의 역사날조였다는 것은 『동북통사』에서 밝힌 바이니 흉노왕 冒頓 때의 동호가 부여가 아니었다고 주장하는 근거를 알 수가 없다.

왜냐하면 오강원 박사는 사기흉노전의 진개가 동호 땅 천 리를 탈취하고 조양으로부터 양평까지 다시 말하면 상곡·어양·우북평·요서·요동의 산하이관까지 천여 리에 장성을 쌓고 동호를 방비했다는 사기흉노전은 사실의 역사기술이 아닌 사실무근의 중국 사가들 역사날조인 것조차도 인식하지 못하고 무조건 문자 그대로 받아들여 전국시대 말 연의 장수 진개에게 동호 땅 1,000里(삼국지 동이전 위략은 조선 땅 2,000里)를 탈취당했음을 인정하고 있기 때문이다. 이 문제에 관해서는 본서 앞부분 김육불 교수 『동북통사』 秦開 遼東東胡逐出과 五郡開設 대목에서 밝히었으니 참고하기 바란다.

이러한 사실들로 國內外 단군조선 증언 사서들을 무조건 부정하고 무조건 일제식민지사관의 원흉이던 이마니시(수西龍) 주장의 항몽기에 기술한 삼국유사 단군은 민족의식 喚起(鼓吹)를 위한 민족 조상 신화 조작이라는 주장 그대로를 복창하고 있는 吳 박사·盧 교수·宋 교수의 무지함이 입증되고 있음을 밝힌다(盧泰敦 교수 전게논문 11쪽, 송호정 교수 전게논문 17쪽, 吳 박사 논문 29쪽).

고구려연구재단 발행 「고조선·단군·부여」盧 교수 논문 11쪽에서는 몽고족과의 전쟁 때 편찬된 책으로 인정되는 삼국유사 단군에서 고구려·신라를 위시한 삼한 70여 국은 단군의 후예라 하였고……단군이 민족의 조상으로 널리 받아들여짐에 따라 고조선을 우리 역사의 기원으로 한국인 역사의식에 자리 잡게 하였다는 주장을 하고 있다.

같은 책 '조선은 한국 최초의 국가다'에서 송호정 교수는 일연의 삼국유사 속 단군조선이 근본적으로 元나라 침입이라는 역사적 상황을 배경으로 나타난 역사인식이라 할 수 있다(전게서, 17쪽)고 주장하고 있다. 그러하다면 AD 1200년대의 원나라 몽고족 고려 침입 이전의 신라 訥祗王(417~458) 때 충신이던 박제상이 일연이 고기를 인용하여 삼국유사를 찬술하기 근 850여 년 전에 고기를 인용하여 단군조선을 증언했던 符都志의 증언을 노태돈·송호정 교수와 오강원 박사는 어떻게 해명할 것인지 심히 궁금하다.

符都志 十一章: 天帝 桓因의 아들 桓雄氏가 태어나 天文地理를 지으시고 弘益人世하셨다. 十三章 壬儉(檀君) 씨가 符都를 建設하려고 땅을 擇하셨다.


① 符都志十章 天帝桓因之子 傳天符於明 人世證理之事 於是照明均照 氣侯順
   常 血氣之類 庶得安堵
② 符都志十三章壬儉氏 歸而擇符都建設之地 乃築天符壇於太白明地之頭


符都志는 정확히 元抗蒙 850년 전에 찬술된 고대역사서인데 盧 교수와 宋 교수와 吳 박사 모두가 항몽기 이전 단군 증언의 符都志를 왜 부인하는지 알 수가 없다.

이렇게 볼 때 현행국사 단군조선은 역사 아닌 신화 단정 역사의식의 근저는 일제식민지사관의 괴수 이마니시(今西龍) 저 『朝鮮古代史の硏究』 단군 역사 아닌 신화 단정에서 유래한 국사의식임이 입증된다.

이러한 현상은 4,300년 전의 고대 만주와 고대 중국 역사를 인식하지 못

하는 데서 기인된 단군조선 역사 아닌 신화라고의 단정임을 부인할 수 없다
는 것을 밝히는 바이다. 이 문제에 관해서는 2장 3절 (3)항 고대만주 및 고
대 중국 역사 무지에서 기인된 단군조선 신화 단정 대목에서 상론될 것이니
참조하시기 바란다.


## 4. 東北工程對備 東北亞歷史財團 研究論文에 대한 반박


연구논문 滿洲땅·사람 그리고 歷史 2007年 11月 發行
① 한국교원대　　　　　　宋鎬晸 우리민족 최초국가 고조선
② 동북아역사재단　　　　윤휘탁 만주와 동북공정 전략
③ 동북아역사재단　　　　금경숙 한민족 웅비 고구려
　　　〃　　　　　　　　임상선 발해 어떤 국가인가
　　　〃　　　　　　　　노기식 청나라 세운 만주족
　　　〃　　　　　　　　최덕규 만주에 관심 가진 러시아
　　　〃　　　　　　　　배성준 간도협약 무효면
　　　〃　　　　　　　　장세윤 만주에서 독립운동과 한국현대사
　　　〃　　　　　　　　윤휘탁 중국의 동북공정 전략
　한국학중앙연구원　　　김경일 만주의 조선인
　영산대　　　　　　　　윤영인 遼·金·元 중국사인가
　동아대　　　　　　　　한석정 滿洲理解
　육군사관학교　　　　　김기훈 만주로 간 조선인
　교토세이카대　　　　　다나카류이치(田中隆一) 만주와 일본인


　2002년 2월에 중국동북공정이 발표된 다음 고구려연구재단이 설립되었다
가 해체되고 설립된 동북아역사재단임을 모르는 사람이 없다. 그런데 동북
아역사재단은 일반인의 출입을 통제하기 때문에 출입이 쉽지 않다. 그러나

동북아역사재단 설립이 3년이 넘었기에 발표 논저를 구하려 했지만 대부분이 비매품이기에 구할 수가 없었다.

그래서 동북아역사재단에서 발행한 책들의 목록만을 얻어 서점에 출품된 책을 구하려고 교보문고에서 동북아역사재단 출판목록에 있는 고조선·단군·부여라는 책을 구입하려고 보니 고구려연구재단 출판물을 동북아역사재단 명의만 바꾼 고조선·단군·부여임을 확인했다.

그러기에 동북아역사재단 비매품이 아닌 '만주땅 사람 그리고 역사'라는 책을 구입하여 그 내용들 가운데 중국동북공정 대응에 해당된다고 보이는 부분만 여기에 소개하는 바이다.

## (1) 韓國教員大 宋鎬晸 教授 – 우리 民族 最初國家 古朝鮮

이 논문은 앞에서 소개한 고구려연구재단 宋 교수 고조선 논문과 대동소이한 논문이기에 앞 논문과의 차이점만 밝힌다. 一然의 삼국유사 왕검조선은 신화 형태로 전하고 있는 만큼 그대로 사실로 보아서는 안 된다고 하고 단군기사는 고조선 성립단계 지배층 사이에서 만들어진(造作된) 신화 속의 역사이니 실재했음을 입증할 근거가 없다(만주땅·사람·역사 48쪽)고 단군조선은 역사 아닌 신화라고 단정한다. 이 문제는 본서의 들어가는 말 부분에서 신화와 역사와의 관계를 밝히었으니 참조하기 바란다.

단군조선 실재를 증언하는 중국의 사서와 고대 중국 지리서인 산해경과 중국 삼국시대 위서와 청대종합사서인 사고전서와 중국고금지명사전 등에 고대 만주 불함산이라는 백두산 중심의 만주와 오늘의 하북지방이 단군조선이었고 고조선이었다는 증언의 원문을 아래에 전재한다.

① 中國三國時代 魏書 乃往二千載 有檀君王儉 立都阿斯達(滿洲) 開國號朝鮮 高唐同時
② 淸代綜合史書 四庫全書 鄭若曾撰朝鮮考 朝鮮國近日 本其在東 相傳 堯戊辰 歲 有檀君者 居太白山 朝鮮人奉以爲主 此朝鮮立國

③ 中國古代地理書 山海經卷十八 東海(黃海)之内 北海(渤海)之隅 有國朝鮮
④ 史記卷六十九 蘇秦列傳 燕文侯曰 燕東有朝鮮遼東
⑤ 中國古今地名辭典 1103쪽 黃河·長江(楊子江)·珠江三流域 新疆·内蒙古
　　·奉天朝鮮

　이상의 중국 사서와 지리서 증언의 조선국가칭들이 단군조선에서 기인된 조선국가칭일 수 없다고 단정하고 부정하는 宋 교수는 중국 사서와 지리서들에 나타나는 조선국가칭 기원을 밝혀야 한다는 것을 지적한다. 그 이유는 宋 교수뿐 아닌 국사학계가 4,300년 전의 단군조선은 역사 아닌 신화라고 단정하기 때문이다.

　그리고 이어지는 기자조선 설명에서 漢代의 尙書大典에 기자가 처음으로 나타난다고 하고 남만주 요서지역 喀左縣에서 발견된 靑銅禮器에 箕侯라고 새겨진 것은 당시 은나라 유민들이 남긴 것인데 요하 서쪽의 고죽국은 중국 燕의 관할 아래 있던 商(殷)族의 후예들이 살던 곳이었고 산융 등 戎狄(오랑캐)들의 유물들에 불과함을 알 수 있다(전게서, 50~51쪽)는 論文이다.

　그렇다면 이 논문에서 문제가 되는 것은 요하 서쪽의 고죽국은 중국의 춘추전국시대 燕나라 관할 아래 은족 후예들 국가였다는 데 문제가 있다. 그 이유는 요서지방 고죽국은 은족 후예의 국가가 아닌 단군조선의 제후국이었음이 입증되고 있기 때문이다.

　그 증거가 宋 교수의 논문대로면 은나라 23대 武丁八年에 은나라 武丁이 요서지방의 고죽국에 침입했다가 단군조선의 공격을 받고 퇴각했던 사건이 宋 교수 주장의 요하 서쪽 고죽국은 은족 후예 국가였다는 논문을 반증하고 있다.

　이 문제에 관해서는 본서 2장 3절 3. 단군조선 신화단정 국사학계 무지에서 기인 제하 殷 23代 武丁八年 단군조선 침입 대목에서 상론되니 참조하기 바란다.

　그런데 앞의 송호정 교수의 고구려연구재단 고조선 논문 18~19쪽은 고대 만주 숙신을 조선과 동일한 실체로 보는 것은 잘못이라는 논문인데 宋 교수는 4,300년 전의 만주 숙신은 단군조선 주민의 종족칭이라는 것조차도 모르고 있다. 그 증거가 예맥조선의 예맥은 주민인 종족칭이고 조선은 국가 칭인 것과 같이 4,300년 전의 단군조선 주민은 숙신이고 동이이고 통고사(Tungus)족이었다는 것도 모르고 있음이 입증된다. 그러므로 이 사실을 입증하는 중국 사서들 증언의 원문들을 아래에 전재하는 바이다.

① 史記卷一 五帝本記 北山戎發息愼(肅愼) 東夷 注 索隱 帝舜德 皆撫及四方夷人 故先以撫字 總之北發 漢書 是北方國名
② 史記卷百十匈奴傳 燕北有東胡山戎 百有餘戎……直上谷以往者 東接濊貊朝鮮
③ 史記卷三十二 齊太公世家 齊桓公二十三年 山戎伐燕 燕告急於齊 齊桓公救燕 遂伐山戎 至于孤竹而遷
④ 史記秦本記 夫戎夷 一國之政猶一身之治 此眞聖人之治也

그리고 송호정 교수의 동북아역사재단 논문 만주땅·사람·역사 54쪽에는 남만주 비파형동검문화는 산융 오랑캐 융적문화라고 보는 것이 순리라고 나와 있다.

그뿐 아니라 기자조선을 설명하면서 기원전 8~7세기에 활동한 종족으로 산융동호족이 등장한다고 하고, 그 동쪽지방에 예맥조선(예맥은 종족칭이고 조선은 국가칭)이 보인다(전게서, 53쪽)고 하고, 고조선은 기원전 4세기경의 중국 전국시대 燕나라와 국력을 겨룰 정도의 국력이었다는 내용의 논문이다. 그러나 이 주장은 중국사기흉노전 燕나라 진개 동호 땅 一千里 침탈과 삼국지 동이전 注 위략 연진개 조선 땅 二千里 침탈 기록이 역사가 아닌 날조임을 모르는 주장이다. 그러므로 고조선문화라 할 수 있는 비파형동검문화가 고조선문화의 전부라는 인식에서 벗어나야 한다(전게서, 55쪽)는 주장을 하고 있다. 기원전 4세기 중국 전국시대 燕의 세력이 남만주지방까지 진출했다(전게서, 56쪽)는 것과 사기흉노전과 중국 삼국지 동이전 注 위략 기록을 인용하여 朝鮮箕侯國이라는 준왕을 전후한 조선이 남만주까지 진출한 燕을 공격하려고 했다(전게서, 57쪽)는 주장은 맞지 않다.

宋 교수는 논문에서 중국춘추전국시대 燕의 국력은 요서지방의 동호를

공격하는 과정에서 고조선(준왕조선)에 대해서도 공격을 하여 요동지방에 존재하던 조선연맹체 집단들의 이동을 초래하였고, 고조선은 반도 청천강(浿水) 이남을 중심으로 새로이 국가적 성장을 지속했음을 알 수 있다(전게서, 58쪽)고 적고 있다.

그러나 중국 전국시대 燕의 국력은 전국시대 7웅 중에 최약소국으로서 燕나라 자체의 국력으로는 燕을 안보하기조차 어려웠기 때문에 소진의 전국책을 燕文侯가 받아들였다는 증언뿐 아니라 史記卷八十樂毅列傳이 宋 교수의 이 논문을 반증한다. 史記卷三十二 齊太公世家의 증언을 보면 燕은 산융이라는 예맥족 고죽의 공격을 받았을 때 제나라에 고하였으며, 이에 전국시대 패권을 잡았던 제환공이 산융이라는 예맥의 고죽을 쫓아 버렸다는 것이다.

① 史記卷六十九蘇秦列傳　燕文侯曰　子(蘇秦)言則可　然吾國小　于必欲　合從以安燕
② 史記卷八十　　樂毅列傳　樂毅曰齊覇國之餘業也　王必欲伐之　莫如與趙及楚魏……合從與燕伐齊
③ 史記卷三十二　齊太公世家　齊桓公三十二年　山戎(孤竹)伐燕　燕告急於齊　齊桓公救燕　遂伐山戎　至于孤竹而還

전국시대 燕의 진개에 관해서는 중국인 김육불『동북통사』라는 대목에서 상론한 바이니 중복 설명을 피하지만, 아무튼 宋 교수의 '삼국지 동이전 注 위략 箕否와 그 아들 箕準王朝鮮이 요동이었다가 사기흉노전 燕나라 진개와 위략의 진개에 의해 조선 땅 二千里를 燕이 탈취했다는 기록'은 중국 사가들의 가공한 역사날조였다는 것을 중국 김육불『동북통사』대목을 통해 밝힌다.


## (2) 東北亞歷史財團 윤휘탁 博士 - 中國東北工程 전략

중국의 최근 역사왜곡 속 만주는 요령성·길림성·흑룡강성 등 3성이다.

요령의 경우 광물의 매장량이 중국에서 최고를 자랑한다. 요하의 유전은 석유와 천연가스 매장량이 중국에서 15%와 10%를 차지한다.

길림성은 중국 6대 임야지역 중의 하나이다. 석유매장량은 중국 6위이고 광물의 매장량은 5위권에 든다. 흑룡강성 임지면적은 중국 1위이고 농경지 후보지는 2위이다(만주땅·사람·역사, 12~13쪽).

만주 지명은 1636년 청태종이 만주로 개칭했다. 만주의 어원은 숙신의 轉音인 珠申에서 기인되었다는 설이 있다. 중화인민공화국 이후 만주는 중국 동북지구라는 명칭이 사용되기 시작했다(전게서, 14쪽).

만주의 원주민은 숙신인데 秦·漢시기에는 부여·고구려·읍루·오환·선비·물길·契丹이라 했고 隋·唐시기에는 돌궐·말갈족이라 했고 宋·元시대는 契丹·여진·몽골이라 했고 淸代는 만주족이라 했다. 요동은 선비의 前燕·後燕이었고 契丹은 遼나라를 건국했고 여진은 金나라와 淸國을 건국했다(전게서, 15쪽).

러일전쟁에서 승리한 일본은 東淸鐵道 권리까지 확보했다. 이로써 일본의 중국침략 전초로 괴뢰 만주국이 수립되었다. 결국 중일전쟁이 일어났고 소련의 대일선전포고와 함께 만주점령은 일제의 패망을 앞당겼다.

소련군의 북한진주와 중국군의 6·25 참전 모두 만주를 매개로 이루어졌고 동북아 기존 질서의 변동은 만주에서 촉발되었고 근·현대의 만주는 소련군의 만주철수로 중국의 온전한 영토가 되기까지 동아시아 변동의 시발작용을 해 왔다(전게서, 19쪽).

중국정부가 2002년 2월부터 동북공정을 추진하기 시작했다. 중국은 소수민족 문제로 고심해 왔다. 통일적 다민족국가론이 중국의 영토적 통합을 강화하기 위한 국가 이데올로기로 강화되기 시작했다.

소수민족들이 지난날 세운 왕조 모두 중국 역사의 범주에 속한다는 것이다. 이 논리는 중화인민공화국 영토 내에 존재했던 고조선·고구려·발해 민족은 중국민족이고 중국역사가 된다는 것이다(전게서, 250~251쪽).

2002년 동북공정 추진 이래 2004년 7월 중국 내 고구려 문화유적이 세계문화유산에 등재된 것을 계기로 고구려를 중국소수민족의 지방정부로 규정하고 이들 왕조를 중국 역사로 규정함으로써 동북공정은 중국의 다민족국가론 확립전술이라 할 수 있다(전게서, 252쪽).

이러한 전술은 중화문명 탐원공정의 일환으로 夏商周斷代工程이다. 1996년부터 2000년까지 추진된 夏商周斷代工程은 중국고대문명 기원의 夏·商·周 연표를 끌어올리기 위한 국가적 프로젝트다. 이 프로젝트는 華夏族이 漢民族의 선조라는 활동중심지를 고증하는 華夏族의 기원과 중화민족의 형성과 중국고대문명의 뿌리를 찾는다는 명분을 내세우고 있다(전게서, 252쪽).

이 프로젝트는 중화문명의 유구함과 중국민족의 찬란함을 밝혀서 중국민족의 자긍심과 역사적 자부심을 고취하여 중국 국민의 결속을 강화하려는 목적이 있고 동북공정 추진의 목적이 있음을 밝힌다(전게서, 253쪽).

여기에 중국동북공정의 추진내용은 고구려는 한 제국 내에 존재했던 지방정부였고 고구려사는 중국사의 일부라는 주장이다. 그 이유는 고구려는 漢族과 숙신족·예맥족·선비족이 공동으로 수립한 정권이라고 하고 고구려민족은 한반도족과는 아무런 관계가 없는 중국 邊疆민족 지방정부가 고구려라는 주장이다. 그러므로 唐의 고구려 정벌은 중국의 국내행위라는 주장이다(전게서, 256~257쪽).

그리고 고구려의 수도가 서기 472년 장수왕 때 한반도의 평양으로 옮긴 것은 한사군의 관할범위였다는 주장이다. 그 증거로는 고구려가 중국 역대 중앙왕조에 조공했던 것이 그 증거라 하고 고구려가 멸망한 후 고구려 유민이 漢族인 중국민족으로 흡수되었다(전게서, 272면)는 논문이다.

이러한 중국의 동북공정이 우리 민족 앞에 문제가 되는 것이 우리 민족사 출발의 단군조선 부정뿐 아니라 단군조선의 뒤를 이었던 만주 부여 역사를 부정하고 부여에서 분리된 고구려와 발해까지의 만주 역사는 중국의 역사라는 주장과 함께 한반도족과 만주는 하등의 관계가 없다는 주장뿐 아니라 장수왕(413~491) 때 고구려가 한반도 평양으로 천도했던 평양은 한사군의 영토였으니 한사군의 역사도 중국사가 되어야 한다는 데 동북공정의 심각한 문제임을 밝힌다.

## (3) 東北亞歷史財團 금경숙 – 韓民族 雄飛 高句麗

　　부여에서 도망해 온 주몽의 무리가 졸본성에서 고구려를 건국했다는 건국
설화의 소개가 62면에서 68면까지의 설명이다. 그러므로 69면에 고구려 제5
대 慕本王(48~59) 공적이 고구려가 우북평·어양·상곡·태원까지 공격하여
漢帝國의 간담을 서늘하게 해 놓고 요동태수 蔡彤의 항복을 받고 철군한 성
과는 취급하지 아니하고 제6대 太祖王(53~146) 때 漢나라가 현도(요동한사군의
玄菟)군의 화려성을 공격하고 태조왕 69년 漢나라 유주자사와 현도태수와 요
동태수 합동의 고구려 공격을 막아내었다는 것과 요서로 진출하여 확장했다
고 밝히고 제11대 東川王(227~248) 때 삼국시대 曹魏의 유주자사 母丘儉의
침공을 받고 왕이 옥저로 피신했다는 치부만 밝히고 있다(상게서, 69쪽).

　　고구려 광개토대왕의 공적 소개는 없고, 碑건립만 소개하고 고구려가 중
국에 조공을 바치는 데 앞장섰던 장수왕(413~491)이 고분문화를 창출했다고
소개하고 고구려인들이 만주에 산성을 남겼다고 소개하고 압록강 상류 지형
을 설명하고 국내성을 소개한다. 그리고 요하하류 일대의 고구려성을 설명
하고 평양으로 천도했다는 설명인데 동천왕 평양천도인지 장수왕 평양천도
인지에 관해서는 밝힘이 없다(전게서, 71~75쪽).

　　그리고 隋·唐 격퇴라는 소제목하에서 隋·唐전쟁 설명으로 끝맺은 논문
이니 고구려에 관해서는 본서의 삼국시대 고구려 내용보다 빈약하니 더 이
상 인용할 것이 없다.

　●　東北亞歷史財團 임상선 – 渤海는 어떤 國家인가
　　　발해는 고구려 유민이 세운 나라임을 소개하고 발해의 쟁점이 어느
　　　민족 어느 문화에 속한 발해인가를 부각시키고 新唐書에 靺鞨國으로
　　　호칭하다가 발해국으로 개칭했음을 밝힌다.
　　　그리고 발해 疆域과 遷都라는 제하에서 사방이 4,000里였다고 하고
　　　여러 차례 천도를 소개하고 있다. 그리고 발해국 교류 제하에서 唐나
　　　라와 일본과의 무역을 소개하고 발해사회 제하에서 말갈족들 姓氏 정

도가 소개되고 끝으로 발해 멸망 후의 복원운동으로 끝을 맺는 정도
다. 그러고 보니 더 이상 소개할 것이 없으니 본서의 발해사를 참조할
것을 권한다(전게서, 82~97쪽 주로 유물사진 첨부되어 있음).

- 東北亞歷史財團 최덕규 – 러시아는 왜 滿洲에 關心을 가졌을까
  이 논문도 동북공정과는 무관한 논문이라고 사료되어 취급하지 아니
  했음을 밝힌다.
- 東北亞歷史財團 오강원 – 東北亞靑銅器文化와 遼寧·韓半島
  별로 참고할 것이 없는 논문이기에 취급하지 아니했음을 밝힌다.
- 東亞大 한석정 滿洲國을 어떻게 理解할 것인가
  이 논문은 일제시대 일본의 괴뢰정부로 건국된 만주국 설명이기에 동
  북공정과는 무관하다고 보여 취급을 생략한다.
- 京都 세이카大 다나카 류이치 – 日本人에게 滿洲는 어떤 것인가
  이 논문 역시 취급할 필요가 없어 취급하지 않았다.
- 陸軍士官學校 김기훈 – 朝鮮人은 왜 滿洲로 갔나
  동북공정과 직접 관련됨이 없다고 보여 취급하지 아니했다.
- 東北亞歷史財團 배성준 – 間島協約이 無效이면 間島는 우리 땅인가
  간도협약이 무효가 되면 자동적으로 간도는 우리 땅이 될 것이라는
  일부의 환상이 얼마나 위험한 것인가 알 수 있다(전게서, 200쪽). 이것도
  취급을 유보했다.
- 東北亞歷史財團 장세윤 – 滿洲에서의 獨立運動과 韓國現代史
  이 논문도 취급을 유보할 수밖에 없다.
- 韓國學中央研究院 김경일 – 滿洲의 朝鮮人 그들은 누구인가
  이 논문도 취급을 유보한다.

   중국의 동북공정 추진을 2002년 2월부터 2007년 2월까지 5개년간의 시한
을 정해 놓고 동북공정 자료 개발의 연구비 책정이 중국화폐인 인민폐로 27
億元 책정의 동북공정이다(전게서, 254쪽). 이러한 중국동북공정에 대한 우리
의 대응이 중국이 동북공정에 착수한 지 2년 후인 2004년 3월에 고구려연

구재단이 연간 50억 원 예산책정으로 출발했다가 2006년 9월에 동북아역사재단이 새로 출발하면서 연간예산 200억 원으로 상향 책정하고 출발한 지가 3년이 다 되어 가고 있다.

그러하다면 여기에서 문제로 되는 것이 고구려연구재단이 설립되었다가 해체되기까지의 국고금이 이미 130억 원이 소진되었고 동북아역사재단이 2006년 9월에 출범하여 2009년이 되었으니 동북공정 대응책으로의 국고금 소진이 무려 700여억 원 이상인 셈인데 과연 동북공정을 극복할 수 있는 성과가 무엇인가 하는 것이다.

왜냐하면 해체된 고구려연구재단 동북공정 대응 연구논문들을 앞에서 살펴보았고 그다음 동북아역사재단 동북공정 대응 연구논문들을 살펴보았지만 동북공정을 극복할 수 있는 내용의 논문은 단 한 편도 발견할 수가 없다.

그 증거가 이날까지 700억 원 이상이 투입된 동북공정 대응에서 중국 사서도 인정한 4,300년 전 만주에서 건국되었다는 단군조선 증언을 동북공정 대응책에서는 무시·묵살되고 있고, 거기에 더하여 단군조선의 뒤를 이었던 만주의 부여 역사가 국사에서 무시됨에 따라 동북공정 비판 또는 반론이나 반증논문이 전무한 실정이니 도리어 중국의 동북공정 추진을 幇助(거들어서 도와줌)하고 있는 논문들뿐이라고 할 수 있으며 동북공정을 비판하거나 반론·반증·극복 논문은 단 한 편도 발견할 수 없는 데 문제가 있음을 지적한다.

물론 2년 6개월 동안의 고구려연구재단 성과와 3년 동안의 동북아역사재단의 연구성과가 본 연구에서 취급한 논문만이 전부라 할 수는 없다 하더라도 본 연구에서 취급한 논문 외의 동북공정 반론·반증 성과를 발견할 수 없는 데 문제가 있음을 밝힌다.

그러하다면 문제는 동북공정 대응을 위해 700억의 국고금이 투입 소진되고 있는 연구재단들에서 어찌하여 단 한 편의 연구논문도 동북공정 반론의 논문은 발견할 수가 없는가 하는 문제점을 다시 지적하지 않을 수가 없다.

왜냐하면 이러한 중국의 동북공정을 2002년 2월에 공식적으로 발표하고 중국에서 동북공정 추진내용 연구기한을 5개년으로 정하였으니 2007년으로서 그들 중국동북공정 연구기간은 끝이 나고, 2008년부터는 구체적인 추진

기간으로 진입하는 것으로 보이는데 아무튼 동북아역사재단에서 성과를 거두지 못하고 있는 이유를 밝혀야 할 것이다.


# 5. 東北工程 대응의 성과 분석


## (ㆍ) 國史敎師用指導書 無知가 입증된다


국사교사용지도서는 국사편찬위원회 저작으로서 현행국사가 위만조선을 요동조선 아닌 반도조선이라는 국사교사용지도서다.

그러므로 국사학계는 중국 사서들 요동조선 증언 원문들을 반증해야 한다는 것을 밝힌다.

① 史記朝鮮列傳  自始全燕時  嘗略屬眞番朝鮮  秦滅燕屬遼東外徼……至浿水爲界  滿亡命  渡浿水  稍役屬眞番朝鮮夷……王之都王險  索隱  徐廣曰  昌黎有險瀆縣也  集解  應劭  注  地理志云  遼東有險瀆縣  朝鮮王舊都  瓚云  王險城在樂浪郡浿水之東也

② 前漢書朝鮮傳  故遂定朝鮮爲四郡  樂浪·眞番·臨屯·玄菟  潷淸·萩苴·平州·涅陽

③ 前漢書地理志下  武帝時置  樂浪·玄菟  皆濊貊朝鮮  箕子去之朝鮮  武帝元封三年  開樂浪·玄菟  屬幽州  故眞番朝鮮國

④ 史記匈奴傳  漢東拔濊貊朝鮮  以爲郡  樂浪(眞番竝合)·玄菟(臨屯竝合)二郡  前漢書地理志下  應劭注  濊貊朝鮮故眞番朝鮮國

⑤ 後漢書東夷傳  順帝(126)桓帝之間  高句麗復犯遼東  殺帶方令  掠得樂浪太守妻子  靈帝建寧二年(169)  玄菟太守耿臨討之

⑥ 後漢書光武帝記下  初樂浪人王調  據郡不服  樂浪在遼東

⑦ 三國史記  高句麗本記  第五  東川王二十一年  王以丸都城  經亂不可復都,  築平壤城  移民及廟社(平壤者本仙人王儉之宅也)

이상의 요동위만조선과 요동한사군 설치 요동낙랑·현도군 증언 사료와 삼국사기 반도낙랑 반증사료가 일치하는데도 국사학계는 그 무슨 사료에 근거하여 반도 평양 한 제국 식민지 낙랑군 주장인지? 그렇게 주장하는 사료를 알 수가 없음을 밝힌다.

일제통치 이전부터 우리 민족의 정사인 삼국사기가 증언하는 요동위만조선, 요동한사군을 국사학계가 반증하지 못하고 있고, 또한 교육부가 어째서 일제해방 이후 그 무슨 근거사료에서 반도평양에 한사군의 낙랑군이 설치되어 고구려 수도와 한 제국의 낙랑군이 반도 평양에서 공존했음을 부인하기 어려운 모순당착의 국사를 저작하는 것인지 도무지 알 수가 없다.

여기에 그 증거로 국사편찬위원회의 답변을 소개하는 바이다.


## 2008년 6월 24일 국사편찬위원회 답변

### 국사편찬위원회 회신 21, 교육부답변 4 - ⑤

중국 사서의 요동한사군 증언과 삼국사기 고구려본기 동천왕편 반도평양 천도 반도한사군 반증 내용이 일치하는지의 여부는 연구가 더 필요한 상황입니다.


### 국사편찬위원회 회신 22, 교육부답변 4 - ⑥

고구려의 수도와 낙랑군의 평양공존에 대해서는 현재 연구가 진행 중에 있습니다. 삼국사기 고구려본기 동천왕 편에 따르면 고구려 수도와 한사군의 낙랑군이 밀접해 있다는 것은 사실로 보입니다.


### 국사편찬위원회 회신 23, 교육부답변 4 - ⑦

"현재 국사교과서는 이병도의 『국사대관』대로 한사군에 대해서 서술하지 않습니다.”라는 답변대로면 현재 이전의 국사교과서는 이병도의 『국사대관』 그대로의 기술이었음을 국사편찬위원회에서 자인하는 것 아닌지 회신하라는 재질문의 답변을 기다리고 있는 형편입니다.

## 국사편찬위원회 회신 11, 교육부답변 2-⑥

“요동조선 관련 사료는 현재 학계에서 활용하고 있다는 사실을 다시 밝힙니다.”라는 답변대로면 중국 사서 20종 요동조선 증언사료를 국사교과서에 복원하여 동북공정을 극복할 것인지, 계속 국사교과서에서 배제할 것인지의 재질문 답변을 기다리고 있는 중입니다.

## 국사편찬위원회 회신 12, 교육부답변 2-①

“삼국사기 고구려본기에 낙랑군의 위치가 한반도 내로 보이는 기록이 있는 관계로 한사군의 위치를 한반도로 批正했던 것으로 보입니다.”라는 답변에 대해서 저자는 다음과 같이 해명했습니다.

① 고구려 제3대 대무신왕 15년(AD 31) 최리낙랑국은 그 위치 확인이 어렵고
② 삼국사기 대무신왕 27년(AD 44) 漢光武帝遣兵 渡海伐樂浪 取其地爲郡縣 薩水已南 대목은 후한서광무제기 初樂浪人王調 據郡不服 樂浪郡 在遼東朝鮮 樂浪奪還 증언임을 밝혔다. 그 이유는 현행국사대로 광무제 때 遣兵討伐했던 낙랑이 반도평양 낙랑이었다면 광무제 때의 반도평양 낙랑은 한 제국 식민지 지배 시대였는데 후한의 광무제가 왜 遣兵하여 반도낙랑을 토벌하고 그 땅을 새삼스럽게 한나라의 군으로 삼았다고 할 까닭이 없음을 밝혔다.
③ 태조대왕 3년(AD 55) 築遼西十城 以備漢兵 태조 4년 拓開東至滄海 대목은 한무제가 위만조선의 부족장이던 예군남려를 매수하여 오늘의 화북평원(황하 삼각주 포함)에 창해군을 설치했다가 국내외의 반발로 인해 수년 내에 파했던 그 창해지방까지가 태조대왕 때의 고구려 영토였음을 밝혔다.
④ 따라서 고구려와 한나라와의 경계였다는 패수이자 살수는 지금의 북경 저 멀리 서편의 桑乾河이자 영정하가 패수였고 살수였음을 밝히고 고구려가 수나라와의 전쟁 때 살수대첩에서 수나라 대군을 몰살하고 대승했던 그 살수가 지금의 영정하인 패수이며 열수이고 살수임을 밝혔다.

⑤ 동천왕 때 幽州刺史 毋丘儉이 고구려를 침공한 후에 魏軍의 퇴거도 반도 낙랑
으로의 퇴거가 아닌 幽州刺史 毋丘儉의 출발지였던 유주낙랑으로의 퇴거였음을
밝히었고

⑥ 고구려 미천왕 14년(AD 313) 낙랑을 공격하고 남녀포로 2천 명을 사로잡아 왔다
는 그 낙랑도 후한서동이전과 삼국지 동이전 증언대로 高句麗復犯 遼東樂浪太
守妻子를 사로잡고 43년간 점령했다가 AD 169년 영제 2년 현도태수 耿臨에
의해 물러났던 그 요동낙랑으로부터 포로를 사로잡아 왔던 것임을 해명했다.

⑦ 그런데 여기에서 문제로 되는 것이 국사교사용지도서 241쪽 한사군 축출(逐出)
제하 낙랑인왕조가 반란을 일으켰다는 낙랑을 반도평양낙랑이었다는 국사교사용
지도서의 국사무지를 지적하는 바이다.

⑧ 그리고 국사교사용지도서 고구려 초기 정복활동이라는 제하 245쪽 함경도에 현
도군이 설치되고 평양에는 낙랑군이 설치되었다는 국사교사용지도서는 국사교과
서의 패망 위만조선 일부지역에만 한나라 군현이 설치되었다는 국사교과서와 상
충되는 국사교사용지도서 입증이다.

⑨ 국사교사용지도서 24쪽 濊라는 제하 예군남려가 위만조선의 우거왕을 배반하고
주민 28만 명을 이끌고 한 무제에게 투항함에 따라 한 무제가 예군남려가 투항
한 곳에 창해군을 설치했다가 주민들의 반발에 따라 철폐했던 그 창해군이 위만
조선의 부족장 예군남려였던 것도 모르고 있는 국사무지가 입증된다.

⑩ 국사교사용지도서 240쪽 진한교체기 유이민 제하 연나라 진개가 조선 땅 2천 리
를 탈취했다는 진개는 실존인물이 아닌 가공인물로서 중국의 역사학자들 역사조
작인 것조차도 모르고 있는 국사교사용지도서. 이 문제는 중국정부상대 중국 사
서기록 동북공정반증 확인소송 내용 끝 부분과 김육불 저『동북통사』진개 遼東
東胡逐出 五郡開設 대목에서 밝히었으니 참고하시기 바란다.

⑪ 국사교사용지도서 62쪽 고조선 건국 신화 제하 후한 환제 건화원년(AD 147)에
건립된 산동 가상현 무량사당 석실벽화가 단군신화라는 주장은 동이문화권 주장
도 있으나 국사학계의 연구성과는 무씨사당벽화상 신화는 단군과 무관하다는 국
사학계 견해가 합리적이라 하고 고대 중국대륙 동이문화권 증언을 부정하는 국사
교사용지도서는 반도조선족의 원류는 만주숙신동이로부터의 기원임을 모르고 있
는 국사무지가 입증된다. 그럼에도 불구하고 현행국사학계가 이상 증언에 이의가
있으면 중국사기 오제본기 동이기원 증언과 단군조선 내치·외치 증언을 반증할
것을 촉구한다.

⑫ 국사교사용지도서 74쪽 고대정치적 발전과 중앙집권화 제하에서 중국 송서·양
서 등이 백제가 요서 진평 2군 백제자치군이었다는 기록은 수긍할 수 없다고 부
인한다. 이 얼마나 국사무지인가? 이 문제에 관해서는 본서 백제 역사를 상고하
기 바란다.

⑬ 국사교사용지도서 63쪽 기자조선의 견해 제하에서 기자조선은 사실로 인정하기

어려운 허구라고 결론 내린다. 그러나 고대 중국 지리서인 산해경은 동해 안쪽과 북해 쪽 조선 증언이 있고 사기송미자세가에 기자가 주 무왕의 혁명을 피해 조선으로 갔다고 밝힌 그 조선은 산해경 증언 중국대륙 동해라는 황해 안쪽과 북해라는 발해 쪽 조선으로 기자가 갔다는 증언이고, 한서지리지에는 한사군의 낙랑·현도군이 설치되었던 곳이 기자거지조선이던 예맥조선에 한사군의 낙랑·현도군이 설치되었다는 증언이다.

그리고 삼국지 위지동이전 위략에 준왕은 기자의 40대손이었음의 증언이다. 이렇게 볼 때 은 말 주 초의 기자는 산해경 증언의 중국 동해 안쪽과 북해라는 발해 쪽 조선으로 갔다는 사실이 입증되는 것이 발해지방에서 기자조선의 유물인 箕鼎이 발견됨에 따라 문헌사학과 고고학 모두가 기자조선 입증임에도 불구하고 상고사 무지의 국사학계는 기자조선은 터무니없는 허구라는 결론을 내린다.

⑭ 기자조선을 허구라고 단정하는 국사학계가 중국 정사 한서지리지를 인정하는지 질문하지 않을 수가 없다. 왜냐하면 한 무제 때 설치되었다는 낙랑·현도군은 기자조선의 고토이던 예맥조선에 한사군의 낙랑·현도군이 설치되었다는 한서지리지와 사기흉노전의 증언과도 일치하는 기자조선 입증이기 때문이다.

그런데 기자조선 고토에 설치되었다는 낙랑군과 현도군은 한 제국 직할령인 유주로 편입되었다는 한서지리지의 증언인데 현행국사학계가 중국의 정사인 사기와 한서와 삼국지 동이전 증언을 부정한다면 한 무제 때 설치되었다는 낙랑과 현도는 한반도 한사군 낙랑군이 아닌 한 제국 직할령인 유주로 편입되었다는 한서지리지 낙랑군 증언을 반증해야 할 국사학계임을 밝힌다.

왜냐하면 현행국사가 한 무제 때 설치된 낙랑이 반도평양이었다고 주장할 수 있는 사료를 찾을 수가 없기 때문이다.

⑮ 국사교사용지도서 64쪽 위만조선 성격 제하 위만조선은 한반도 북부 대동강 중심 위만조선 주장인데 중국 사서에는 준왕조선이나 위만조선이나 한사군이 반도조선 사료가 전무하다는 사실을 밝힌다. 그러므로 국사학계에서 반도위만조선 사료를 밝혀야 할 국사임을 지적한다.


## (2) 國史學界 良心死亡을 증언한다


국사학계의 주류는 국립서울대학교 국사학과임을 부인할 국사학자는 없을 것이다. 하지만 서울대학의 국사학과는 친일사학의 두목이던 이병도 국사대관을 국사의 대본으로 하고 있음을 부인할 국사학자 또한 없을 것이다.

그런데 본서 첫머리에 현행국사와 식민지사관과의 관계라는 제하에서 일

제식민지사관과 현행국사가 일치한다는 것을 입증하고 현행국사는 일제식민
지사관 그대로이고 일부만 수정한 일제식민지사관의 복사판이라는 것을 증
언한 바이다. 그 증거를 현행국사 위만조선 영토범위 의혹이라는 대목에서
이미 밝힌 바이다.

이렇게 볼 때 현행국사학계에 인간의 이성적 양심이 존재하는가 하는 것
이 문제가 된다.

그 증거가 인간의 양심이라는 것은 신의 명령에 따르는 심리작용을 말하
는 것이기에 철인 소크라테스(Socrates)는 신의 명령인 다이모니온(daimonion)
을 청종하라 했고, 동양의 공자 또한 천의(天意)에 따르는 順天者는 存하고
逆天者는 亡한다고 했고, 칸트(Kant) 역시 신의 지상명령(kategorischer
imperativ)에 따르라고 했던 것이니 이렇게 하면 양심이 살아나게 된다.

그러나 무신사관에 따라 인간은 일종의 동물에 불과하다고 보게 되면 동
물에게는 없는 이성이니 양심이니 하는 것이 인간 동물에게만 양심이라는
것이 있을 이유가 없다는 데서 인간의 이성적 양심을 불신하는 동물심리를
지니게 된다. 이렇게 되면 인간의 이성적 양심이 죽어 버리게 된다.

그러므로 여기에 그러한 사실의 증거를 들겠다. 국립서울대 국사학과장이
던 노태돈 교수『단군과 고조선』이라는 저서에 인용된 참고자료 가운데 일
제식민지사학의 원흉이던 이마니시(今西龍)『古朝鮮史の研究』가운데서「半
島淸川江浿水考」와 이마니시(今西龍)의 하수인이던 이병도『국사대관』「淸
川江浿水考」를 주(注)로 인용하고 있는 노태돈 저『단군과 고조선』 44면,
62면, 67면, 70면, 130면에서 패수 청천강 주장을 보게 된다.

그뿐 아니다. 일제식민지사학자 시라도라(白鳥庫吉)와 와다(和田淸)의「半島
平壤樂浪郡考」와 이나바(稻葉岩吉)의『秦長城東端及王儉城』과 이께우찌(池
內宏)의『滿鮮史の研究』(半島平壤樂浪郡考)와 다니(谷豊信)의「半島平壤樂浪郡
の位置」 등을 참고자료로 인용한 注들인데 이렇게 된 노태돈 교수의『단군
과 고조선』은 일제식민지사관의 복사판이 아니라는 것을 무엇으로 입증할
수 있는 것인지 알 수가 없다.

그 증거가 중국의 지리학자 酈道元이『水經注』에서 증언한 패수는 요동

樓方縣에서 발원하여 동남쪽으로 흘러 동쪽 바다인 발해로 들어간다(水經注
浿水出遼東樓方縣 東南過 臨浿縣 東入於海)는 패수인데 이마니시(今西龍)와 이병도와
노태돈 교수는 浿水가 한반도 동북부에서 발원하여 한반도 서남쪽으로 흘
러 서해로 들어가는 청천강이 어째서 요동 동쪽 동해의 발해로 들어간다는
패수가 될 수가 있다는 것인지 그 근거를 알 수가 없다는 말이다.

왜냐하면 일제식민지사학의 괴수(魁首)이던 이마니시(今西龍)와 이병도와 노
태돈 교수는 遼東浿水東流 東海入浿水를 半島西流 西海入의 청천강이 패
수라고 할 수 있는 근거가 무엇인지를 알 수가 없는 것은 이들에게 인간으
로서의 이성(理性)이 있다면 패수의 수류가 東流의 동입해(東入海)인지, 西流
의 서입해(西入海)인지를 분간하지 못할 이유가 없기 때문임을 밝힌다.

그러므로 이마니시(今西龍)와 이병도와 노태돈 교수는 동서(東西)도 분간하
지 못하는 인간 이하의 동물심리를 지닌 양심부재의 동물인간들이 아니라고
주장할 심리학적 근거를 발견할 수 없음을 밝힌다.

그 증거가 현행국사의 준왕조선과 위만조선은 객관적 중국 사서들 사기·
한서·삼국지 동이전 증언의 요동조선사료를 무시 묵살하고 무조건 반도조
선이라고 조작하고 패수의 水流도 동서를 분별하지 못하는 일제식민지사관
그대로의 국사주장들임을 밝히는 바이다.

여기에 그 증거로 일제해방을 전후했던 친일사학자 이병도와 국립서울대
학의 노태돈 교수가 취한 사료들이 일제식민지 사학자들이 주장했던 사료들
과 무슨 차이가 있는 것인지를 확인토록 하기 위해 여기에 일제식민지사학
자들 주장 사서들을 소개하는 바이다.


1. 今西龍, 朝鮮古代史の研究(근본적으로 조선고대사인 단군조선을 신화라고 단정한 조선고
   대사다.)
2. 今西龍, 眞番郡考(忠淸道 全羅道까지가 眞番郡이었다는 主張)
3. 關野貞, 樂浪郡時代の遺蹟
4. 藤田亮策, 朝鮮考古學研究
5. 藤田亮策 梅原末始 共著, 朝鮮文化總覽
6. 白鳥庫吉, 漢の朝鮮四郡彊域

7. 白鳥庫吉, 滿洲歷史地理
8. 梅原末始, 朝鮮北部に於ける漢墓
9. 津田左右吉, 朝鮮歷史地理
10. 池內宏, 朝鮮地理歷史報告
11. 池內宏, 樂浪郡考
12. 池內宏, 滿洲歷史研究上篇
13. 大原利武, 漢代五郡二水考(江原道와 慶北까지가 眞番이었다는 主張)
14. 稻葉岩吉, 眞番郡の 位置(忠淸道一帶가 眞番이었다는 主張)
15. 桶口降太郞, 朝鮮半島に於ける漢四郡の 彊域及沿革考
16. 市村瓚太郞, 眞番講演
17. 和田淸, 玄菟郡考
18. 那珂通世遺書
19. 吉田東吾, 日韓古史斷
20. 藤田元春, 上代日支交通史の研究
21. 末松和保, 漢眞番郡治考(江原道와 慶北까지가 眞番이었다는 主張)
22. 原田淑人 田澤金吾 共著, 半島樂浪
23. 小集離夫, 樂浪彩篋塚
24. 小場桓吉, 樂浪王光墓
25. 小田省吾, 帶方郡及びその遺蹟
26. 西川楡, 日韓古代史の裏面等等

## (3) 통곡할 國史

95학년도 우리 국사교과서의 서문에, 우리 국사는 사실(史實)을 바탕으로 한 학문이다. 우리 국사는 우리의 역사이기 때문에 거짓말을 할 수 없다. 우리 국사교육의 목적은 지난날 우리 조상들이 살아온 발자취인 민족사의 올바른 이해를 통해 현재를 올바로 인식하고 미래를 올바르게 개척할 능력을 계발(啓發)하고 민족적 역량을 확신케 하여 우리의 삶을 올바르게 살아갈 수 있게 하는 데 역사교육의 목적이 있다는 것을 밝히고 있다.

참으로 기가 막히는 서문이다. 왜냐하면 우리 자신에게 그리고 우리 민족과 역사 앞에 거짓말을 늘어놓지 아니한 사실에 입각한 국사라니 말이다. 그뿐 아니라 역사를 보는 눈을 크게 그리고 넓게 깊게 떠야 한다는 국사교과서의 서문이라고 생각한다면 다시 한 번 기가 막히지 않을 수 없다.

현행 국사를 통해서 국사학교수들이 우리 민족의 장래를 내다보고 있는가 하는 문제와 함께 우리민족의 기원을 알 수 없는 국사이기에 우리 민족은 漢人·蒙古人 더 나아가서는 터키(土耳其)인 등, 잡인종의 피가 혼혈된 민족이라(이병도,『국사대관』, 한국민족의 구성, 11~13쪽)니 내가 누구인지, 그리고 우리 조상들이 살았던 민족정신이 무엇인지, 그리고 우리가 동방예의지국인지 아닌지, 그뿐 아니라 우리민족정신의 전통적 맥(脈)이 무엇인지, 현행 국사를 통해서는 찾을 수가 없는 죽어도 너무 깊이 죽어 버린 국사가 되었다.

역사라는 것은 지난날 잡다(雜多)하게 일어났던 사건(事件)들을 나열(羅列)하는 데 그 의의(意義)가 있는 것이 아니라, 지난날 조상들이 살았던 그 삶의 역사가 현재 우리 속에 살아 숨 쉬는 그러한 살아 있는 생명력이 있어야 한다.

그런데도 우리의 국사는 지난날 사대모화사관(事大慕華史觀)으로 난도(亂刀)질을 당한 국사일 뿐 아니라 일제의 식민사관에 의해 우리 국사의 뿌리가 말살(抹殺)되어 버린 국사, 우리 국사의 머리가 잘려져 버리고 죽은 시체(屍體)만 남아 있는 국사! 대륙의 한사군이 한반도로 둔갑(遁甲)하여 한민족(漢民族)의 발굽 아래 짓밟힌 만신창이(滿身瘡痍)가 되어 있는 국사 아닌가!

아! 슬프고 분통터지는 국사! 우리 국사의 뿌리도 없고 머리도 잘려 버린 죽은 국사! 그리고 한인(漢人)과 일본인들에게 짓밟혀 피투성이가 되고 만신창이(滿身瘡痍)가 되어 우리 자신을 알아보기조차 할 수 없게 되어 버린 국사! 우리의 말과 우리의 글도 빼앗아 버렸던 일인(日人)들! 우리의 이름도 성(姓)도 창씨개명(創氏改名)으로 빼앗아 버리고 우리 민족정신의 혼(魂)을 말살하기 위해 우리 국사를 빼앗아 갔던 일제의 식민사관에 의거하는 국사!

우리에게 남아 있는 국사가 무엇인가? 단군조선은 비과학적인 신화라고 단정하고, 대륙의 기자조선(箕子朝鮮)은 전설이라고 부정하고, 춘추시대 전국시대 진한(秦漢) 대에 이르기까지의 대륙조선은 국사학자들의 무지와 오기로 부정해 버리는 국사가 아닌가!

아! 슬프고 원통(寃痛)하고 분통(憤痛)터지는 국사! 슬픔을 넘어 통곡(痛哭)할 수밖에 없는 국사! 이제는 통곡(痛哭)도 기력(氣力)이 없어 못 할 국사! 후한 초(後漢初)부터 중국대륙 심장부의 태원(太原)까지 공략(攻略)하여 중국인들의 간담을 서늘하게 했던 고구려의 국력(國力)을 조작(造作)된 한사군(漢四郡)을 살리려고 감춰 버린 국사!

중원대륙에 식민지를 두었던 백제(百濟)의 위용(偉容)을 숨겨 버리는 국사! 한반도의 조작(造作)된 한사군(漢四郡)을 살리기 위해 동천왕 21年(東川王 21年 AD 247年)의 평양(平壤) 천도(遷都)를 부정해 버리는 국사!

낙랑(樂浪)은 반도 아닌 요동(遼東)이라는 사기(史記)와 한서(漢書)와 삼국지(三國志)의 증언(증언)을 모조리 묵살(默殺)해 버리고 낙랑(樂浪)은 반도조선(半島朝鮮)이라고 우기는 국사!

아! 이러한 국사가 누구를 위한 국사인가? 중국인(中國人)을 위한 국사인가? 일본인(日本人)을 위한 국사인가? 우리 상고조선(上古朝鮮) 3千年을 말살한 이병도(李丙燾)를 위한 국사인가? 아직도 이병도의 뜻에 따라 일본인을 대신해서 일제 식민사관을 사수하려는 현행 국사학자들의 직업을 위한 국사인가?

도대체 이 국사가 누구를 위한 국사이며 무엇을 위한 국사인지 모를 국사로다. 그러므로 95년 국사교과서 서문(序文)대로 사실(史實)에 입각하는 국사요 거짓이 없는 국사가 되려면 현행 국사가 누구를 위한 국사이며 무엇을 위한 국사라는 것을 밝혀야 할 것이다.

왜냐하면 현행 국사는 이병도가 일제 식민사학자들의 발바닥을 닦다가 해방된 조국에서 독단적(獨斷的) 추측(推測)으로 우리 국사를 청동기인(青銅器人)들이 건국했다고 조작(造作)한 고조선 한씨(韓氏) 조선 따위로 위조(僞造)된 국사이기 때문이다.

개인의 한 생명을 죽여도 큰 죄가 되는 것이거늘 하물며 민족의 역사적 생명을 난도(亂刀)질하여 죽여 버리는 민족살해(民族殺害) 범죄를 다반사(茶飯事)로 자행하는 현행 국사학자들의 직무범죄(職務犯罪)를 앞에 놓고 통곡하지 않을 수 없는 국사, 통곡(痛哭)할 국사임을 거듭 밝히는 바이다.

# 中國史書들 東夷起源 증언

# 1. 中國 史記 黃河文明은 滿洲肅愼 東夷文明傳受 증언

이날까지 우리나라의 고고학계는 우리 조선민족의 기원을 중앙아시아의 바이칼(Baikal)호 지방으로부터 동쪽으로 이동하여 북만주의 흑룡강을 따라 남하해 온 민족이라고 보고 있다. 그리고 이날까지 국사학계는 중국 대륙 쪽의 동이가 동북쪽의 만주 쪽으로 이동하여 한반도로 오게 된 한민족이라는 주장들이었다.

그러나 중국의 고대사를 밝힌 「史記卷一五帝本記」에 고대 동이의 기원을 증언하기를 만주의 숙신족이 동이의 기원이었음을 밝히고 고대 중국의 제왕이던 순임금이 사방의 이인(夷人)을 어루만진 덕은 북방의 숙신동이(肅愼東夷)로부터 전수받았던 덕이었음을 밝히고 있다.

> ① 史記卷一五帝本記 北山戎發肅愼 東長鳥夷 索隱 鄭玄曰 肅愼東北夷 夷字
> 　　東夷·長夷·鳥夷也 索隱 此言 帝舜之德 皆撫及四方夷人 故先以撫字 總
> 　　之北發 漢書北發 是北方國名

그러므로 고대 중국의 지리서인 산해경에 숙신씨의 나라는 흰옷(白衣)을 입는 사람들이 사는 나라였다고 하고 이들 북방인들은 씩씩한 사람들이었기에 雄이라고 이름을 붙였다는데 중국에서 말하는 三皇(伏羲·神農·黃帝)과 五帝(少昊·顓頊·帝嚳·唐堯·虞舜) 모두가 고대 만주의 동이가 지금의 중국으로 이동하여 고대 君王들이 된 사람들이라고 증언하고 있다.

② 山海經卷七 海外西經 肅慎氏之國在白民 北有樹（人物樹·嫡子樹）名曰雒 常
先八代帝於此取之
③ 山海經卷十八海內經 東海之內 北海之隅 有國朝鮮

〈그림 1〉山海經 459面(自由中國 藝文印書館 發行)

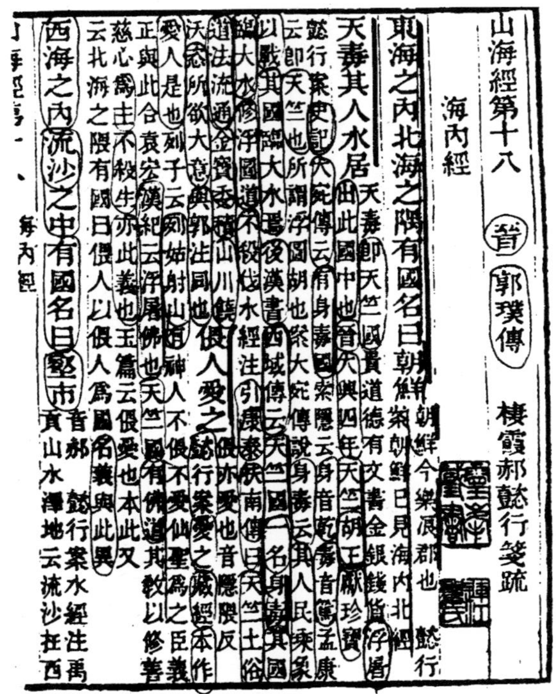

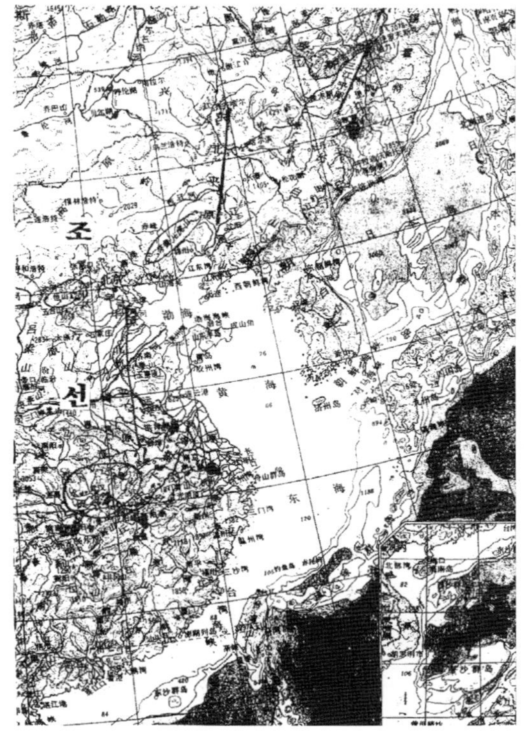


그러므로 이러한 배달민족을 중국의 사서에서 동이족이라 일컬어 왔는데
이러한 동이에 대해서 「후한서동이전」은 동이를 증언하기를 아세아족의 뿌
리로서 천성이 유순하여 천도에 순응하는 사람들이기에 군자가 끊어짐이 없
는 동방예의지국의 민족이라 하고 중국에 예의가 실추되면 동이로부터 예의
를 구하는 홍익인간의 민족임을 증언하고 있다.

④ 後漢書卷百十五東夷傳 王制云 東方日夷 夷者柢(뿌리)也 言仁而好生 天性柔順
　　易以道御 至有君子不死之國 故孔子欲居九夷……中國失禮求之四夷者也

그러하기에 삼위태백 사이라는 중국의 淮水 지방에 자리 잡았던 蚩尤와
산동·하북지방에 자리 잡았던 黃帝가 대전했을 때에 환웅천왕의 장수였던
풍백과 우사를 蚩尤가 청하여 황제 軒轅과의 전쟁에서 승리했으나 티베트

(Tibet) 지방 출신의 한족이던 司馬遷(BC 145~68)이 사기를 기술할 때 패자였던 黃帝를 승리자로 만들어서 黃帝가 서역(西域)출신 한족의 선조였던 것처럼 역사를 조작하려 했다는 것은 中國史記卷一 五帝本記 다음의 본문과 注들이 입증하고 있다.

史記卷一五帝本記 神農氏之衰 蚩尤最强莫能伐 黃帝攝政有蚩尤 獸身人語 銅頭鐵額造五兵 伐刀戟弩 威振天下 萬民欽命 孔安國曰 九黎(九夷)君號 蚩尤也 應劭曰 蚩尤古天子也 管子 蚩尤受盧山之金而作五兵 明非庶人也 黃帝攝政 以不能禁止蚩尤 乃仰天而歎 黃帝遂劃蚩尤 山海經云 黃帝令應龍攻蚩尤 蚩尤請風伯雨師 以從大風雨
桓檀古記 馬韓世家 蚩尤天王益擊軍 與軒轅戰七十三回 軒轅旣婁敗戰
桓檀古記 神市本記 蚩尤天王 益擊軍 十年之間 軒轅戰七十三回 將無疲色軍不退 軒轅旣婁戰退


그러하기에 중국 사기(史記)의 기초 사료가 되었던 서경(書經)에 동이 교화 역사를 증언하기를 동쪽으로는 동해라는 황해바다에 이르기까지와 중원대륙 북쪽과 남쪽에 이르기까지 동이의 교화가 사방에 이르렀다는 증언을 인용한 삼국지 동이전은 중국대륙의 동해라는 황해 내륙 모두가 동이의 교화를 입었지만 서편의 고비(Gobi) 사막 쪽은 거듭되는 통역을 거쳐야 하기 때문에 고비사막 쪽까지는 동이의 교화가 미치지 못하였다고 하고 지금으로부터 4,000여 년 전의 티베트 지방으로부터 漢族이 중국대륙으로 이동하여 진시황 이후 중국을 통일했던 한족 출신의 장건(張騫)을 서역으로 파견하여 하원(河源)과 경력(經歷)을 살피게 하고 도호부를 설치하고 서역을 개척하여 통치했다는 동이와 한족의 역사를 아래와 같이 밝히고 있다.

① 書經 夏書禹貢 東漸於海 西被於流沙 朔南曁 聲敎訖於四海
② 三國志魏志東夷傳 書稱東漸於海 西被於流沙 其九服之制 可得而言也 然荒域之外 重譯而至 未有知其國俗殊方者也……及漢氏遣張騫使西域 窮河源 經歷諸國 遂置都護以總領之
③ 林惠詳著 「中國民族史」 孟子言舜東夷之人也 今人推得舜殷人之祖 殷人爲東夷
④ 王桐齡著 「中國民族史」 當漢族未入中國以前 湖北 湖南 江蘇等地 本爲東夷

　　所屬 此族之國名九黎(九夷) 君主蚩尤
⑤ 徐亮之著「中國史前史話」 殷周以前乃至 殷周之世的 東夷其活動面實包括
　　今日山東・河北・河南・江蘇・安微・湖北以及遼東 朝鮮半島 廣大地域而
　　山東半島其中心 當四千餘年前 漢族未入中國以前 中原之東部及南部 苗族
　　東夷占領 漢族侵入中國後漸與接觸

그런데 중국 고대지리서인 산해경 또한 증언하기를 고대 중국의 복희・신농・황제인 삼황과 소호(小昊)・전욱(顓頊)・제곡(帝嚳)・당요(唐堯)・우순(虞舜) 등 오제 모두가 만주의 숙신동이가 중원 쪽으로 이동하여 고대 중국 제왕들이 되었음을 밝히고 있다.

⑥ 山海經卷十七 大荒北經 大荒地中 有山名曰不咸(白頭山) 有肅愼氏之國
⑦ 山海經卷七 海外西經 肅愼氏之國在白民 北有樹(人物樹・嫡子樹)名曰雄 常先
　　八代帝於此取之

그러므로 사기오제본기는 밝히기를 황제로부터 순과 우에 이르기까지가 모두 동이 숙신씨 동성이었음을 밝히고 있으니 고대 중국 황하문명 개척의 주인공들은 동이 숙신족이었고 따라서 이들 중원 동이들의 덕 또한 동방예의지국이던 만주동이 숙신으로부터 전수받은 밝은 덕이었음을 또한 밝히고 있다.

⑧ 史記卷一五帝本記 自黃帝至舜禹 皆同姓而 異其國號 以章明德 故黃帝爲有
　　熊 帝顓頊爲高陽 帝嚳爲高辛 帝堯爲陶唐 帝舜爲有虞 帝禹爲夏后而別氏姓
　　姒氏 契爲商姓氏 爲周姓姬氏

그리고 헌원(軒轅)이 황제가 되기 이전 신농씨 시대가 쇠하게 되었을 때 치우의 세력을 당할 사람이 없었던 것은 치우는 그때 벌써 노산(盧山)에서 동과 철을 캐내어 갑옷과 투구를 만들어서 무장하고 오병을 조련하여 천하에 그 위세를 떨치었기 때문에 만민이 치우의 명을 받들었던 치우는 황제 이전의 천자였다고 응소가 집해에서 주를 붙이고 있음을 보는 바이다.

⑨ 史記卷一五帝本記  軒轅之時  神農氏世衰  於時軒轅乃習用干戈  古征不享……
而蚩尤最爲强莫能伐  集解應劭曰  蚩尤古天子也  又管子曰  蚩尤受盧山之金而
作五兵

⑩ 正義  龍魚河圖云  黃帝攝政有蚩尤  獸身人語  銅頭鐵額造五兵  伐刀戟弩  威振
天下  萬民欽命  黃帝行天子事  不能禁止蚩尤  乃仰天而歎

⑪ 山海經云  黃帝令應龍攻蚩尤  蚩尤請風伯雨師以從大風雨  孔安國曰  蚩尤九黎
(九夷)君主號

⑫ 山海經卷十八海內經  東海之內  北海之隅  有國名曰朝鮮  天毒(人間의 惡毒)其
人水(水・生水・眞理)居  偎人愛之  西海之內流沙之中  有國名曰壑市

〈그림 3〉山海經의 東海之內 北海之隅朝鮮

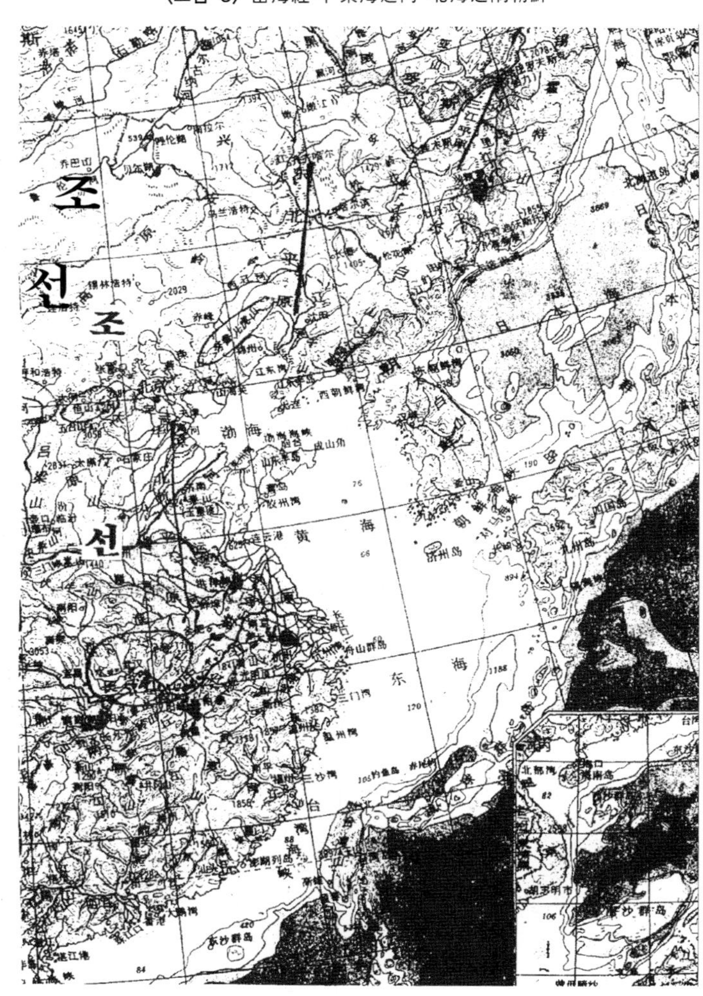

그런데도 사마천이 황제를 티베트지방 출신 한족들의 조상인 것처럼 꾸미기 위하여 치우와 황제와의 대전에서 치우가 패배하고 황제가 승리한 것처럼 역사를 조작했었지만 후대의 사가들은 정의 응소 주대로 황제는 치우를 당해 내지 못하고 하늘을 우러러 보고 탄식했었다고 밝히고 있고, 공안국도 산해경을 주로 인용하여 그때의 치우는 환웅천왕으로부터 풍백과 우사의 지원을 받았던 구이(九夷)·구려(九黎)·구환(九桓)의 군주였음을 밝히고 있다.

이렇게 볼 때 고대만주 요하문명의 주인공이 동이기원의 숙신족이었고 고대황하문명의 뿌리가 요하문명이었으니 황하문명은 고대만주의 숙신족이던 동이들이 중국대륙으로 이동하여 남긴 문화가 황하문명이었음이 입증된다.

그러하기에 河南省 仰紹村에서 발굴된 신석기 유물들 가운데 彩陶文化가 출토되었고 山東省 歷城縣 龍山鎭의 城子涯에서 黑陶文化가 발견되었는데 이들 문화들은 모두가 고대만주 숙신동이가 중국의 산동지방과 황하유역으로 이동했던 동이들의 유물들이었음이 입증된다.

그런데 1986년 <光明日報>의 발표에 의하면 이들 채도문화와 흑도문화는 탄소측정 결과 5,485년 전의 유물들임이 입증되는데 채도나 흑도의 유물들은 요동의 査海 및 興隆窪文化들이 BC 6000년대 유물들이고 紅山文化 또한 BC 4500년대의 유물들이었고 보면 중국의 산동 龍山鎭에서 발굴된 흑도문화나 하남성 앙소촌에서 발견된 채도문화들은 고대만주 숙신동이가 이동하여 남긴 문화들임이 입증된다(중국고고학자 최무장 저 참조).

그리고 보면 오늘 우리 한반도의 배달민족은 천자 환웅 이래 정통 동이로서 만주 숙신 동이 기원의 후예임을 그 누구도 부인할 수 없다. 그런데도 현행국사는 중국 삼황오제 때부터의 하·은·주를 거쳐 진시황 때까지의 고대 중국 동이역사를 부인하고 만주와 한반도를 위시한 요동과 산동지방까지의 해변으로만 동이가 분포했었다고 역사를 왜곡하고 동이분포지를 지도를 그려서 국사교과서에 붙이고 있는 국사학계임을 보는 바이다.

이렇게 볼 때 천자 환웅 이래 동이 배달족은 정통 동이로서 중원대륙 동이의 종주국이었는데도 교육부 저작의 현행국사는 중국의 삼황오제 때부터 하·은·주를 거쳐 진시황 때까지의 중국 동이역사를 부인하고 중국의 산

동지방과 요동지방의 해변으로만 동이가 분포했었다는 현행국사의 근거를
알 수가 없는 국사임을 밝힌다.

〈그림 4〉 현행국사교과서 동이분포 지도

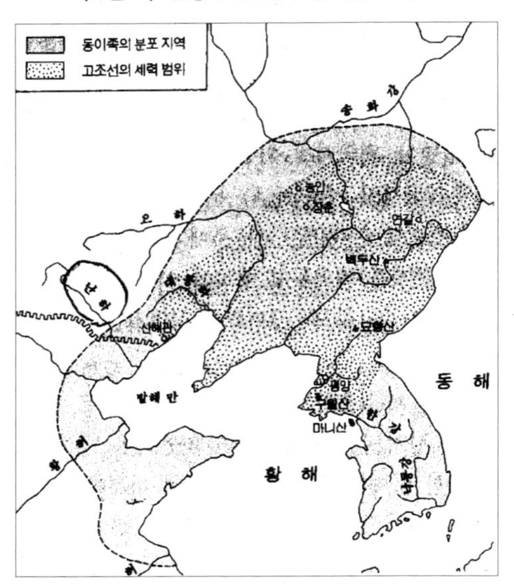

〈그림 5〉 山戎肅愼東夷 以來의 中原大陸 東夷分布圖

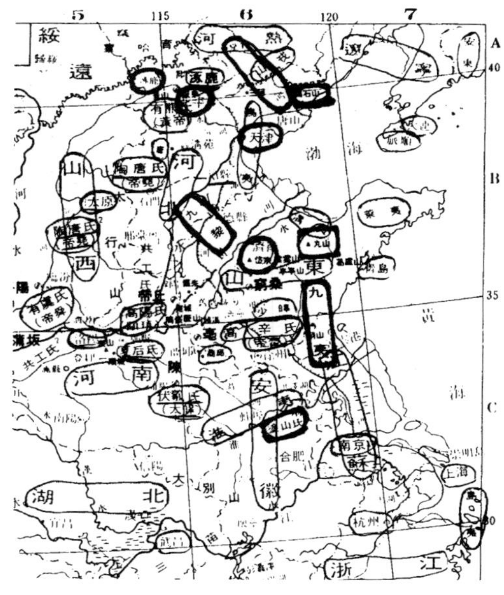

그러면 중국황하문명의 주인이었다는 동이의 기원을 중국의 정사인 사기 오제본기가 만주숙신족이 동이의 기원이었다는 증언과 고대 중국 인문지리 서이던 산해경이 황하문명 주인공인 동이의 기원을 만주 백두산 쪽의 숙신씨가 동이의 기원이었다는 증언이었는데 그 후 중원 동이의 소멸과 만주동이의 소멸을 보게 된다.


## (1) 中原 東夷와 滿洲 東夷의 소멸


고대 중원대륙을 점령하고 살았던 동이와 만주대륙의 수많은 동이들이 어떻게 흔적도 없이 소멸되고 말았는가 하는 것이 문제가 된다.

중원대륙을 점령했던 동이들이 세월이 흐름에 따라 파(派)가 늘어난 것이 구이(九夷)이다. 구이는 견이(畎夷), 현이(玄夷), 풍이(風夷), 양이(陽夷), 우이(于夷), 방이(方夷), 황이(黃夷), 백이(白夷), 적이(赤夷)였다.

그 후 동이는 더 많은 파(派)로 늘어나게 되는데, 욱이(郁夷), 우이(嵎夷), 조이(鳥夷), 내이(萊夷), 회이(淮夷), 도이(島夷), 서이(西夷) 등으로 늘어나면서 홍익인간의 동이 정신으로부터 점차 멀어지고 말았다.

그러기에 하(夏), 은(殷), 주(周) 시대의 제후들은 모두 동이들이었지만 동이 정신에서 떠난 제후들의 세력이 커짐에 따라 동이 본래의 정신인 홍익인간 정신을 잃어버리게 되었다.

이와 같이 동이 정신으로부터 벗어나 周나라 제후들인 제(齊) · 초(楚) · 진(秦) · 진(晉) 등의 제후국들의 세력이 커지는 가운데 마침내 제(齊)나라의 재상(宰相) 관중(管仲)의 패도(覇道) 정치로 제나라가 춘추시대 최초의 패자(覇者)가 되었다.

여기에서 동이 정신에서 멀어진 중원 왕조의 제후들과 동이와의 투쟁이 황제 이래 하(夏), 은(殷), 주(周)를 거쳐 진한(秦漢) 대에 이르기까지 끈질기게 계속되었던 사실에 관해서는 「중원 왕조와 예맥족」이라는 제하(題下)에서 자세히 논하게 될 것이기에 더 이상의 논급은 유보하는 바이다.

이렇게 되어 중원 왕조의 제후들과의 싸움에서 밀려난 동이들은 입지를 잃고 밀려나게 되었다. 이 사람들이 바로 동예(東濊)라고 일컬어졌던 예맥 조선족들이다. 중원의 고전들에 나타나는 동이와 예맥과 동예(東濊)와 동호(東胡)는 이명동체(異名同體)의 종족칭인 것이다.

중원에서 예맥족으로 불렸던 조선에 관해서는 「대륙 조선인 예맥 조선」이라는 대목에서 재론하게 될 것이다. 그러나 중국 고전들에 끊임없이 예맥 조선이 나타나는 것을 보면 중원에서 동이의 정신이 얼마나 끈질기게 나타났던가를 미루어 알 수 있다.

중원 땅에서 동이들의 설 자리가 없어져 버린 것은 진시황(秦始皇)이 중원을 통일한 다음 분서갱유(焚書坑儒)를 거치고 난 다음이다. 그리고 티베트 계통의 한고조(漢高祖) 이후의 동이는 더욱 설 자리가 없어지게 되었다.

그래도 동이 정신의 명맥(命脈)이 이어졌다는 사실은, 한 무제(漢武帝) 때 동이 예맥의 한 부족장이던 남녀(南閭)가 한나라에 예속되려 함에 따라 발해 남쪽 화북평원의 황하 삼각주가 있는 곳에 설치되었던 창해군(滄海郡)이 예맥 조선인들인 동예(東濊)의 강력한 항거에 부딪혀 결국 철폐되는 소동에서 잘 나타나고 있다.

前漢書卷二十四 食貨志下 武帝因文景之畜 中略 彭吳穿濊貊朝鮮置滄海郡 則燕
齊之間 靡然發動
後漢書東夷傳 漢武帝 衛滿朝鮮部族長 濊君南閭畔右渠 置蒼海郡 數年乃罷

그리고 만주의 동이로부터 분리(分離)되었던 선비(鮮卑)와 오환(烏丸)과 거란(契丹)뿐 아니라 숙신의 후예들임이 밝혀지고 있는 읍루(挹婁), 말갈(靺鞨), 물길(勿吉), 여진(女眞) 등은 모두 동이였지만 그들이 동이 정신을 망각해 버림에 따라 그들은 동이였다는 흔적도 없이 소멸되어 버렸다[三國志魏志卷三十 烏丸鮮卑東夷傳].


## (2) 韓半島의 東夷

우리 민족의 선민(先民)인 동이를 하(夏), 은(殷), 주(周) 代를 전후해서 이(夷),

융(戎), 적(狄)이라 칭하였고, 춘추시대와 전국시대에는 예맥(濊貊)이라 칭하였고, 진한(秦漢) 代에는 동호(東胡)라 칭하였다.

한 대(漢代) 이후부터는 동이를 선비(鮮卑) 또는 오환(烏丸)이라 일컬었고 당대(唐代)에는 말갈(靺鞨), 당 말(唐末)에는 거란(契丹)이라 일컬었다. 그리고 송대(宋代) 이후부터 명 대(明代)에 이르기까지는 여진(女眞)이라 칭하였다.

그러므로 동이(東夷), 동호(東胡), 예맥(濊貊) 모두가 우리 민족의 선민(先民)이었음은 물론이고 선비·거란·말갈·물길·여진 등도 모두 우리와 같은 피가 흐르는 동이족이었다는 것을 알아야 한다.

당나라에 의해 멸망된 고구려의 뒤를 이어 일어난 발해(渤海, 699~926)나, 발해의 뒤를 이었던 거란의 요(遼, 916~1125)나, 요의 뒤를 이어 일어난 여진(女眞)의 금(金, 1115~)이나, 한족(漢族)의 명(明)나라를 멸한 여진(女眞)의 청(淸, 1616~1912)은 모두 동이의 피가 흐르는 고대 동이의 후예들이다.

그렇지만 그 많은 동이들 가운데 오직 끝까지 멸망하지 아니하고 살아남은 한반도의 동이는 5천 년의 동이 역사를 홀로 짊어지고 정통 동이(正統東夷)로서 꿋꿋하게 살아남았음은 참으로 장(壯)하고 위대(偉大)한 한반도 동이의 긍지를 지니게 한다.

왜냐하면 우리 민족을 둘러싸고 있는 이웃나라들은 모두 강대국으로 약육강식(弱肉强食)이라는 그 모진 시련들을 모두 이겨 내고 살아남게 된 한반도의 장(壯)하고 위대(偉大)한 이 민족에게 무슨 찬사(讚辭)인들 아낄 수 있겠는가. 이는 참으로 하늘의 가호(加護)가 아니었더라면 결코 살아남을 수가 없었을 것이다.

이렇게 볼 때 우리민족이 5천 년 역사 가운데 겪어 왔던 민족적 고난(苦難)을 돌이켜 보면 참으로 강인(强靭)하고 위대한 민족이 아닐 수 없다.

그렇다면 우리 앞에 문제가 되는 것은 그 많은 동이들이 왜 동이로서 살아남지 못하고 모두 망해 버렸는가 하는 것이다. 이것은 앞에서도 말한 바와 같이 동이의 기본정신인 홍익인간 정신을 그들이 망각해 버렸기 때문에 민족적 생명의 명맥(命脈)을 유지하지 못하고 멸망해 버렸다.

그러므로 어느 나라 어느 민족을 막론하고 그 나라의 민족정신을 망각하게 되면 그 민족은 멸망하고 만다는 것이 역사적인 교훈임을 우리는 명심해

야 한다는 것을 강조하면서 이 논문 결론 부분 말미 백의한민족의 사명을
참조하실 것을 권고하는 바이다.


## 2. 古代 滿洲 東夷文明의 발상지


이날까지의 많은 사람들은 중국 산동의 龍山地方에서 발견된 黑陶文化
와 하남성 앙소촌(仰韶村)에서 발견된 殷墟文化를 동양 최고대 문명이라고
인식해 왔다. 그러나 동양문명의 발상지는 중국대륙이 아니라 만주대륙의
요동대륙에서 발생한 문화가 동양 최고대 문명이라는 것이 입증되고 있다.

이 문제에 관한 구체적인 것은 동이족 기원이라는 제하 중국사기 증언이
중국의 고대문명은 고대 만주의 요동(요령)지방으로부터 황하유역과 淮水지
방으로 이동했던 동이문명들이었다는 것은 중국사기의 문헌사학인 사기오제
본기가 입증한다는 것은 이미 밝힌 바이다.

이 사실을 입증하는 것이 아래의 증언들이다.

① 史記卷一五帝本記 北山戎發肅愼 東夷 長夷 鳥夷 索隱 鄭玄曰 肅愼東北夷
　夷字 東夷·長夷·鳥夷也 索隱 此言 帝舜之德 皆撫及 四方夷人 故先以撫
　字 總之北發 漢書北發 是北方國名
② 山海經卷七 海外西經 肅愼氏之國在白民 北有樹(人物樹·嬭子樹)名曰雄 常先
　八代帝於此取之
③ 史記卷一五帝本記 自黃帝至舜禹 皆同姓而 異其國號 以章明德 故黃帝爲有
　熊 帝顓頊爲高陽 帝嚳爲高辛 帝堯爲陶唐 帝舜爲有虞 帝禹爲夏后而別氏姓
　姒氏 契爲商姓氏 周爲姓姬氏
④ 後漢書卷百十五東夷傳 王制云 東方曰夷 夷者柢(根)也 言仁而好生 天性柔順
　易以道御 至有君子不死之國 故孔子欲居九夷……中國失禮求之四夷者也


사실이 이러하기에 동양 최고대 문명은 불함산이라는 백두산 중심의 압록
강과 두만강 그리고 북쪽의 흑룡강·송화강 등지에서 석기시대의 유물들인

그들 생활수단의 수렵용 활의 돌촉, 뼈촉, 돌창, 뼈창, 돌도끼 등이 발견되고 있고 북경지방의 원인(猿人)화석과 같은 직립원인(直立猿人) 화석이 대능하 상류의 査海에서 발견되었다.

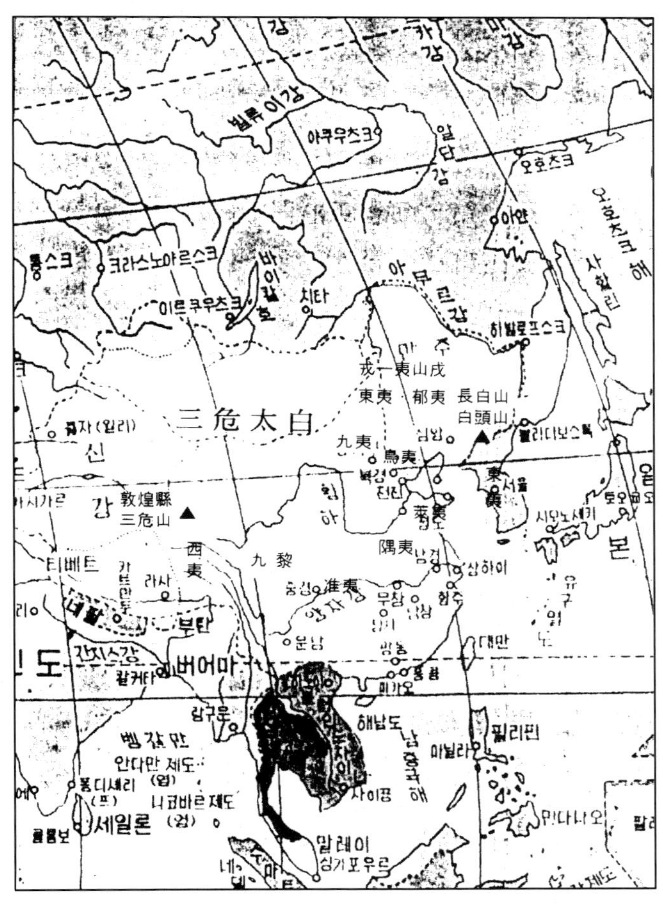

〈그림 6〉 三危太白 東夷分布



## (1) 遼東地方의 査海·興隆窪文化 BC 6000년

이날까지 세계의 역사학자 가운데 인류문명의 발상지가 어디라고 자신 있게 밝힐 역사학자가 없었다. 그러나 계시종교인 기독교 성경에 인간창조주의 창세이상이던 에덴(Eden)동산에서 인간시조 아담(Adam)과 하와(Hawwah)가 창조주의 계명을 어기고 타락함에 따라 그 후 아담의 10대손이라는 노아(Noah) 때 홍수로 심판을 한 지역이자 오늘의 아세아 서쪽 끝 지방인 유프라테스(Euphrates) 강과 티그리스(Tigris) 강이 흐르는 메소포타미아(Mesopotamia) 지방이 인류 최고(最古)대의 문명발상지인 것으로 알려져 왔다.

그러나 이것은 잘 못 알려진 사실이다. 왜냐하면 메소포타미아 지방의 고대 문화는 BC 4000년을 더 상회(上廻)하지 못했기 때문이다.

하지만 동북아 만주 요하문명 발상지인 査海와 興隆窪 문화는 BC 6000년대의 문화로서 이곳에서는 北京猿人과도 같은 직립원인(直立猿人)의 유골이 발견되었고, 구석기, 중석기, 신석기시대를 거치면서 夏家店 동쪽 대능하 상류 査海文化는 BC 6000년대 고대인들의 주거지가 査海 55곳, 興隆窪 175곳이 발견되었다.

그 주거지의 집터는 18평이었는데 그중에 가장 큰 2개는 42평 규모다. 마을 중앙에 두 개의 집터는 제천사상(祭天思想)의 종교의식을 행했던 곳 같고, 그들 거주지의 방에는 취사용구와 생산도구가 있고 빗살무늬토기도 발견되었다는데 이 빗살무늬토기는 韓民族 석기시대의 대표적 유물이다. 이들 고대인들은 경천사상으로 하늘에 제사 지냈던 사람들이었기에 인간사후세계를 믿었던 사람들의 석관묘 유적이 있다.

興隆窪 문화에서 주목되는 것은 BC 6000년경 최고대 문명으로서 환웅천왕 전후 시대였을 것이라고 보이는데 우리 고대조선(檀君朝鮮) 민족의 역사는 세계 최고대 역사로 만년 역사를 지닌 민족임이 밝혀지고 있다.

그러나 이러한 문화유적은 어디까지나 유적들뿐인 것이고 이러한 遺跡을 남긴 사람들의 역사에 대한 문헌사료로 나타나고 있는 것이 환단고기 증언 환웅으로 인한 開天 역사가 나타나고 있는데 이 문제에 관해서는 연구가 더 진행되어야 할 것으로 보인다.

## (2) 紅山文化 BC 4500年

그다음은 대능하(大凌河)의 지류인 노호산하(老虎山河)가 흐르고 있는 초모산(草帽山) 유적이다. BC 4500년경 초모산 3층 제단과 무덤이 모여 있고 건축 터전이 발견되었는데 유적의 제2지점에서 석관묘 7기와, 짐승 뼈로 만든 피리(骨笛)와 도끼 표면에 십자로 읽을 수 있는 부호문자가 있다.

중국의 은나라에서 발견된 갑골문자(甲骨文字)를 이날까지의 많은 사람들이 황하문명인들이 창작한 갑골문자라고 인식해 왔다.

그러나 중국 갑골문자의 원형은 중국의 황하문명에서는 찾을 수가 없고 요하일대의 홍산문화인들이 지금 중국의 황하와 회수지방 일대로 진출하면서 비롯된 갑골문자임이 입증되기에 이르렀다.

이러한 중국에서 갑골문자가 두드러지게 나타난 것은 은나라 23대 왕이던 殷武丁(BC 1339~1280) 이전의 홍산문화(BC 4500)인들이 일찍이 황하유역 및 淮垈一帶로 이동했던 데서 갑골문자의 원형을 찾을 수가 있는 것은 홍산인들의 부호문자에서 갑골문자의 원형을 찾을 수가 있다는 것을 밝힌다.

그리고 원형제단 가운데 사각형의 대형 석관묘와 대량의 토기들이 무덤 주변에서 발견되었는데 이러한 형식의 장례모습은 興隆窪 문화에서도 보이며 이러한 문화가 한반도에 전해진 것이 석관묘다. 그리고 老虎山 지역의 小古力吐 유적에서도 초모산과 같은 제단과 석판으로 쌓은 형식의 돌 건축물을 발견했다.

이상에서 설명한 부분은 赤峰, 凌源, 建平, 朝陽 지역에서 유적들이 발견되는데 약 5,000개나 된다. 홍산문화에서는 신석기 유물과 적석묘를 발견하고 대량의 細石器를 위시한 紅陶와 彩陶와 동물 뼈·옥구슬·골기 그리고 집터와 아궁이 터를 발견했다.

<그림 7> 遼河文明이 傳해진 古代 中原

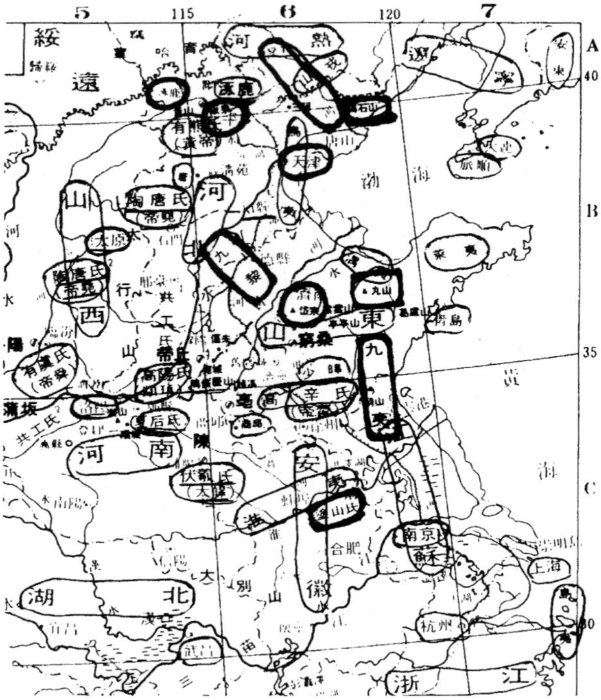

그런데 여기에서 우리 앞에 홍산문화가 주목되는 것은 중국학계가 1970년
대까지 홍산문화는 중국변방 漢族들의 세석기문화로만 취급해 왔다는 점이다.

그러나 이 홍산문화는 서역 티베트(Tibet) 지방으로부터 이동해 온 漢族의
문화가 아니라 동이족 주류의 문화로서 삼국유사가 신화로만 취급해 왔던
환웅천왕시대 홍산문화 유적·유물들이 아니었다고 부인할 근거를 찾기가
어렵다는 것을 밝힌다.

山海經卷十八海內經  東海(黃海)之內  北海(渤海)之隅  有國名曰朝鮮

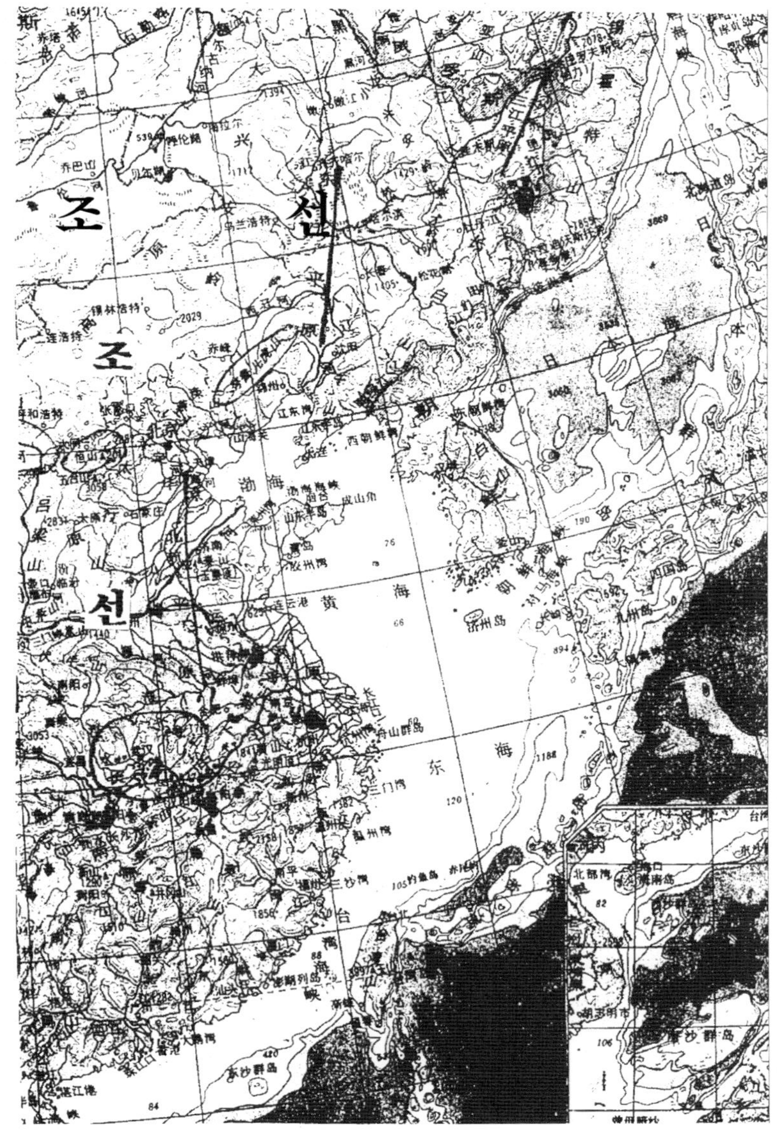


　그 이유는 홍산문화는 중국의 학계에서 황하문명과는 전연 다른 고대 동이의 문화임을 인정할 수밖에 없는 것은 중국의 황하문명에서는 홍산문화처럼의 대량 玉器具들이 발견된 바가 없다.

그러므로 중국학계도 그들이 싫든 좋든 할 것 없이 BC 6000년대의 중국 한족의 문화와는 다른 査海·興隆窪 문화와 홍산문화를 어쩔 수 없이 동이문화로 인정할 수밖에 없는 증거가 중국의 정사인 사기와 고대 중국의 지리서인 산해경이 황하문명 이전의 동이족 문명임을 증언하고 있기 때문이다.


## (3) 夏家店 文化 BC 2500년 檀君朝鮮 입증


2007년 3월 발행 국사교과서는 BC 2300년의 단군조선은 역사 아닌 신화라고 단정한다. BC 10세기 이후 청동기문화의 발전과 함께 우리 민족 최초 국가로 건국된 것은 요령중심 고조선이다. 이와 같은 사실은 비파형동검 출토 분포로 알 수 있다.

단군 이야기는 우리 민족 시조 신화로 알려져 있다. 어떤 요소는 후대에 첨가되기도 하고 때로는 없어지기도 했다. 단군기록은 BC 10세기 후 청동기문화를 배경으로 고조선 성립의 역사적 사실을 반영하고 있다(2007년 3월 발행 국사교과서 32~33쪽)는 국사다.

이렇게 볼 때 현행국사학계는 우리 민족이 동이족임을 인정하는지 부인하는지 알 수가 없다. 왜냐하면 동이족 역사의 기원은 BC 6000년경부터 대능하 상류 査海·興隆窪 문화와 요하 상류 夏家店 문화가 우리 민족 동이역사를 입증하고 있다. 이것은 객관적 사서들인 중국의 사기와 고대 중국 지리서인 산해경이 동이족의 기원을 만주 불함산(백두산) 문화임을 입증하는 증언들이기 때문이다.

여기에서 우리가 각별히 유념해야 하는 것은 BC 2300년의 단군조선 건국의 문헌사료 앞의 BC 2500년경의 夏家店 문화유적은 단군조선시대를 입증하는 夏家店 하층문화가 아니라고 부인할 근거를 찾을 수가 없다는 데 유의해야 한다.

그럼에도 불구하고 국사학계는 고조선은 위만조선에 이르기까지 사료가 없다는 주장이지만 중국의 객관적 사서들 20여 종 사서들이 4,300년 전의 단군조선으로부터 위만조선에 이르기까지의 고조선 증언이 20여 종이나 되는데 어찌하여 고조선 사료가 없다는 주장인지 알 수가 없다.

왜냐하면 객관적 입장의 중국 사서와 한국 사서 가운데서 증언되어 왔던 조선은 모두가 단군조선으로부터 기인된 조선들이었음을 부인할 근거를 찾을 수가 없기 때문이다. 그러면 이 사실의 확인을 위하여 BC 2500년 夏家店 문화를 구체적으로 살펴보기로 한다.

BC 2500년의 요하 상류 요서의 夏家店 문화는 城子山과 三座店이 대표적 유적지이다. 城子山에는 200여 기의 적석총과 석관묘 그리고 돌로 쌓은 제단 터와 외성과 내성으로 조성된 성벽이 있고 원형석축건물지만 232개나 있음을 확인했다.

거대한 무덤과 제단유적의 규모로 보아서 국가단계의 사회조직이 존재했음을 부인할 수 없게 하는데 내성에는 최고계급이 거주한 건물지가 있는 것으로 보아 단군조선의 형태 유적임이 분명했다.

그리고 활석으로 한 면만 다듬어 삼각형으로 쌓고, 다시 역삼각형으로 쌓은 성벽의 축조방법이 고구려성과 백제성 축성 양식으로 전해지고 있고 덧띠나무토기는 우리 민족의 청동기시대의 대표적 문양들이다.

그리고 삼좌점 유적은 집터와 적석총과 제단 터와 수로가 있었고 정상부에는 성 위의 담들인 치(雉)가 있는 거대한 성벽인데 대규모 전투를 위한 성벽들이다. 이 지점에 夏家店 하층문화와 대규모 성벽들은 단군조선 유적임을 부정하기 어렵다.

이 석성의 특징은 병사들의 추락을 방지하고 적병의 침입을 방어하려 하였다는 것이다. 유적의 전체적 규모는 1만 4,000㎡였고 수십 기의 건물지와 성축원형제단과 13개의 적석총이 있다.

이러한 三座店의 석성은 은나라 23대 武丁이 BC 1291년 제21대 蘇台檀君朝鮮 영지(領地)이던 지금 하북성의 索度와 令支를 침공했던 후에 쌓은 석성으로 보인다. 그 이유는 BC 1300년 전후의 동북아 시대 은나라 武丁의 索度·令支 침입보다 더 큰 전쟁은 있어 본 일이 없기 때문이다.

이 증거로 은나라 武丁의 단군조선 영지(領地) 침입을 당한 이후의 단군조선에는 일대 정변이 일어나 덕치(德治)의 교화(敎化)로만 일관해 오던 단군조선에서 제22대 索弗婁檀君 이후부터 강력한 군사력을 보유하는 단군조선으로 전환되었던 사실을 여실히 입증할 수 있다.

그러하기에 고구려성과 백제성들이 모두 夏家店 문화 유적(단군조선) 축성전통의 계승이었고, 근세조선의 화성과 수원성에까지의 韓民族 축성술 전통이 이어지고 있고, 석성 등에 대한 중국학계의 견해는 요서의 하가점 하층문화는 하·은 왕조와 같은 강력한 국가가 존재했었던 증거라고 분석하고 있다.

이와 같은 하가점의 하층문화를 중국학계 탄소측정연대가 BC 2500～1300년간이라는 것이 단군조선시대 요동·요서 하가점 하층문화의 입증임을 부인하기 어렵다.

사실이 이러한데도 BC 2300년 전의 단군조선은 역사 아닌 신화라고 단정하고 청동기시대를 BC 10세기 이후부터라면서 우리 민족 최초의 국가가 BC 10세기 이후 청동기 유물인 비파형동검이 출토된 요령지방 고조선이 우리 민족 최초국가라는 국사(2002년 발행 고교국사교과서 29쪽)는 너무도 상고사에 대해 무지하다고 할 수 있다.

그런데도 2008년 8월 8일 국사편찬위원회의 단군조선에 관한 답변은 BC 10세기 후의 환웅이 자기부족 우월성을 과시하고 홍익인간 통치이념을 내세워 자신들 권리를 세우려 했다는 국사기술은 이기적 동물심리에 의거했던 기술이라고 말할 수 없다는 것이다.

이것은 국사편찬위원회가 인간심리학을 너무도 모르는 답변임을 지적하지 않을 수 없다. 왜냐하면 동서고금 할 것 없이 인간에게는 동물본능작용의 동물심리작용뿐 아닌 동물의 본능작용과는 그 차원을 전연 달리하는 이성작용의 양심작용을 하는 심리가 있다.

그런데도 인간 자신을 자랑(誇示)하고 권위를 세우려 하는 심리작용은 인간본성 이성작용의 양심적인 심리작용에서 기인되는 것이 아니라 어디까지나 동물적 인간본능의 동물심리에서 기인되는 심리작용이라는 것을 국사편찬위원회가 모르는 심리학 무지에서 기인된 답변임을 밝히면서 聖人과 庶人이 구별되는 所以가 여기에 있음을 밝히는 바이다.

그리고 현재 국사교과서 단군 기록은 청동기(BC 10세기 전후)시대 환웅과 단군이었다고 기술(2002년 고교국사 35쪽)되어 있는데 이 답변 ③은 서기 2,300년 전 단군조선을 국사교과서에서 인정하는 것처럼 糊塗(obscuration)하게 국사를 기만하는 답변임을 지적하는 바이다.


## (4) 『東北通史』가 밝히는 考古學 성과

1919년 북경지질조사소 朱庭祐 技士가 熱河地方과 奉天地方에서 석기(石器) 여러 종을 채집하였고 미국인 앤더슨(Anderson)이 1921년에 봉천 錦西縣에서 선사시대 유물을 발굴하여 중국 하남성 仰韶村의 것과 비교해 보니 동시대의 동일문화권 유적임을 확인했다(동북통사, 129쪽)고 한다.

석기로는 돌칼·돌도끼·돌송곳·돌창·돌살촉·돌구슬·돌원판 조각 등이 있었고 도기(陶器)로는 단색과 채색이 아울러 있었는데 骨器로는 骨針과 貝器로는 貝環과 貝瑗과 사람 뼈와 짐승 뼈 등의 유물을 채집했다(地質彙報 第5號册).

블랙(Davidson Black)의 연구보고는 仰韶人들의 체질과 하북·요동지방인 체질이 같은 계파라는 결론을 내리고 중국 서역 甘肅 지방인들 체질과도 비슷하다고 하고 仰韶人과 甘肅人과 華北人과의 체질이 비슷하니 아세아 嫡派人種이라 보인다(동북통사, 130쪽)고 한다.

대체로 봉천·하남·감숙에서 발견된 기물들 모두가 대략 3,000여 년 전의 것으로 추정되니 서력기원전 伏羲로부터 黃帝 이전의 유물들이라고 보는 것은 신빙성이 있다.

그러므로 漢族이 서성의 티베트(Tibet) 지역에서 이주한 시기가 4,000여년 전이니 黃帝가 漢族의 우두머리가 되어 중원 땅의 원주민이던 苗族(東夷·九夷族)과의 싸움에서 漢族이 승리하여 중국 땅을 차지했다는 주장이다(동북통사, 131쪽).

『동북통사』의 이 주장은 사기오제본기와 중국 최고대지리서 산해경 증언의 黃帝와 蚩尤와의 涿鹿전쟁에서 漢族의 우두머리라는 黃帝가 승리하고 九夷九黎族의 군주였다는 치우가 패배했다는 사기의 기록을 인용한 것으로 보인다. 그러므로 사마천 사기의 黃帝·蚩尤 대전기록 치우패배는 역사조작임이 여실히 입증된다.

그 증거가 黃帝가 동이족인 숙신족 출신이 아닌 서역에서 이동해 온 漢族의 우두머리(祖上)라는 역사적 증거가 없고 도리어 중국 최고대 사서인 사기오제본기에 황제는 옛 魯나라 曲阜縣의 壽丘에서 출생한 동이임을 正義의 注가 밝히고 있다.

> 史記卷一五帝本記 黃帝者 正義注 生黃帝於壽丘 在魯東門之北 今在兗州曲阜縣
> 六十里……以其本是 有熊國君之子 都軒轅之丘 因以爲名

사실이 이러한데도 동북공정 이론의 초석이 되어 있는 김육불 저『동북통사』는 黃帝는 치우의 세력을 당해 내지 못했다는 사기의 기록을 묵살하고 黃帝가 치우를 승리함으로써 고대 중국 땅을 漢族이 차지했다는 역사의 왜곡을 보는 바이다. 그러므로 이 사실에 관련되는 원문들을 전재하는 바이다.

① 史記五帝本記 北山戎發肅愼 肅愼東夷 索隱 此言 帝舜之德 皆撫及四方夷人 故先以撫字 總之北發 漢書云 北發肅愼國名……自黃帝至舜禹 皆同姓而 異其國號 以章明德
② 史記五帝本記 軒轅之時 神農氏世衰 而蚩尤最强莫能伐 集解應劭曰 蚩尤古天子也 管子曰 蚩尤受盧山之金而作五兵 獸身人語 銅頭鐵額造五兵 威振天下 萬民欽命 黃帝行天子事 黃帝以不能禁止蚩尤
③ 山海經卷十七大荒北經 大荒地中 有山名曰不咸(白頭山) 有肅愼氏之國
④ 山海經卷七海外西經 肅愼氏之國 在白民 北有樹(人物樹·嫡子樹) 名曰雄 常先八代帝 於此取之
⑤ 山海經十七大荒北經 黃帝乃令應龍攻蚩尤 涿鹿之野 蚩尤請風伯雨師 以縱大風雨
⑥ 後漢書東夷傳 王制云 東方曰夷 夷者柢也(根也) 동양인의 뿌리 증언을 김육불 교수는 모르고 있었음이 입증된다.

## (5) 中國考古學界의 충격

　　1980년대 이후의 중국고고학계는 엄청난 충격에 빠지게 되었는데 그 이유는 중국 삼황·오제로 인한 BC 3000년대 황하문명보다 만주 요동 興隆窪·紅山·夏家店 동이문화가 3,000년이나 앞서는 동북아의 선진동이임이 입증되고 있기 때문이다.

　　그 증거가 경향신문이 '요하문명 코리안 루트(Korean Route)를 찾아서'라는 고고학 답사를 통해서 최근에 요하상류 夏家店 부근에서 興隆窪 유적과 대능하 상류 査海 유적들이 발견되면서 BC 6000년경의 고대문화가 발견됨에 따라 BC 2600년경 중국 殷王朝 殷墟文明보다 무려 3,500여 년이나 앞선 고대동이문화가 요서지방인 夏家店 부근에서 발견되었기 때문이다.

　　여기에 관한 자세한 것은 만주의 요동지방은 東夷文明 발상지라는 제하에서 상론되었지만 여기서는 중국고고학계의 충격만을 밝히는데 충격의 이유는 동북아 만주의 구석기시대에서 중석기·신석기시대를 거치면서 대능하 상류의 査海와 요하상류의 興隆窪 문명은 북쪽은 흑룡강·길림성 그리고 남쪽은 한반도와 서쪽은 하북성과 산동성과 하남의 은허로 뻗어 나간 문화였음이 입증되고 있기 때문이다.

　　그러하기에 중국 정부는 1990년 이후 하·은·주 단대공정의 하왕조 건국연대를 BC 2600년으로 상향 조정했지만 황하문명은 만주 요하문명보다 4,000년이나 뒤떨어진 문화라는 데 충격을 넘어서 당황하고 있다. 그래서 중국정부는 동북공정을 더욱 강하게 주장하면서 중국학계는 고대만주 요하 상류 東夷 하가점 문화를 숱한 격론을 벌인 끝에 대능하 상류의 査海를 중국 최고대 제1村이라고 억지(obstinacy)를 부리기에 이르렀다.

　　그러나 이러한 중국정부 동북공정 억지는 무신론사상을 진리로 신봉함에 따라 인간이성적 양심을 불신하는 양심말살 중국공산당 치하 동북공정이기 때문에 역사의 시간이 가면 갈수록 중국공산당 정부의 양심 부재 정체가 不遠하여 온 천하에 드러날 수밖에 없다는 것을 밝히는 바이다.

　그 이유는 중국의 정사인 사기가 漢族과는 근본적으로 뿌리를 달리하는 동이족의 기원을 만주 백두산이라는 不咸문화가 고대 東夷起源의 고대만주 요동지방 숙신이 동이의 기원이었음을 중국의 사기와 고대 중국 지리서인 산해경이 명백하게 밝혀 놓고 있는 이 사실을 부인하고 동이족 기원지이고 동이족 주거지이던 요하 상류 하가점 문화 발상지인 査海를 중국 漢族의 第一村이라는 주장을 계속해서 할 수가 없다는 사실의 확인을 위하여 중국 사서들 단군조선 증언을 살펴보기로 한다.

국사학계는 4,300년 전의 단군조선은 역사 아닌 신화라고 단정하고 우리 민족 최초국가는 BC 10세기 이후 요령 중심 고조선이라는 국사다. 4,300년 전의 단군조선을 역사 아닌 신화라고 단정하는 국사학계에서 BC 23세기 전후 만주의 역사와 중국의 역사를 국사학계가 인식하고 있으면서 BC 23세기의 단군조선을 역사 아닌 신화라고 단정하는 것이다.

현행국사학계가 BC 23세기 전후의 만주 역사와 중국대륙 역사를 모르고 있으면서 우물 안 개구리처럼 BC 23세기의 단군조선을 역사 아닌 신화라고 일방적으로 단정하는 것인지를 알 수가 없다. 왜냐하면 중국 사서들 동이기원 증언이라는 제하 중국 황하문명은 만주 숙신 동이문명 전수라는 대목에서 만주 동이와 중국 동이와 한반도 동이 역사를 밝힌 바이다.

(2)항 고대 만주 동이문명의 발상이라는 대목에서 고대 요동의 査海·興隆窪 문화는 BC 6000년경의 문화유적으로서 이 문화가 동이문화 유적이었다는 것과, 고대 동이는 만주의 숙신족이 동이였고 通古斯(Tungus)족이었고 오늘 중국 산서성과 하북지방의 산융이었고 동이·숙신·通古斯가 예맥족이었다는 것을 국사학계가 인식하고 있으면서 BC 23세기의 단군조선을 역사 아닌 신화라고 단정하는지 도시 알 수가 없다는 것을 밝힌다.

이와 같이 중국동북공정 대응 재단들인 고구려연구재단과 동북아역사재단 연구논문들을 살펴본 결과 이들 재단들의 연구논문들은 모두가 하나같이 우리 민족의 고조선에 관한 역사관이 반도사관의 역사관임을 확인할 수 있게 되는데 만주대륙으로부터 출발한 역사관들이 아니고 국사학계서 고조선이라는 준왕조선과 위만조선이 반도조선이었다는 반도사관 입각의 논문들뿐이라는 것은 이미 밝히었다.

　그러고 보니 4,300년 전의 단군조선은 역사 아닌 신화라고 단정하고 고조선이라는 준왕조선과 위만조선은 반도조선이었다는 일제의 식민지사관 그대로의 국사의식하에서 4,300년 전의 단군조선은 역사 아닌 신화라고 단정하는 역사 무지의 오류를 범하고 있는 국사학계라는 것은 본서 2장 2절에서와 3절 3.에서 고대만주 및 고대 중국역사 무지에서 기인된 단군조선 신화 단정이라는 대목에서 구체적으로 상론하였으니 참조할 것을 당부한다.

　그뿐 아니다. 현행국사학계가 중국 사서들 증언의 요동예맥조선을 우리의 국사에서 배제하는 것도 제3장 2절 (2)항 요동예맥조선 제하 ①에서 요동예맥조선 국사 배제는 상고사 무지 즉 만주의 부여와 고구려족이 예맥족 역사인데 현행국사대로 요동예맥조선을 우리의 국사에서 배제한다면 중국의 동북공정 주장대로 만주예맥족인 부여역사와 고구려 역사는 반도족과는 무관하다는 중국동북공정을 그대로 인정하는 국사밖에 더 될 것이 없다는 것도 이미 밝힌 바이다.

　그러므로 여기에 현행국사의 문제점이 있다는 것을 분명히 밝힌다. 왜냐하면 현행국사대로 우리 국사가 4,300년 전 만주건국 단군조선을 역사 아닌 신화라고 단정하고 중국 사서들 증언의 요동예맥조선을 우리의 국사에서 배제하고 우리 국사의 반도역사만을 고집하게 되면 중국의 동북공정을 비판하거나 반대할 역사적 근거가 전연 없는 중국의 동북공정을 극복할 수 없는 국사임에서 벗어날 수 없다는 것을 국사학계는 명심할 것을 당부하는 바이다. 그러면 이 사실의 확인을 위해 중국 사서들 속에 나타난 단군조선에 대한 증언을 살펴보기로 한다.

# 1. 中國史書들 속 檀君朝鮮에 대한 증언

## (1) 三國遺事 引用 魏書

魏書云 乃往二千載 有檀君王儉 立都阿斯達(滿洲) 開國號朝鮮 以高唐卽位五十
年庚寅

## (2) 淸代의 四庫全書

四庫全書 鄭若曾撰朝鮮考 朝鮮國近日 本其在東 相傳 堯戊辰歲 有檀君者 居太
白山 朝鮮人奉以爲主 此朝鮮立國

## (3) 桓雄天王의 開天神市 倍達國은 中國 黃帝의 祖國 有熊國의 宗主國

중국 사기에는 중원대륙의 삼황오제 시대가 5백 년이었다고 기술되어 있
고 黃帝는 小典氏의 후손임을 밝히고 있다.

史記五帝本記 八代帝五百餘年 黃帝者小典氏後代之子孫也

그리고 중원 최초의 제왕이라는 황제는 동이 활동의 중심지였던 산동의 유
웅국 소전의 아들이었다는 것과, 유웅국은 제후국이었다는 것을 밝히고 있다.

史記五帝本記 黃帝者 有熊國小典之子 小典者 非人名也 諸侯國號

그렇다면 宗主國이 없는 제후국은 없는 법인데, 유웅국이 어느 나라의 제
후국이었던가 하는 것이 문제가 되지 않을 수 없다. 왜냐하면 중국의 사기

에는 황제가 중원의 첫째 제왕이라고 하고, 황제 이전의 신농의 시대는 쇠하였다고 하기 때문이다.

史記五帝本記 黃帝者爲五帝之首 軒轅之時 神農氏世衰 諸侯相侵伐 於時黃帝乃
用干戈

이렇게 볼 때 환웅(桓雄)의 아들 단군이 아사달에 조선을 건국하기 이전에 인간사 360여를 교화했다는 환웅천왕의 자손은 그때 벌써 구려(九黎)라는 구이(九夷)로 번성(繁盛)했던 것을 알 수 있다.

그런데 환웅의 역사에서 웅졸(雄卒) 3천 명을 거느리고 태백이라는 백두산 쪽으로 내려와 신시(神市)를 개설하고 인간사 360여를 교화했다는 환웅의 시대는 興隆窪文化 BC 6000년 및 紅山文化 BC 4500년간의 역사가 아니었다고 부정하고 나설 근거를 찾을 수가 없다.

그렇다면 여기에서 간과(看過)할 수 없는 것은 구려 군주이던 치우와 황제가 탁록[北京 附近]에서 싸웠을 때, 치우가 환웅천왕 치하의 풍백과 우사의 도움을 받아 黃帝 편에 태풍과 폭우가 쏟아지게 했다는 사실이 주목된다.

史記五帝本記 黃帝遂畫蚩尤 山海經云 黃帝令應龍攻蚩尤 蚩尤請風伯雨師 以從
大風雨 孔安國曰 九黎君主 蚩尤是也

왜냐하면 중원 최고(最古) 인문지리서인 산해경에서는 중원 삼황오제의 팔대제(八代帝) 모두가 고대만주의 숙신(東夷起源) 출신이었다고 밝히고 있기 때문이다.

山海經海外西經 大荒地中 有山名曰不咸 有肅愼之國 在北白民 有樹(人物樹・嫡
子樹)名曰雄 常先八代帝於此取之

이 같은 사실의 입증은 순(舜)이 東北夷의 肅愼君長인 東方上帝를 알현했다는 북면지도(北面之道)에 관해서 孟子와 咸口蒙과의 대화를 통해서 알 수 있게 된다.

함구몽이 맹자에게 "신하가 임금 대하는 도리를 묻기를 순임금이 천자의 위에 올라 남쪽을 향해 좌정(坐定)하시니 천자의 위를 순에게 물려준 요임금 께서 여러 제후 장수들과 함께 순임금이 좌정해 있는 북쪽을 향하여 조회를 하였다는데"라고 하니 맹자가 말하기를 "그것은 군자의 말이 아니고 야인들 의 말이다. 왜냐하면 요임금이 늙어서 순임금이 제위를 물려받았음이니라." 고 했다.

　　孟子萬章上 咸口蒙問曰 舜南面而坐 堯帥諸侯 北面而朝之 孟子曰 否此 非君子
　　野人之言 堯老而舜攝也

이와 같은 北面之道에 關해서 진서 왕희지전에 사람이 어리석게 임금 섬 기지를 아니함을 큰 수치로 여겼는데 사람이 北面之道 행하는 것을 어찌 꺼릴 수가 있겠느냐 했음을 밝히고 있다.

　　晋書卷八 王羲之傳 論時事曰 故人羞恥不爲君 北面之道 豈不願尊其所乎

그러므로 이 문제는 단군조선의 외치라는 대목에서 밝히겠지만 아무튼 黃 帝의 조국인 유웅국의 종주국은 동이의 조상인 환웅천왕의 나라 倍達國이 아니었다고 부인할 근거를 찾기가 어렵다.

산해경의 증언대로 고대 중원의 삼황오제 모두 정통 동이의 나라인 숙신 (東夷起源)으로부터 배출되었으며, 그들의 종주국은 환웅천왕 신시 개천 이래 의 배달국이 아닐 수 없고 그 후는 배달국을 계승한 정통 동이 단군의 나라 숙신조선이었다는 것은 더 말할 것이 없다.

이렇게 볼 때 황제(黃帝)의 조국인 유웅국의 종주국은 동이의 조상인 환웅 천왕의 나라 倍達國이 아니라고 부인할 근거가 없다. 사기의, 중원 천자가 치우(蚩尤)이냐 아니냐 하는 시비가 바로 이러한 사실을 입증한다.

史記五帝本記  蚩尤最爲强莫能伐  應劭曰  蚩尤古天子也  索隱  按此蚩尤最暴則
蚩尤非天子也


우리는 단군 건국이 요(堯)임금 때인 것으로 알고 있다. 그러나 이러한 견
해는 위서(魏書)를 인용했던 삼국유사에 의거하는 견해인데, 우리는 단군의
건국연조가 堯戊辰年 이전일 수도 있다는 가능성을 배제할 수 없다.

그 이유는 사기와 산해경이 말하는 숙신은 조선의 음사표기(朝鮮音寫表記)
라는 것을 감안한다면 중원의 삼황오제를 배출한 숙신이고, 치우에게 풍백
과 우사를 보내어 도움을 주었던 숙신이고 보면 단군의 건국은 우리가 알고
있는 건국보다 훨씬 앞섰을 것이라는 의문(疑問)을 갖게 된다.

왜냐하면 산해경의 기록뿐 아니라 죽서기년에 나타나는 숙신은 순 대(舜
代)에 이미 단군 조선의 명물이던 단궁(檀弓)과 고시(枯矢)를 중원으로 수출했
던 국력이었고 보면 그러한 국력을 지녔던 나라의 건국이 고작 요임금 때였
던가 하는 의문을 지울 수 없다.


竹書記年卷之一  虞舜二十五年  肅愼氏來朝貢弓矢


그러나 이 문제는 확실한 사료가 없으니 이 정도의 문제 제기로만 그치는
것이지만 아무튼 단군의 모친 웅녀는 황제의 조국인 유웅국의 왕녀가 아니
었다고 부인할 근거를 찾을 수가 없다는 것을 분명히 말해 둔다.

〈그림 9〉 三危太白 東夷와 西夷

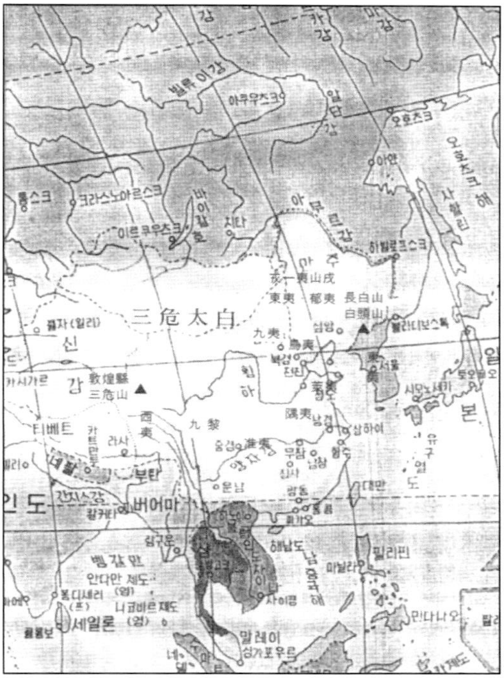

## (4) 中國史書들 朝鮮國家稱起源 檀君朝鮮

　　단군조선에 관한 증언은 고기를 인용했던 삼국유사와 중국 삼국시대 위서와 청대의 사고전서가 이구동성으로 요무진년(堯戊辰年)에 단군이 태백산이라는 백두산 서남쪽의 요동지방을 중심 삼고 조선을 개국했음을 증언하고 있다(興隆窪 문화의 유적이 BC 6000년경이고 홍산문화는 BC 4500년이고 夏家店 하층문화는 BC 2500년 참조).

　　단군이 조선을 건국했던 곳인 백두산 남서쪽의 요동지방은 동이족 기원 숙신의 중심지로서 서기전 6000년부터 동이 문명이 떨치고 일어났던 곳이기도 한데 이 유적은 遼河上流의 查海 및 興隆窪·夏家店 下層文化로 무문토기, 빗살문토기 더 나아가서는 黑陶土器 등이 있고 고인돌 지석묘뿐 아닌 비파형동검문화는 蘇台檀君 이후 索弗婁단군으로부터 출발한 후기 단군 조선 시대 문화일 것이라 추정된다.

그러고 보면 단군조선은 나라 안이나 나라 밖인 국내외 할 것 없이 조선 국가칭의 기원이 된다. 그러므로 중국의 사서들이나 지리서 등에 나타나는 조선기록들은 모두가 단군조선에서 기인된 조선국가칭들임을 부인하기 어렵다는 것을 밝힌다. 그럼에도 불구하고 국사학계에서 중국 사서들과 지리서들이 증언하는 조선국가칭들이 단군조선과 무관한 조선이라고 주장하려면 그 조선들 국가칭 기원을 밝혀야 한다는 것을 촉구하지 않을 수 없다.

그 증거로 삼국유사 인용의 위서와 청대의 사고전서는 단군조선을 직접 증언한 사서들이지만 사기송미자세가 증언의 箕子去之朝鮮과 산해경 증언의 東海(黃海)之內 北海(渤海) 쪽 조선 증언과 管子發朝鮮 증언과 사기흉노전 산서성 상곡 이동 예맥조선과 사기소진열전 연동요동조선과 사기진시황본기 발해 남쪽 山東登州로부터의 동북요동조선 등이 단군조선과 무관한 조선이었다고 국사학계에서 주장하려면 그 조선국가 기원들을 국사학계는 밝혀야 한다는 것을 강력히 촉구하는 바이다.

산동지방 嘉祥縣 武梁詞堂 벽화가 이 사실을 입증하는 것이 그 벽화에 환웅시대의 운사와 우사 모습이 그려져 있고 웅녀의 조국이라고 할 수 있는 유웅국이 산동지방에 있다. 그리고 환단고기 元董仲 撰의 삼성기하에 일대 환인을 赫胥桓雄이라고 하는데 중국 고전 莊子에 赫胥帝王의 이름이 나타나 있고 역대 神仙通鑑에는 赫天帝王이라는 이름이 보인다.

그러므로 장자의 赫胥나 역대 신선통감의 赫天이나 환단고기 元董仲 撰 삼성경의 赫胥桓仁 등이 단군조선과 전연 무관하다고 볼 수가 있겠는지 의문이 된다. 이 문제에 관해서는 환단고기 위서(僞書) 검증이라는 대목에서 논할 것이기에 더 이상의 논급은 유보하는 바이지만 아무튼 4,300년 전의 단군조선의 건국은 환웅시대 말기였음은 재론의 여지가 없는 것이라 하겠다.

① 三國遺事引用 魏書云 乃往二千載 有檀君王儉 開國號朝鮮 立都阿斯達 以高
　　唐卽位五十年庚寅

② 四庫全書 鄭若曾撰朝鮮考 朝鮮國近日 本以其在東 相傳 堯戊辰歲有檀君者
　居太白山 朝鮮人奉以爲主 此朝鮮立國
③ 山海經卷十八海内經 東海之内 北海之隅 有國名曰朝鮮 天毒其人水居 偎人
　愛之 四海之内 流沙之中塈市
④ 孟子卷八離婁下 孟子曰 太公辟紂 東海之濱 伯夷辟紂 北海之濱 증언
⑤ 四庫全書 山海經卷十八 廣注 東海之内 北海之隅 有國名曰朝鮮 吳任臣案
　錢溥朝鮮國志 朝鮮有三種 檀君朝鮮・箕子朝鮮・衛滿朝鮮 考箕子封朝鮮四
　十一代孫至準王 凡九百二十八年而失國于衛滿


　그러므로 나라 안이나 나라 밖이나 할 것 없이 조선의 국가칭 기원은 단
군조선에서 기인된 조선국가칭들이라고 한다면 중국 고대지리서인『산해경』
에 중국대륙 동해라는 황해내륙과 북해라는 발해내륙 모두가 상고대의 조선
이었다는 증언인데 이러한 조선 사람들은 홍익인간정신으로 서로 사랑하는
고대조선인들이었음이 확인되는 바이다.


## (5) 檀君朝鮮 弘益人間敎化 眞聖人政治


　단군조선은 홍익인간정신으로 건국되었음을 모르는 사람이 없다. 그러기
에 단군조선은 폭력 또는 무력의 정복국가가 아닌 홍익인간정신의 교화국가
로서 진시황 때까지 고대 중국의 종주국이 단군조선이었다는 것은 중국최고
대사인 사기오제본기의 증언이다.
　단군조선은 홍익인간정신 교화국으로서 진성인정치로 교화했던 교화국이
었다는 것을 史記卷一 오제본기와 사기진본기가 입증하고 있다. 사기오제
본기에 드디어 舜임금이 동방의 上帝라는 단군을 배알(拜謁)하고 도량형과
법률제도의 五禮를 전수받았다는 증언이다.


　史記卷一五帝本記 舜遂類於上帝 東巡狩 舜乃遂見東方君長(上帝) 同律度量衡
　修五禮

이 사실의 입증이 환웅천왕이 降於太白하여 신시를 개설했던 환웅을 중
국인이 숙신족의 조상이었음을 증언하고 있을 뿐 아니라 舜임금은 숙신으
로부터 교화받은 덕으로 사방의 夷들을 어루만졌다는 증언이다.

그런데도 舜이 동이(맹자 증언)였음을 모르는 사람들은 舜類於上帝 東巡狩
舜乃遂見 東方上帝인 단군으로부터 도량형과 오례 등을 전수받은 것은 동
방상제였던 단군으로부터 전수받은 문물의 문화였음을 까마득하게 모르고
있다. 이 문제에 관한 구체적인 것은 단군조선의 외치라는 대목에서 상론하
게 될 것이다.

바꾸어 말하면 상고대의 단군조선은 인면수심의 인간들 약육강식법칙의
폭력적 힘에만 의거했던 폭력적 정복국가의 영토개념과는 전연 그 차원을
달리하는 홍익인간 통치이념의 교화국가가 고대 만주 백두산과 중국 감숙성
삼위산 사이의 삼위태백 교화국가가 단군조선의 진면목이었다는 것을 현행
국사학계는 전연 인식하지 못함을 밝히는 바이다.

① 史記五帝本記　山戎發肅愼東夷　此言帝舜之德　皆撫及四方夷人　故先以撫字
　　總之北發　漢書此北方國名
② 後漢書卷百十五東夷傳　王制云　東方曰夷　夷者柢(根)也　言仁而好生　天性柔順
　　易以道御　至有君子不死之國　故孔欲居九夷……中國失禮求之四夷者也
③ 書經　夏書禹貢　東漸於海　西被於流沙　朔南暨　聲敎訖於四海
④ 三國志魏志卷三十東夷傳　書稱東漸於海　西被於流沙　其九服(九夷)之制　可得
　　而言也……自虞暨周　東夷有肅愼之貢　皆曠世而至　其邈遠也

그러하기에 단군조선의 홍익인간 진성인정치(眞聖人政治) 체제는 이심전심
(以心傳心)으로 모든 인간들에게 자율적으로 홍익인간 외인애지(偎人愛之)의 도
덕과 윤리가 전파되었던 시대로서, 단군조선의 홍익인간 동이정신이 동북아
뿐 아닌 중원대륙 전 지역으로 확산되었음을 서경과 사기와 삼국지 동이전
을 통해 알 수 있다.

예맥조선이라고 일컬어지는 단군조선은 중앙집권적 강제가 없는 각 부족
국가들 자율적 자치제 제후국들이었다는 것을 인식해야 한다. 그러하기에

단군조선이자 예맥조선은 국가의 실체는 있었지만 통치세력은 보기가 어려웠던 이유가 바로 단군의 교화를 입은 각 부족들 자치제의 국가였기 때문이었음을 알아야 한다.

여기에 그 실증의 증거가 단군조선의 숙신족을 중국인들이 산융·숙신·동이·동호·융이라고 했는데 이들은 단군조선 홍익인간 교화에 따른 각 부족들 자치제 국가였기에 사기오제본기에 단군조선 부족국가이던 고죽국을 중국인들이 산융이라고 일컬어 왔던 것이다.

① 史記卷一五帝本記　山戎發肅愼　東夷·長夷·鳥夷
② 史記卷五秦本記　齊桓公伐山戎　次于孤竹
③ 史記卷百十匈奴傳　燕東北有東胡　山戎自有君長　往往而聚者　百有餘戎

그러므로 상고대 중국 지리서인 산해경 증언 東海(黃海)之內　北海(渤海)之隅朝鮮 하북지방 단군조선 부족국가이던 숙신산융의 융왕이 진나라의 무공(BC 659~621)이 현자라는 소문을 듣고 유여를 진의 사신으로 보내었을 때 진의 무공이 자신의 궁실에 모아 두었던 진귀한 물건들을 자랑삼아 보여 주었을 때 융왕 사신 유여가 말하기를 이 모두가 귀신을 시켜 모았으면 귀신들 수고가 많았겠고 사람을 시켜 모은 것이면 백성들 노고가 크겠다 하니 무공이 의아해하며 융왕 사신 유여께 묻기를

"중국에는 시서와 예악과 법도가 있어서 백성을 다스려도 난리가 끊이지 아니하는데 융의 나라는 이러한 것이 없으니 백성 다스리기가 심히 어렵지 않겠느냐"고 함에, 융왕 사신 유여가 웃으며 대답하기를 "융의 나라의 윗사람은 아랫사람을 덕으로 대우하고 아랫사람은 충성과 신의로 윗사람을 섬긴다고 하고 나라의 정치를 한 몸 다스림같이 한다고 하고 이것이 진성인의 정치"라고 일러 주었다.

④ 史記卷五秦本記　戎王聞秦繆公賢　使由余秦觀　秦繆公示以宮室　積聚　由余曰
　　使鬼神之則勞神矣　使人爲之亦苦民矣　秦繆公怪之問曰　中國以詩書禮樂法度
　　爲政　然尙時亂　今戎夷無此　何以爲治　不亦難乎　由余笑曰　夫戎夷上含淳德以

遇其下 下懷忠信而事其上 一國之政猶一身之治 此眞聖人之治也


## (ε) 檀君朝鮮 內治의 稅制


단군조선 세제는 제8세 干西翰 단군 때 二十分之一 세제를 정하셨던 것인데 중국의 춘추전국시대 맹자(BC 372~289)는 하북·요서·요동과 만주대륙에 고대 동이 예맥족의 세제를 증언하기를 중국의 성인이었다는 요순시대 세제는 十分之一 세제였는데 숙신예맥족의 세제는 二十分之一 세제였다는 증언이었다.

그러므로 맹자가 증언한 예맥은 산해경 증언의 동해(黃海) 내륙과 북해(渤海) 내륙 동이예맥조선 배달족 세제의 증언이었음은 재론할 것이 없다. 그러나 전국시대까지의 중국인은 상고대의 한반도 조선족은 인식하지도 못했던 시대였음을 밝힌다.

> ① 孟子卷十二告子下 白圭曰 吾欲二十而取一何如 孟子曰 子之道貉道也 什一
>    而取堯舜之道也 欲輕之於堯舜之道者貉也 二什而取一足也 無宮室 無城郭


이러한 단군조선이자 예맥조선의 세제는 백성 사랑하기를 통치자 자신을 사랑하는 것같이 했던 홍익인간 외인애지(偎人愛之) 진성인(眞聖人)정치였기에 백성들 피땀의 세금을 짜내어 화려한 궁전 따위를 짓는 일이 없었을 뿐 아니라 단군조선이자 예맥조선은 전쟁을 위한 성곽 따위도 쌓지를 아니하였다는 것이 맹자의 증언이었다.

단군조선이자 예맥조선은 중앙집권적 강제가 없는 각 부족국가들 자율적 자치제 제후국들이었다는 것을 인식해야 한다. 그러하기에 단군조선이자 예맥조선은 국가의 실체는 있었지만 통치세력은 보기가 어려웠던 이유가 바로 단군의 교화를 입은 각 부족들 자치제의 국가였기 때문이었음을 알아야 한다.

여기에 그 실증의 증거가 단군조선의 숙신족을 중국인들이 산융·숙신·동이·동호·융이라고 했는데 이들은 단군조선 홍익인간 교화에 따른 각

부족들 자치제 국가였기에 史記秦本記에 단군조선 부족국가이던 고죽국을
중국인들이 산융이라고 일컬어 왔던 것이다.

   ② 史記卷一五帝本記  山戎發肅愼  東夷・長夷・鳥夷
   ③ 史記卷五秦本記  齊桓公伐山戎  次于孤竹
   ④ 史記卷百十匈奴傳  燕東北有東胡  山戎自有君長  往往而聚者  百有餘戎
   ⑤ 山海經卷十八海內經  東海之內  北海之隅  有國名曰朝鮮  偎人愛之
   ⑥

상고대 중국 지리서인 산해경 증언 東海之內 北海之隅朝鮮 하북지방 단
군조선 부족국가이던 숙신을 산융이니 동이니 동호니 예맥이니 통고사
(Tungus)니 묘족(苗族)이니 구려(九黎) 또는 구이(九夷)니 오환(烏丸)이니 鮮卑니
하는 등등의 부족칭들이 붙어 왔던 것임을 알아야 한다.

그러나 반도조선 역사밖에 알지 못하는 현행국사학계는 중국대륙의 東海
之內 北海之隅朝鮮을 반도조선과 상관이 없는 것이라고 기자조선 이래의
대륙예맥조선을 우리 국사에서 배제하고 있고, 숙신이니 산융의 융이니 동
호니 예맥이니 통고사(Tungus)니 묘족이니 구려니 구이니 오환 선비 따위는
반도조선족과는 하등의 관계가 없다고 착각한다.

그러므로 우리 민족 고대상고사의 무지를 드러내고 있는 것이 중국 요순
시대 전후의 단군조선을 역사 아닌 신화라고 단정하고 단군조선을 현행국사
에서 배제하고 BC 10세기 이후의 요령중심 고조선이 우리 민족 최초 국가
라고 우리 민족 역사를 일본인 역사보다도 짧은 역사로 만들어 놓고 있는
것이 현행국사임을 보는 바이다.

## 2. 檀君朝鮮 外治

### (1) 檀君朝鮮 堯 · 舜 때의 外治

중국의 황하문명은 고대 만주 숙신이 중원대륙으로 이동했던 사람들의 문화였기에 숙신족 나라를 상제국이라고 했던 고대 중원사람들이었음이 입증된다. 그러하기에 사기권일 오제본기 요임금이 노쇠하여 순이 섭정했을 때

천자 환웅상제의 홍익인간도를 따르기 위해 동쪽을 순회하면서 태종(대륙 동이 중심지의 산동태산)에 이르러 드디어 동방의 상제(단군)를 배알하고 달력과 법도와 도량형과 오례를 전수받았다는 증언이다. 그리고 순이 임금이 된 지 25년에 단군조선의 명물이던 숙신의 단궁을 순에게 제공했었다.

> ① 史記卷一五帝本記 於時帝堯老 命舜攝行天子之政 遂類於上帝 歲二月東巡狩 至於垈宗 遂見東方君長 合時月正日 同律度量衡 修五禮
> ② 竹書記年卷一 虞舜二十五年 肅愼氏來朝貢弓矢

### (2) 檀君朝鮮 夏나라 外治

하나라 우가 임금이 되기 전에 우의 부친이던 곤(鯀)이 요임금으로부터 치수를 명받았으나 치수의 공을 거두지 못한 책임을 졌던 우의 부친 곤(鯀)이었다. 그런데 우 또한 제순으로부터 치수를 명받고는 단군조선으로부터 만주 치수의 비법을 전수받기 위해 단군조선의 만주제후국이던 도산에 장가들었는데 아들 계(啓)가 출생했는데도 그를 돌볼 겨를도 없이 오직 치수법도를 익히는 데만 전심전력했었다는 증언이다.

> ① 桓檀古記 檀君世記 甲戌六十七年 帝遣太子夫婁與虞司空塗山太子傳五行治 水之法勘定國界幽 · 營(幽州 · 營州)定淮岱諸侯置分朝以理之使虞舜監其事

② 書經禹書益稷　予娶于塗山　啓呱呱而泣　予弗子惟荒度土功
③ 史記卷二夏本記　虞傷父鯀功不成受誅　乃勞身焦思　外居十三年過家不敢入
④ 世宗實錄地理志　東史年表　檀君六十七年條　禹王自夫妻　受金簡玉牒　禹會諸
　　侯於塗山
⑤ 史記卷四十九外戚世家　自古受命帝王　及繼體守文之君　非獨内德茂也　蓋亦有
　　外戚之助焉　夏之興也以塗山(索隱　蓋亦有賢后妃外戚之親　以助敎化也　塗山國禹所娶之)
⑥ 前漢書卷九十七上　外戚列傳　自古受命帝王　及繼體守文之君　非獨内德茂也
　　蓋亦有外戚之助焉　夏之興也以塗山

그러므로 하의 우가 치수에 성공했던 것은 단군조선의 도움이었고 그의
건국 역시 단군조선의 제후국이던 도산(塗山)의 도움으로 흥하게 되었음을
사기와 한서 모두가 증언하는 바이다.


## (3) 檀君朝鮮 殷나라 外治

하나라 말기의 걸(桀)왕은 백성을 돌아보지 아니하는 폭군이 되어 천명과
도 같은 단군의 명을 어기고 죄를 짓기에 단군이 보고만 있을 수가 없어서
탕에게 하 걸을 징죄하라고 하명하였다. 드디어 탕이 여러 제후들을 규합하
여 군사를 일으켜 죄 많은 하나라의 걸왕을 타도하고 천명과도 같은 단군조
선의 명령을 받들어 하나라를 빼앗고 은나라를 세웠다는 증언이다.

① 書經尚書湯誓　有夏多罪　天命殛之　予畏上帝　不敢不正……肆台小子　將天命
　　明威不敢赦　上天神后請罪有夏　上天孚佑下民　罪人黜伏
② 史記卷三殷本記　是爲成湯　湯始居亳　湯德之及禽獸　當是時夏桀爲虐政　淫荒
　　而諸侯昆吾氏爲亂　湯乃與帥率諸侯　遂伐桀　今夏多罪　天命殛之率奪夏國

은나라 武丁(BC 1339~1280) 때 하늘 같은 상제국이던 단군조선의 제후국
인 令支와 孤竹을 침공했다가 단군조선의 반격을 받고 물러갔음은 이미 밝
히었다. 그뿐 아니라 武丁의 증손이던 武乙이 無道하여 상제국인 단군조선
에 불복하다가 벼락을 맞아 죽었다는 것이 사기은본기의 증언이다.

史記卷三殷本記  帝武乙無道  爲偶人仰而射之命曰射天  暴雷武乙震死  武乙子太
丁  太丁子帝乙  帝乙長子  微子啓  啓母賤不得嗣  辛母正后辛爲嗣  辛立謂之紂  紂
武乙曾孫也

그런데 단군조선은 요순 때 외치라는 대목에서 단군조선의 유명한 단궁을
제공했다는 그 단궁은 단군조선 자체 수호를 위한 단궁이었다기보다는 수렵
용의 유명한 檀弓들이 단군조선이던 만주와 요동지방에 걸쳐 있었던 단군
조선의 단궁이었다는 사실을 밝힌다.
  이 사실의 증거가 중국고전 관자 증언의 發朝鮮의 虎皮가 유명했다는 사
실과 후한서 동이전에 고대 동이였던 단군조선인들은 활을 잘 쏘아 호랑이
를 잡아 만든 호피가 유명했는데 인접국 사람들이 단궁을 잘 쏘는 朝鮮人
들을 두려워했다는 증언대로 은나라 武丁이 은의 종주국이던 단군조선 제
후국인 令支와 孤竹을 침공했다가 단군조선에 대패했다는 사실이 입증되는
바이다.

管子經重甲  發朝鮮  請文皮毸  服而以爲弊乎
後漢書東夷傳  濊貊人  勇力善射  弩矢用楛  靑石爲鏃  皆施毒中人卽死  隣國畏患

## (4) 檀君朝鮮 周나라 外治

은나라 말기 폭군 주(紂)왕이 이복형인 미자(微子)와 주왕의 친족인 기자가
주왕에게 간하였으나 듣지를 아니함을 상제국의 단군이 보고 주(周)나라 무
왕에게 무기를 제공하면서 단군조선이 상제국으로서 하나라와 은나라에게
명을 내려오던 그 명령을 바꾸어서 주 무왕에게 은나라 폭군 주(紂)왕을 타
도하라고 명령을 고쳐서 내린 것이 주 무왕께 내려진 殷혁명이었음이 입증
되는 바이다.
  그러하기에 주 무왕의 혁명(革命)을 도와서 성공케 했던 주공이 패망 은나
라 다사(多士)들을 향해 한 말이 우리 소국인 주나라가 대국인 은나라 혁명

에 성공한 것은 하늘 같은 상제인 단군이 도왔기 때문임을 역설했음이 이
사실을 재론의 여지없이 입증하고 있는 바이다.

> ① 書經周書泰誓  今商王弗敬上天  降災下民  皇天震怒  命我文考  肅將天威大勳
> 未集  肆以小子發  以爾友邦冢君  觀政于商  惟受罔有悛心  弗事上帝……有罪
> 無罪予曷敢有越厥志  受惟臣億萬惟億萬心  予有臣三千惟一心  商罪貫盈天命
> 誅之  類于上帝  底天之罰  時哉弗可失
> ② 後漢書卷百十五東夷傳  乃武王滅紂  肅愼來獻石砮楛矢
> ③ 書經周書多士  惟三月周公  初于新邑洛  周告商王士  爾殷遺多士  弗吊昊天大
> 降喪于殷  我有周佑命  將天明威敢王罰  勅殷命終于帝  肆爾多士  非我小國敢
> 弋殷命  弼我  秉爲惟天明畏
> ④ 史記卷三殷本記  帝武乙無道  爲偶人仰而射之  命曰射天  暴雷武乙震死  武乙
> 子太丁  太丁子帝乙  帝乙長子  微子啓  啓母賤不得嗣  辛母正后辛爲嗣  辛立謂
> 之紂  紂武乙曾孫也

그런데 우리 민족이 상고사에서 유의해야 하는 것은 단군조선과 예맥조선
은 별개체 국가의 조선이 아닌 이명동체 조선 국가칭이었음을 인식해야 한
다. 그 이유는 단군조선 국가칭은 어디까지나 조선을 건국한 국조 단군을
전제로 하는 조선국가칭이었던 것이다.

그러나 예맥조선 국가칭은 예맥은 민족칭이고 조선은 국가칭인 것인데 중
국인들은 조선을 건국한 국조인 단군을 국가칭 앞의 관사를 붙이지 아니하
고 어디까지나 조선의 주민인 동이이고 예맥을 조선국가칭 앞에 붙였던 것
이 예맥조선이라는 것을 인식해야 한다. 왜냐하면 삼국지 동이전에 동이를
예맥이라고 개칭했다는 증언인데 예맥은 동이의 신조어이고 조선은 예맥의
국가칭이라는 것이 입증되고 있기 때문이다.


## (5) 隣接國들로부터 證據받는 民族史는 韓民族 歷史뿐

이상으로 중국 사서들 단군조선 증언 내용을 살펴보았는데 세계에서 한국
사만이 유례가 없이 인접국으로부터 역사를 증거받는 민족사는 한국민족사

뿐이라는 사실을 분명히 밝힌다.

이 증언이 未信스러우면 세계의 200여 국가 가운데서 한국사처럼 인접국가로부터 객관적인 역사의 증거를 받는 민족사가 세계사 가운데서 어느 민족사가 있는지 살펴보시기 바란다.

이렇게 볼 때 고대의 중국인들은 어찌하여 동이족의 역사를 이다지도 객관적 입장에서 증거할 수가 있었던가 하는 것이 문제가 된다. 여기에는 첫째로 상고대부터 우리 동이족으로부터 중국인들이 영향을 받았다는 사실의 증언과 함께 동이의 역사 이상으로 위대한 민족사는 그 어느 곳에도 없다는 사실을 밝힌다.

그런데 여기에서 참으로 놀랍고 고마운 것은 중국의 사가들이 동이의 역사를 객관적 입장에서 밝혀 놓았다는 것이다. 그에 대해서는 참으로 고마운 마음을 금할 수가 없음을 밝힌다. 왜냐하면 혹자 가운데는 중국인이 우리의 역사를 폄하했다는 사람도 없지 않지만 본 논자가 볼 때는 중국 사가들은 역사를 참으로 객관적 입장에서 정확하게 서술했다는 데 대해 진심으로 경의와 감사를 드리지 않을 수가 없다.

그 이유는 중국인들은 고대로부터 동이의 덕을 높이 평가하고 동이는 고대 아세아의 등불이었다는 사실까지를 중국의 삼국시대 위지의 동이전에서 동이는 천성이 유순하고 천도에 입각하는 백성들이었기에 역사상에 군자가 끊어짐이 없었고 중국에서 예의가 실추되면 동이로부터 예의를 구했다고 할 정도의 양심적인 역사의 서술이었다는 것이 입증되고 있기 때문이다.

이렇게 볼 때 중국의 사가들을 높이 평가하는 것은 그들이 역사를 사실 그대로 솔직하게 기술하고 동이의 덕을 높이 평가하고 고대로부터 조선의 역사를 객관적 입장에서 솔직하게 증거하지를 아니하였더라면 오늘의 우리가 상고대사를 찾을 길이 없다는 것을 감안할 때 중국의 사가들 앞에 진심으로 경의와 감사를 드리지 않을 수 없다.

## (6) 中國史書들 증언 檀君朝鮮 國史로 復元해야 한다

국사학계는 4,300년 전의 단군조선은 역사가 아닌 신화라고 단정하고 국정국사에서 배제하며 요령 중심 고조선이 우리 민족 최초의 국가라고 주장한다는 것은 1장 (1) 현행국사교과서 대목에서 이미 밝힌 바 있다. 이러한 국사의 교과서를 일제의 식민지사관을 탈피한 국사라고 강변하고 있는 것이다.

그렇다면 중국동북공정 극복을 위해서 객관적 중국 사서들이 증언하고 있는 4,300년 전의 단군조선을 국사로 복원해야 한다는 것을 강조하지 않을 수가 없다. 왜냐하면 국사학계는 현행의 국사교과서가 일제의 식민지사관을 탈피한 국사라고 강변하고 있기에 본서는 일제식민지사관 체제와 현행국사 체제가 일치한다는 것을 밝히었다.

그러므로 오늘의 국사학계가 일제의 식민지사관을 탈피한 국사교과서라고 강변을 하려면 객관적 입장에서 중국 고대국가들인 요순시대를 위시해서 하·은·주 왕조 모두가 단군조선의 외치하에 있었고, 고대 중원 하·은·주 왕조들의 종주국이었다고 증언하는 단군조선을 국사로 복원해야 한다는 것을 밝힌다.

왜냐하면 본서 제2장 중국 사서들 동이기원 증언이라는 제하에서 고대 중국의 황하문명은 만주 요동 숙신 동이족의 문화가 전해진 요순 이래의 중국 왕조였다는 증언과 하·은·주의 왕조에 이르기까지의 단군조선 외치까지를 증언한 바이니 이 세상 역사상에 내치와 외치까지 있는 신화는 있을 수가 없다는 것을 부인할 수가 없기 때문이다.

거기에 더하여 고구려·백제의 모국임을 부인할 수 없는 전한 말까지의 부여 역사를 말살하는 국사는 중국 사서들 증언의 부여 역사를 복원해야 한다는 것도 밝힌다.

왜냐하면 1980년대 이후에 발굴된 BC 6000년경 요동대륙의 興隆窪 문화와 紅山 문화와 BC 2500년경의 夏家店 문화 유적들이 단군조선 이전의 동이족 유물과 유적들임이 입증되고 있기 때문이다.

현행국사학계는 단군조선에서 위만조선 사이의 사료가 빈곤하다고 하는데, 객관적 중국 사서들의 단군조선 증언 사료를 위시한 요동대륙조선 증언 사료가 무려 20여 종이나 되는데 왜 사료가 빈곤하다는 것인지를 알 수가 없다.

국사교사용지도서 63쪽에 우리 고대사 연구의 기본이 되는 사서는 중국의 정사인 사기와 한서와 삼국지 동이전이라고 명기한 대로 중국의 사기와 한서와 삼국지 동이전이 이구동성으로 단군조선과 요동조선 증언대로의 단군조선과 요동조선을 국사로 복원하지 않고는 동북공정을 극복할 수 없다는 것을 부인할 수가 없기 때문이다.


## 3. 桓檀古記 僞書檢證


현행국사학계는 환단고기를 僞書라고 사료취급을 하지 아니한다. 그러나 환단고기를 무조건 위서라고 단정하기 어렵다. 그 이유는 신라 眞平王(579~632) 때 왕명에 의해 중국으로 가서 수학했던 도승 安含老는 道를 通했던 사람이었기에 안함로가 撰述했던 三聖記는 道를 통하지 못하는 사람들의 지혜만으로는 깨달을 수 없는 역사적인 비밀들을 밝혀 놓은 부분이 적지 않기 때문이다.

그런데 우리 민족이 유념해야 할 것은 BC 2300년 전의 단군조선도 역사 아닌 신화라고 배격하는 국사학계의 현실 앞에서 단군 이전의 환웅 역사를 밝힌 환단고기가 우리 민족 앞에 나타나지를 않았더라면 오늘의 고고학계에서 BC 6000년경의 요동 査海·興隆窪·紅山文化 유적과 유물들을 발굴했다 하더라도 그 유적과 유물만을 가지고 곧바로 우리 민족사를 역사적으로 정리하기가 어렵다는 사실에 유념해야 한다.

그 이유는 고고학의 유적·유물발굴이라는 것은 BC 6000년경 사람들 생활의 흔적을 찾은 것뿐이지 그 생활 흔적들이 곧바로 국가를 형성하고 당시

인간들을 교화하고 지도했다는 국가가 존재했다는 것을 정리하여 설명할 역사학적 근거를 찾기가 어려운 것이기 때문이다.

이렇게 볼 때 BC 6000년경의 흥륭와 문화나 BC 4500년경의 홍산문화 유적·유물만으로 역사를 서술하기가 어렵기에 환단고기가 우리 민족 앞에 나타나게 된 것이 우리 민족이 일본인에게 국권을 탈취당한 직후이던 1911년에 桂延壽라는 사람에 의해 환인·환웅·단군의 역사가 편찬되어 민족 앞에 나타나게 된 것이 환단고기라는 역사서다.

계연수가 편찬한 이 환단고기는 신라인이던 도승 안함로가 환인·환웅·단군의 역사를 쓴 三聖經上과, 元董仲(정체불명)이 쓴 三聖經下라는 이조 때의 世祖諭示收上書의 목록에 있는 역사서, 고려 말 공민왕(1351~1375) 때 좌정승이었고 문하시중이었던 李嵒이 찬술한 단군세기, 이암의 증손으로 이조 중종 때이던 1520년에 찬수관이었던 李陌 찬술의 태백일사 합본으로 된 것이다.

그렇다고 해서 환단고기 전체가 위작이 없는 역사적 사실뿐이라고 말하기도 어렵다. 그 이유는 첫째, 단군조선은 홍익인간 진리교화의 조선이었는데도 마치 환단고기는 단군조선 초기에서부터 무력의 힘에 의지하고 무력을 행사했다고 되어 있는 부분은 홍익인간 단군조선의 본질과는 어긋난다고 할 수밖에 없음을 밝힌다.

그 증거가 중국사기의 기초가 되었던 서경과 사기와 삼국지 동이전 증언인 東漸於海 西被於流沙 朔南曁 聲敎訖於四海 증언은 만주대륙의 백두산과 중국대륙 삼위산 사이의 九服(九夷)之制 可得而言也 증언대로의 교화였고, 史記卷一五帝本記 증언은 山戎發肅愼 東夷也 舜之德 皆撫及四方夷人과, 三國志東夷傳 東夷天性柔順 易以道御 至有君子不死之國 故孔子欲居九夷 中國失禮求之四夷者也 증언이 바로 檀君古記 桓雄天王 開天神市 倍達國은 敎化之國이었음의 증언이다.

그런데도 환단고기의 단군세가에는 역대 단군들 무력적 정벌이 8차나 기록되어 있고 단군조선 내의 무력반란 또한 6차나 있었다는 것을 볼 때 환단고기가 역사적 진실뿐이라고 보기가 쉽지 아니함을 밝힌다.

그러나 환단고기가 단군조선 이전의 환웅천왕 開天神市 이래의 신화의 베일(veil)을 벗기고 환웅 개천 이전 桓國의 疆域이 天海라는 북해(Baikal湖) 동쪽 땅 넓이가 남북으로 五萬里였고 동서로는 二萬里가 桓國이었다고 하고 桓國의 제후국이 十二個國이나 되었다고 기술되어 있다.

古記云波奈留之山下 有桓因(仁)氏之國 天海以東之地 廣南北五萬里 東西二萬里 摠言桓國 分言則 卑離國·養雲國·寇莫汗國·句茶川國·一羣國·客賢汗國· 句牟額國·賣句餘國·斯納阿國·虞婁國·須密爾國·鮮稗國(一云通古斯國)合十 二國也

그러므로 신라 진평왕(579~632) 때 도승이던 安含老 桓仁·桓雄·檀君의 三聖記와 고려 공민왕(1351~1374) 때의 좌정승이자 문하시중이던 李嵒 찬술의 단군세기에 단군의 모친 熊女는 熊族 출신임을 밝히고 있는데 이 熊族은 史記卷一五帝本記 山東有熊國의 왕녀였음을 부인하기 어려움을 밝힌다.

그 증거가 단군이 15세가 된 후의 단군은 모친 웅녀의 조국이던 有熊國 나라의 裨王이 된 지 25년 후의 40세 때 山東地方의 유웅국으로부터 환웅 천왕이 신시개천하셨던 倍達國인 조국의 阿斯達로 돌아와 백두산 중심의 남북만주 및 요동지방 거민들로부터 추대를 받아 단군이 조선을 건국했다고 밝힌 것은 역사의 진실을 밝힌 것임이 입증된다.

이러한 사실에 관해서 단군세기 6대 단군 達門 때 밝히기를 치우천왕이 靑邱에서 일어나 용맹한 무력으로 명성을 떨치니 淮岱지방이 모두 치우에 게로 돌아왔는데 그 이후 단군왕검께서 대명을 받으니 九桓(九夷)들 모두가 천제의 화신이라고 단군을 받들었더라고 밝히고 있다.

是開天後 蚩尤起靑邱 萬古振武聲 淮岱皆歸 壬儉受大命 懼聲動九桓 一心存仁 孝 四海盡光明

이렇게 볼 때 환단고기에서 말하는 민족의 기원은 단군 이전의 환웅천자 개천신시로부터의 배달민족임이 입증된다. 그러므로 이 문제에 관해서는 환웅천왕 배달국은 중국 黃帝의 조국 유웅국의 종주국이라는 대목에서 밝힌 바이니 더 이상의 논급은 유보하는 바이지만 아무튼 우리 민족 기원이라는 단군으로 인한 조선족은 단군 이전의 환웅천왕으로 인한 배달민족이 우리 민족의 기원임을 밝힌다.


## (1) 安含老 撰 三聖紀 上

우리 桓國의 건국은 우주창조주인 유일신이 있어 하늘에 홀로 계시는 神으로서 밝은 빛을 온 우주에 비추시고 권능으로 천지와 만물이 있게 하셨도다. 천제께서 어느 날 童男童女 팔백 인을 黑水(黑龍江) 白山(白頭山) 땅에 보내시었는데 사람들은 桓仁이라 불렀다. 환인은 일곱 대를 전했지만 그 연대는 알 수가 없다.

吾桓建國　最古有一神在　天爲獨化之神　光明照宇宙　權化生……日降童男童女八
百於　黑水白山之地　桓國　是謂桓仁　傳七世年代　不可考也


그 훗날 환웅씨가 일어나 천신의 뜻을 받들고 백산과 흑수 사이에 내려와 신시를 개설하시고 나라를 배달국이라 부르시고 그 땅을 그어 靑邱라 하시고 天符印으로 主五事를 주관하시고 弘益人間 在世理化하시었다는 배달국이다.

後桓雄氏繼興　奉天神之詔　降于白山黑水之間　劃井地於靑邱　侍天符印　主五事
弘益人間在世理化　立都神市國稱培達……熊氏女爲后　定婚嫁之禮　爲地上最高之
神世祀不絶　神市之季有蚩尤天王　恢拓靑邱　傳十八世　歷一千五百六十五年


그 뒷날 신인(神人) 단군왕검께서 不咸山이라는 백두산 쪽 박달나무가 있는 언덕으로 내려오셨는데 단군의 성품이 신의 덕을 갖춘 어진 성인이셨다. 그러므로 단군은 하늘의 높은 뜻을 이으셨기에 환웅천왕 이래 백성인 九桓

들이 모두 단군을 천제의 화신으로 추대함에 단군왕검이 환웅천왕 이래 신시의 모든 법에 따라 阿斯達에 도읍을 정하시고 조선을 개국하시었다.

後神人王儉  降到于不咸之山  檀木之墟  其至神之德兼聖之仁  乃能承詔繼天而建極  巍蕩惟烈  九桓之民  咸悅誠服  推爲天帝化神而帝之  是爲檀君王儉  復神市舊規  設都阿斯達  開國號朝鮮

## (2) 元董仲 撰 三聖紀 下

인류 시조를 那般과 阿曼이라 하고 인류는 모두가 그의 후손이라는 기록이다.

人類之祖曰那般初與阿曼  夢得天神之敎而  自成婚禮則  九桓之族皆其後也

옛날 환국의 환인께서 천산에 올라 스스로 득도하시고 하늘을 대신하여 백성에게 교화를 베푸시니 백성들 사이에 싸움이 없어졌으며 모두 열심으로 각기의 본분을 다하게 됨에 주리거나 추위에 떠는 백성이 없게 되었다는 天山(동북아 어디 있는 천산인지 소재불명)得道 桓仁으로부터 전해지기를 赫胥桓仁·古是利桓仁·朱于襄桓仁·釋提任桓仁·邱乙利桓仁·智爲利桓仁에 이르렀다.

昔有桓國  初桓仁居于天山  得道生成  代天宣化  使人無兵人皆力作  自無飢寒  傳赫胥桓仁·古是利桓仁·朱于襄桓仁·釋提任桓仁·邱乙利桓仁·至智爲利桓仁

이렇게 볼 때 여기에서 元董仲 撰 三聖記에 인간의 시조가 那般과 阿曼이라고 밝힌 부분이 문제가 된다. 왜냐하면 인간의 역사를 거슬러 올라가는 귀납적 역사 연구의 방법 가지고는 인간의 시조가 누구라는 것을 밝힌다는 것은 전연 불가능한 것이기 때문이다.

그 이유는 인간의 역사는 그 시조를 찾을 수 없는 역사적 인과의 연쇄 속에 있기 때문에 인간의 본성이 성선인지 성악인지 하는 악의 근원을 밝히지를 못하고 있는 것처럼 인간의 시조도 인간 지성적 노력의 역사연구의 방법 가지고는 밝혀낼 수가 없는 문제인 것이다.

그러하기에 인간의 시조에 관해서는 인간을 창조하신 창조주만이 밝힐 수가 있는 것이기에 기독교의 성경 창세기에 인간시조를 아담(Adam)과 하와(Hawwah)라고 계시하고 있는 것처럼의 계시가 아니고서는 인간시조가 누구라는 사실을 밝힐 수가 없는 것이기에 환단고기가 위서논쟁에서 벗어나기 어렵다는 사실을 밝히는 바이다.

그러나 앞에서 환단고기 증언 배달민족 기원 대목에서 이미 밝힌 대로 三聖記上의 撰者 安含老가 道通을 했던 사람이었기에 안함로는 사람들의 지혜만으로는 밝힐 수 없었던 역사적인 비밀을 道通의 靈覺을 통해서 역사적인 비밀을 밝혀 놓은 부분을 부인하기 어려운 것처럼 여기 元董仲 撰의 三聖記下 인간시조 那般과 阿曼을 밝히고 桓國의 역사를 밝힌 원동중 역시 道通한 靈覺으로 밝힌 것이 아닌가 하고 보인다. 그러므로 이 문제에 관해서는 더 깊은 연구의 성찰이 있어야 할 것 같다.


## 4. 李陌 撰 太白逸史

### (1) 李陌의 歷史觀 三神五帝本記

太白逸史를 찬술한 李陌(1494~1544)은 단군세기를 찬술한 李嵒(1351~1388)의 증손이라 하는데 이맥의 洞察力과 이맥 찬술 태백일사의 방대함에 놀라움을 금할 수 없다.

첫째, 태백일사의 분량이 환단고기 전체의 과반이 넘는 분량인데 태백일사의 내용이 천지와 인간을 창조했다는 삼신오제본기로부터 환국본기와 신시본기와 삼한관경본기와 소도경전본훈과 고구려본기와 대진국(발해)본기와 고려본기에 이르기까지 보통 사람의 상상을 뛰어넘는 초인적인 태백일사에는 머리가 숙여진다.

그런데 역사연구로 들어가는 머리말에서 역사연구는 신화와 역사를 분별해야 한다는 것을 밝히었는데 이맥은 인간 역사 배후의 신을 정확히 관찰하고 신의 섭리내용까지를 철학으로 역사를 파악했다는 데는 놀라움을 금할 수 없게 한다.

그다음 신의 세계인 천상세계에는 삼신이 있다고 하고 최고주체의 유일신을 상제로 하는데 삼신이라고 해서 삼신 각각의 신이 따로 있는 것이 아니라 인간세상의 어두움인 비리의 암흑을 물리치기 위한 유일신의 작용으로 삼신이 있게 된다고 했는데 이것을 동양철학적 표현으로는 천신·지신·인신이 삼신이고 서양철학 기독교의 신학적으로는 우주창조 유일신인 聖父·聖子·聖神의 신론을 밝힌 신관에 따른 역사관인 데는 실로 놀라움을 금할 수가 없다.

> 自上界却有三神　卽一上帝主體則爲一神　非各有神也　作用則三神也　三神有引出
> 萬物統治全世界之　無量智能　不見其形體　而坐於最上上之天所居　千萬億土

그다음 인간 역사의 출발이 참된 眞理神 열기(熱氣)가 아닌 거짓되기 그지없는 非理邪神의 열기를 쏟아 내는 그 非理의 열기에 인간 만행만사가 오염되어 있음을 밝히고 인간을 창조한 우주진리신의 진리에 따라야 한다는 것이 강조되어 있다.

> 呵氣以包萬有　射熱以　滋物種　行神以理世　務未有氣而始生

이렇게 볼 때 李陌의 역사관에 놀라움을 금할 수 없는 것은 상고대 원시인간 역사의 출발이 진리를 깨닫지 못한 암흑 원시인간 역사 출발임을 밝힌 것은 실로 놀라움을 금할 수 없는 역사관이다.

그러므로 삼신오제기의 삼신은 우주진리신 작용이 天神(聖父), 地神(眞理聖靈), 人神(人子인 聖子) 作用으로 나타나는 삼신임을 밝히고 오제는 천지기운 가운데 인류에게 비리의 암흑죄를 뒤집어쓰게 만든 살인마인 마귀 肅殺 (Satan Luciel) 黑帝가 있음을 가장 먼저 밝히었다. 그다음 人間眞理成熟神 白帝와, 光明照明神 赤帝와, 人間生養神 靑帝와, 眞理調和神 黃帝 등이 오제임을 밝히고 이것이 五行神의 五靈임을 밝히고 있다.

水使太水居北方  司命尙黑  未有機而始生  火使太火居南方  司命尙赤未有質而始生  木使太木居東方  司命尙靑未有形而始生  金使太金居西方  司命尙白未有體而始生  土使太土居中方  司命尙黃於是  遍在天下者  主五帝司命  是爲天下大將軍也遍在地下者  五靈成效  是爲地下女將軍也

여기에 인간의 역사를 철학적으로 究明한 태백일사가 밝힌 삼신은 우주 진리 윤일불변신을 天一이라 말하는 그 天一은 우주유일진리신인 창조주의 조화를 말하고 地一은 교화를 말하고 太一은 치화를 말하는 것인데 이러한 인간역사를 밝힌 것이 태백일사 삼신오제본기이다.

稽夫  三神  天一造化主  地一敎化主  太一治化主  稽五帝曰黑帝肅殺  赤帝主光熱靑帝主生養  白帝主成熟  黃帝主調和  稽夫五靈

그런데 우리 역사 연구에서 李陌처럼 철학적인 역사관을 지닌 역사학자가 드물다는 것을 밝히지 않을 수 없는데 21세기가 되는 이날까지 인류의 무지는 유신론의 역사관과 무신론이라는 이율배반의 역사관 가운데서 어느 역사관이 정당한 역사관이고 어느 역사관이 부당한 역사관인지조차도 식별하지 못하고 있는 것이 현실임을 부인하기 어렵다.

이렇게 볼 때 환단고기의 삼성기와 태백일사는 우리민족 상고사를 계시로 밝힌 역사가 아닌가 하고 보인다. 이렇게 보는 근거는 일제 해방 이후에 나타나 일본으로까지 건너가 일본어로 번역되기까지 한 환단고기는 1980년대 이후 짧은 기간 동안에 수십만 권이 발매되었다는 것은 결코 우연으로만 보기 어렵다는 사실을 말하지 않을 수가 없다.

이 문제에 관해서는 본서 말미의 3장 6절 동북공정 극복을 위한 국사개정 제하 역사철학 논쟁이 국사논쟁이 되고 있음을 입증함과 한민족의 사명 배달민족 오천 년 수난의 의미 대목을 상고할 것을 권고하는 바이다.


## (2) 古代 滿洲 遼東 査海 · 興隆窪文化와 우리 國史

우리가 역사를 연구함에 있어서 문헌사료와 고고학적 실증사료가 병행되어야 함은 더 말할 것이 없는 바이다. 그러나 이날까지의 역사연구가 고고학적 유물의 뒷받침이 따르지 못한 문헌사학만의 역사연구였음을 부인할 수 없다.

오늘의 연구에서 중국의 정사인 사기가 고대동이의 기원을 고대만주의 백두산이라는 不咸山을 중심 삼은 숙신족이 동이의 기원임을 밝히고 중원대륙 황하문명의 주인이라는 舜의 德이 만주 不咸山(백두산) 중심의 숙신 동이의 德으로부터 舜이 백성을 어루만진 德을 전수받았다는 것을 증언하고 있다는 것은 이미 밝힌 바이다.

거기에 더하여 夏禹의 신하였던 伯益에 의해 찬술되었다는 상고대 중국 지리서인 산해경의 증언 또한 중국의 삼황 · 오제는 만주 숙신의 동이가 중원대륙으로 이동하여 제왕들이 되었다는 증언과 함께 중국사기 오제본기 역시 중국의 동이는 만주숙신 동이의 이동(移動)에 따른 삼황오제의 성이 同姓의 숙신동이였음을 증언하고 다만 나라이름들만 달리했었다는 증언이었다는 것 또한 중국사기 동이기원 증언 대목에서 밝힌 바이다.

그리고 중국 고고학계의 충격이라는 제하에서 이날까지 중국의 황하문명이 중국을 위시한 만주대륙의 동북아 역사에서 최고대 明文이라고 자부해왔던 중국학계에서 1980년대 이래의 요하문명 발굴성과에 크게 충격을 받고 당황하고 있다는 것도 이미 밝힌 바이다.

이날까지 우리 국사학계에서는 BC 2300년 전의 단군조선은 역사 아닌 신화라고 단정하며 단군조선 이전의 동이배달족 역사를 밝힌 환단고기를 위작이라고 외면해 왔다.

하지만 여기에서 재고해야 할 것은 이날까지 BC 2300년 전의 단군조선은 신화라고 하며 위서라고 외면했던 환단고기 태백일사의 환웅천왕시대부터 9,000년에 가까운 역사 증언에 따라 고고학적 유적들이 만주 요동대륙의 대능하와 요하문명이 발굴되었다.

그리고 보면 査海 및 興隆窪 문화가 환웅시대 위시의 단군조선시대 역사의 문헌역사를 입증하는 유적 발굴인 데는 실로 놀라움과 함께 기쁨을 금할 수 없다. 왜냐하면 환단고기 9,000년 문헌역사 증언과 고고학적 요동사해·흥륭와 유적 발굴 9,000년이 일치하기 때문이다.

그 증거가 고대만주요동의 査海에서 北京猿人과 같은 直立猿人의 화석까지가 발견되었고 따라서 요하상류의 문화유적은 구석기시대와 신석기인들 생활용구이던 돌칼과 돌창 그리고 활의 돌촉 또는 짐승 뼈촉 등 유물의 발견은 BC 6000년의 문화유적들임이 입증되고 있으니 흥륭와 문화유적의 집단적 취락을 볼 때 BC 6000년 전에 이미 상당한 문화 수준이었음을 알 수가 있게 한다.

그러므로 이들 집단적 대규모의 취락은 상호 간의 협동을 도모하려던 주서집단으로서 사회적 활동을 했었다는 증거들이 흥륭와 취락유적이었고 紅山文化로 내려오면서는 고도로 발달된 옥제품들뿐 아니라 적성대 박물관 소장의 홍산문화 도기(陶器)들의 세석기 위시의 紅陶·彩陶文化는 국가적 단계의 유물들이 아니라고 단정하기 어려운 유물들임이 입증된다. 그리고 보면 이 문화는 환웅시대 유물들이 아니라고 부인할 근거를 찾기가 어렵다고 보인다.

夏家店文化에서 거대한 성터와 석축성들 유적들을 볼 때 BC 1300년대 은나라 武丁(BC 1339~1280) 八年 단군조선 領域이던 索度와 令支(孤竹) 침공을 받았던 BC 1291년 후 제21대 蘇台檀君에서 22대 索弗婁檀君(BC 1285~1238)으로 왕조가 교체된 후의 건축물임을 부인할 수 없다.

그 증거가 夏家店文化의 城子山과 三座店 등의 석성 등은 단군조선 중기 유적들임이 입증된다. 왜냐하면 동북아의 역사상에서 단군조선이 은나라 武丁으로부터 침공당했던 것보다 더 큰 전쟁은 일찍이 일어난 일이 없기 때문이다.

만의 하나 이 증언에 이의가 있는 국사학자로서 단군조선은 역사 아닌 신화일 뿐이라고 단정하는 국사학계는 BC 6000년 요하상류와 대능하 상류 查海 및 興隆窪 문화 유적 및 紅山文化를 거쳐 내려온 BC 2500년 전후의 夏家店 문화유적과 유물들이 어느 민족 문화의 유적이고 유물이라고 국사학계는 보는 것인지 밝혀야 한다는 것을 지적한다.

왜냐하면 오늘의 국사학계가 BC 6000년 전의 요동지방 査海 및 興隆窪 문화와 紅山문화를 거쳐서 내려온 夏家店 문화가 동이족 문화이고 우리민족이 동이 배달민족임을 인식한다면, 국사학계가 우리 민족사의 단군조선을 역사 아닌 신화라고 단정하고 우리 민족의 역사를 일본인 역사 2,600년보다도 짧은 역사로 만들 수는 없을 것이다. 그러면 이 사실의 확인을 위해 李嵒의 단군세기를 살펴보기로 한다.


## 5. 李嵒 撰 檀君世記


태백일사를 찬술한 李陌의 증조부였다는, 고려말기 공민왕(1351~1375) 때 좌정승이었고 문하시중이던 李嵒이 찬술한 단군세기는 발해 대조영의 아우 대야발 찬술의 단기고사 단군세기와 이암 단군세기 47대 단군이 일치하고 있음이 결코 우연일 수 없는 역사의 진실임이 입증된다. 그러므로 오늘의 국사학자는 李嵒의 단군세기 서문부터 필독할 것을 권고하는 바이다.


### 檀君世記序

나라를 바로 세우는 길에 역사가 밝혀짐이 없으면 나라의 뿌리가 흔들린다. 무릇 바른 역사는 사람의 모습과 얼(魂)을 함께 갖추는 것과 같다. 때문에 세상 모든 일은 먼저 나 자신을 아는 데 있음이니라.

그러므로 造化의 신은 나의 성품을 이루고 敎化의 신은 나의 삶을 이루게 하고 治化의 신은 나를 주관한다. 그러하기에 사람이 만물 중에 가장 귀한 존재인 것이다.

檀君世記序 爲國之道 莫急於史學何也　史學不明則　國本搖矣　蓋史學之法　人物
標準萬世者也　與史竝存人　皆自我所先所重者也　人猶道魂形可　故天下萬事先在
知我也　然則其欲知我　可矣始乎　造化之神降爲我性　敎化之神降爲我命　治化之神
降爲我精　故維人爲最貴最尊於　萬物者降也

천하만사는 먼저 나를 아는 데서부터 시작되는데 그런즉 나를 알고자 하면 천지만물을 창조한 조화의 신과 교화의 신과 치화의 신이 강림하여 나의 정신이 되어 있음을 알아야 한다. 그러므로 오직 사람이 가장 귀하고 존엄함은 만물의 영장인 까닭이다.

天下萬事　先在知我也　然則其欲知我　造化之神 · 敎化之神 · 治化之神　故惟人爲
最貴最尊者也

그런 까닭에 사람이 靈覺으로 천신이 나의 생명으로 나타나는 내가 참된 나인 眞我가 되는 것이니 여기에 참된 나는 우주창조유일신이 나에게 계시는 궁전이 되는 것이 나라는 인간이다.

吾身之性　與命合而後　命可見矣　故其性之靈覺也　與天神同其源其命之現生也……
眞我一神攸　居之宮也……三神一體之上帝也　與宇宙萬物　混然同體……與世界
萬邦　一施而同樂……此乃知我求獨之一道也

사람이 그 본성을 통해서 깨닫게 되면 천신과 그 뿌리가 같은 것이니 모든 목숨 있는 것들과 그 업을 같이하는 天 · 地 · 人 모두가 하나로 돌아가게 하는 것이다.

바르게 정한 마음이 변치 아니하는 것을 참사람인 진인이라고 하는데 신이 만 가지를 변화하게 하시는 유일신이다. 그러므로 참된 眞我인 나에게는 유일신이 함께하고 거하는 신의 궁전이 되는 것이다.



아! 슬프고 원통하다. 부여는 부여의 도가 쇠한 후에 漢人이 들어왔고 고려는 고려의 도가 쇠함에 따라 몽고가 들어왔으니 국가의 성쇠는 나라의 역사를 바로 알고 바로 세우는 데 있음이라는 序文이다.



## 檀君世記

| | |
|---|---|
| 第1代  檀君王儉 | 第16代  尉那檀君 |
| 第2代  扶婁檀君 | 第17代  余乙檀君 |
| 第3代  嘉勒檀君 | 第18代  冬奄檀君 |
| 第4代  烏斯丘檀君 | 第19代  緱牟蘇檀君 |
| 第5代  丘乙檀君 | 第20代  固忽檀君 |
| 第6代  達門檀君 | 第21代  蘇台檀君 |
| 第7代  翰栗檀君 | 第22代  索弗婁檀君 |
| 第8代  于西翰檀君 | 第23代  阿忽檀君 |
| 第9代  阿述檀君 | 第24代  延那檀君 |
| 第10代  魯乙檀君 | 第25代  率那檀君 |
| 第11代  道奚檀君 | 第26代  鄒魯檀君 |
| 第12代  阿漢檀君 | 第27代  豆密檀君 |
| 第13代  屹達檀君 | (須密爾國養雲國朝貢) |
| 第14代  古弗檀君 | 第28代  奚牟檀君 |
| 第15代  代音檀君 | 第29代  摩休檀君 |
| (雲養須密爾國朝貢) | 第30代  奈休檀君 |

| | |
|---|---|
| 第31代 登屼檀君 | 第40代 達音檀君 |
| 第32代 鄒密檀君 | 第41代 音次檀君 |
| 第33代 甘勿檀君 | 第42代 乙于支檀君 |
| 第34代 奧婁門檀君 | 第43代 勿理檀君 |
| 第35代 沙伐檀君 | 第44代 丘勿檀君 |
| 第36代 賣勒檀君 | 第45代 余婁檀君 |
| 第37代 麻勿檀君 | 第46代 普乙檀君 |
| 第38代 多勿檀君 | 第47代 高列加檀君 |
| 第39代 豆忽檀君 | |

## 檀君世記 一世 檀君王儉

古記云 단군의 부친은 환웅천왕이시고 모친은 웅족의 왕녀였는데 辛卯年 오월 檀樹下에서 태어나셨다. 나이 14세인 甲辰年(BC 2357)에 단군의 외가(外家)이던 산동지방의 웅족왕(황제 軒轅의 조국이던 熊族의 나라 小典이라고도 하는데 당시의 小典은 환웅천황이 세운 倍達國 제후국이었음을 중국사기오제본기가 입증)이 외손(外孫)인 왕검을 神王(副王)으로 세우고 웅족국의 국사를 대행케 하셨다.

왕검이 神王의 자리에 있은 지 25년 만에 고국인 환웅천왕의 본거지이던 만주의 백두산 부근으로 돌아왔을 때 백성들이 단군을 천제의 아들로 받들어 조선을 개국하시게 되니 그때에 九桓(환국의 중심부족으로서의 九夷) 모두가 환영하였다.

古記云王儉父桓雄　母熊氏王女　辛卯五月寅時生　于檀樹下　有神人之德遠近畏服
十四年甲辰　熊氏王其神聖　舉爲神王攝行大邑國事　戊辰唐堯時來自檀國　至阿斯
達檀木之墟　國人推爲天帝子　混一九桓神化遠暨　是謂檀君王儉在神王位　二十四
年在帝位九十三年壽　一百三十歲

단군 50년 丁卯年에 홍수가 범람했을 때 단군께서 풍백 彭虞에게 치수를 명하시어 산과 물을 치리하시니 백성들이 평안히 살게 되었다. 牛首州(소재 미상)에 그 비석이 있다.

丁巳五十年　洪水汎濫　民不得息　帝命風伯彭虞　治水定高山　大川以便民居　牛首

69년 甲戌年에 단군께서 濁州 흑룡강·송화강·토문강이 범람했을 때 風伯 彭虞를 시켜 오행치수로 성공하여 백성을 평안하게 하셨던 塗山으로 태자 夫婁를 보내어 舜의 司空이던 禹에게 오행치수법을 전하게 하였으며 나라의 경계를 정하셨는데 幽州(지금의 산동·하북·요동일대)와 영주 두 고을을 조선에 속하게 하시고 淮岱의 제후들을 舜에게 감독케 하시었다. 塗山에 관해서는 단군조선의 外治 대목에서 밝힌 바이다.

甲戌六十七年 遣太子夫婁 與虞司空會于塗山 太子傳五行治水之法 勘定國界幽
營二州屬我定 淮岱諸侯置 分朝以理之 使虞舜監其事

그 이후 단군께서 천하를 삼분하시기를 삼한으로 나눠서 통치하시었는데 삼한은 모두 五家六十四族으로 책정하셨다는데 그 삼한이 중국 삼국지 동이전에 나타나는 삼한의 모체인지 삼국지 동이전 기록의 三韓인지는 알 수 없으나 다만 단군이 裨王의 자리에 있은 지 25년이요 단군재위 93년이니 수가 130세였다.

於是區劃天下之地 分統三韓 三韓皆五家六十四族

## 二世 檀君 扶婁

虞舜이 幽州와 營州 두 고을을 藍國의 이웃에 두었다. 단군이 군사를 보내어 藍國을 토벌하고 東武道羅 等을 제후로 封하였다.

虞舜置幽·營二州於 藍國之隣 帝遣兵征之盡 逐其君封 東武道羅等

神市 이래 천제를 지낼 때 백성들이 모여 노래와 춤으로 화합하고 신과 사람이 화합함에 이를 법으로 삼으니 이것이 參佺戒이다.

神市以來 每當祭天 國中大會 齊唱讚德 諧和於 爲樂感謝 爲神本人以和四方 爲
式是爲 參佺戒其詞

檀君 夫婁가 崩御하신 뒤 백성들이 집안의 淨한 곳을 택하여 단을 쌓고
제사를 지낸 후 토기에 곡식을 담아 놓았는데 이것을 夫婁壇地라 했다.

戊戌五十八年夫婁帝崩 是日日蝕國人設祭家內擇地 設壇以土器 盛禾穀 壇上稱
爲夫婁壇地

## 三世 檀君 嘉勒

嘉勒八年丙午 康居가 반란을 일으키니 이를 토벌케 했다. 여름 4월에 단
군이 不咸山(백두산)에 올라가 민가에 밥 짓는 연기가 적게 나는 것을 보고
세금을 감하여 차등을 두었다.

嘉勒八年丙午康居叛 帝討之於 支伯特 夏四月帝登不咸之山 望民家 炊煙少起
減租稅有差

## 四世 檀君 烏斯丘

烏斯丘 七年 庚寅 薩水(살수는 패수를 지칭하는 것으로 패수는 중국동북방의 음산
에서 발원하여 하북지방을 거쳐 요동 쪽으로 흘러 발해로 들어가는 桑乾河이자 지금의 永定
河가 살수이고 패수이고 열수이기도 한 강)에 조선소를 설치했다.

庚寅七年設 造船于薩水之上

烏斯丘 十九年 夏나라 재상이 실덕하자 단군이 息達에게 명하여 籃·
眞·弁 三部의 군사를 동원하여 토벌하니 천하가 모두 두려워하였다.

壬寅十九年夏主相失德 帝命息達率 籃·眞·弁三部之兵 往征之天下聞之乃服

## 五世 檀君 丘乙

丘乙 16년 丁丑 丘乙檀君께서 親히 藏唐京에 행차하여 三神壇을 쌓고
桓花라는 무궁화나무를 植樹했다.

丁丑十六年親幸藏唐京 封築三神壇 多植桓花

## 六世 檀君 達門

達門 35년 九月山(한반도 구월산 아닌지?)에서 天祭를 드렸다.

壬子三十五年會諸汗 于常春祭三神於九月山

德으로 나라를 일으켜 태평을 유지하니 이때 七十個國을 복종케 하시고
길이 삼한의 뜻을 세우시며 興廢를 함부로 말하지 말지니 만사의 隆興과
廢亡은 모두가 오직 천신을 섬기는 데서 일어나리라 하셨다.

德護神精 興邦保太平 朝降七十個國 永保三韓義 王業有興 隆興廢莫爲說 諸事
天神

## 七世 檀君 翰栗

## 八世 檀君 于西翰

于西翰 元年 戊申에 二十分之一稅法을 定하셨다.

戊申元年定 二十稅一之法 廣通有無以補不足

## 九世 檀君 阿述

阿述 2년 丁巳 青海의 褥薩과 于捉이 반란을 일으켜 궁궐에 침입하자

단군이 常春으로 피하시고 九月山 남쪽에서 新宮을 設하시고 褥薩을 誅殺
케 하신 지 삼 년 후에 환궁하셨다.

丁巳二年靑海褥薩 捉擧兵犯闕 帝避于常春 新宮于九月山南麓 命遣于 討誅之後
三年還都

## 十世 檀君 魯乙

魯乙 16년 丙午에 渤海沿岸에서 금덩어리가 발견되었는데 수량이 13石
이나 되었다. 35년 乙丑에는 監星이라는 천문대를 설치했다.

丙午十六年 渤海沿岸 金塊露出 數量十有三石 乙丑三十五年 始置監星

## 十一世 檀君 道奚

道奚元年庚寅에 國仙의 蘇塗를 설치했는데 國子師傅 有爲子가 아뢰기
를 환웅천왕께서 開天神市하신 이래 德敎가 만민에게 교화되었나이다 하고
했는데 46년 乙亥에 松花江가에 作廳하시고 배와 노와 돛대 등 많은 기물
을 만드셨다.

庚寅元年帝命國仙蘇塗 多環植檀樹國子師傅有爲子 獻策曰 惟我神市 桓雄開天
納衆以佺設戒而化之 天經神誥詔述 萬民頌聲 溢於四海 四十六年乙亥設作廳于
松花江岸 舟楫器物 大行于世

## 十二世 檀君 阿漢

阿漢 二年 戊子 8월에 나라를 巡狩하시던 중 遼河에 巡狩碑를 세웠는데
이것이 金石文으로는 최초이다.

戊子二年八月帝巡國中至 遼河之左 立巡狩管境碑刻 歷代帝王名號而傳之 是金
石之最也

## 十三世 檀君 屹達

屹達 16년 甲午에 湯이 폭군 桀을 치자 桀이 단군에게 구원을 청해 왔다. 이에 단군이 九桓의 군사를 동원하여 夏暴君 桀을 도와주도록 했다. 그러나 湯이 사죄하므로 단군이 명을 내려 회군케 하였는데 桀이 회군하는 길을 가로막기에 桀을 토벌하고 臣智于亮으로 하여금 견군(畎軍)과 합세하여 낙랑(낙랑지명이 역사상에 등장한 것은 한 무제 이후 전한서와 삼국사기 대무신왕조에 비로소 나타남)으로 나아가 거기를 거점으로 하여 관중의 邠과 岐(후일 주나라의 거점지가 됨) 땅에 官制를 설치하게 했다.

> 甲午十六年 殷人湯 伐夏其主 桀請援 帝率九桓之帥以助戰 湯遣使謝罪 乃命引
> 還 桀違兵回遮路 遂與殷人伐桀 密遣臣智于亮 率畎軍合 與樂浪進據 關中邠岐
> 之地 而居之設官制

이상의 기사는 믿기 어렵다. 그 이유는 단군조선 外治 제하의 夏·殷外治 대목에 상론되어 있다.

## 十四世 檀君 古弗

古弗 56년 乙亥에 백성의 호구를 조사하니 1억 8천 명이었다.

## 十五世 檀君 代音

代音二年辛巳에 養雲·須密爾二國人이 方物을 헌납했다. 十年己丑에는 금과 철 그리고 기름을 채취하게 했다.

> 代音二年辛巳 養雲·須密爾二國 來獻方物 十年己丑 弱水臣智禹粟 金·鐵及膏
> 油採取

### 十六世 檀君 尉那

尉那 28년 戊戌 九桓의 諸汗을 寧古塔에 모이게 하여 상제 환인과 환웅
과 치우와 단군왕검을 配享했다.


### 十七世 檀君 余乙

### 十八世 檀君 冬奄

### 十九世 檀君 緱牟蘇

### 二十世 檀君 固忽

固忽 36년 丙申 寧古塔을 修築하고 離宮을 지었고 40년 庚子에는 工忽
이 九桓의 地圖를 바쳤다.


### 二十一世 檀君 蘇台

蘇台 47년 庚寅 殷나라 武丁 八年(BC 1291)에 대군을 이끌고 지금의 하
북성 북평지방 산융이라던 단군조선의 제후국인 索度와 令支(孤竹)를 침공
했다가 大敗하고 물러가 조공을 바쳐 왔다.

> 甲辰元年殷主小乙入使朝貢 庚寅四十七年殷主武丁 引大軍侵攻索度·令支等國
> 爲我大敗請和入貢

蘇台檀君 五十二年乙未(BC 1286) 은나라 武丁이 索度와 令支(孤竹)에 침
입한 지 5년 후에 蘇台檀君을 보좌하던 右賢王 索弗婁가 정변을 일으켜
蘇台檀君을 물리치고 단군이 됨에 따라 檀君蘇台는 아사달로 은퇴 입산하
여 산신이 되시었다는 기록이다.

그러므로 一世 檀君王儉 혈손 단군치세는 1047년으로 끝이 났다. 여기에
서 一世 단군 혈손 단군조선의 제후국이던 지금의 하북성 북평지방의 고죽

국 왕자였던 伯夷·叔齊 형제는 索弗婁 단군을 떠나 평생을 숨어 살면서 일세 단군 혈손 치세 조선을 흠모하면서 절개를 지키었음이 유명하다.

그럼에도 불구하고 中國史記卷六十一伯夷列傳에 고죽국이 은나라의 제후국인 것으로 착각하고 있음을 밝힌다. 왜냐하면 세간에서 伯夷·叔齊가 은나라 제후국으로 은나라가 BC 1122년 주 무왕에게 패함으로써 은나라를 떠나 수양산에 숨어서 살았다는 것이 착각인 것은 은나라가 주 무왕에게 멸망한 것은 索弗婁가 단군이 된 지 160여 년 후인 BC 1122년이었음이 이 사실을 입증하는 바이다.

> 乙未五十二年索弗婁襲爲右賢王  帝仍召五加與之議傳位  自謂老倦于勸欲  爲政於
> 徐于餘  於是右賢王  率左右及獵戶數千  遂卽位于夫餘新宮  帝不得已傳玉册國寶
> 是歲伯夷叔齊  亦以孤竹君之子  遜國而逃居東海邊  力田自給

단군조선 영역의 索度·令支를 침공한 은나라 武丁의 확인을 위하여 은 왕실의 왕계표를 여기에 참고로 첨부한다.

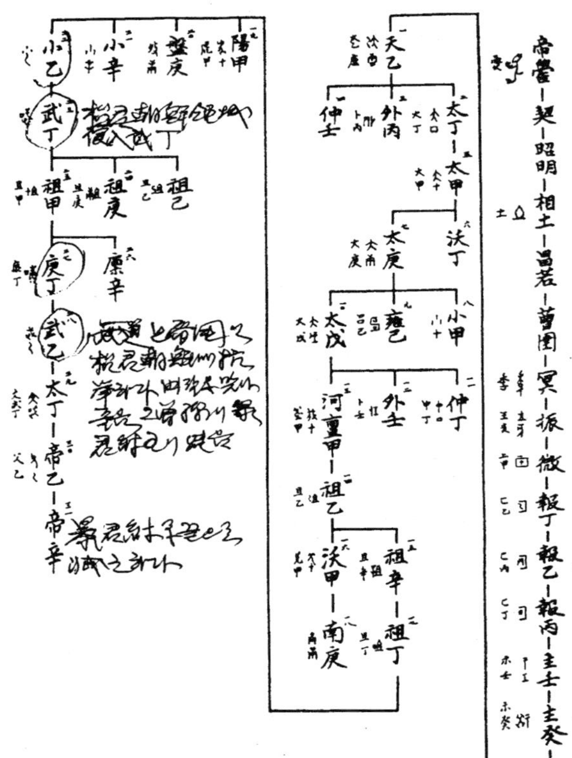

# 二十二世 檀君 索弗婁

索弗婁 元年 丙申 단군이 친히 九桓의 군사를 이끌고 은나라 도읍을 토벌했다. 이듬해 弁의 백성들을 淮垈의 땅으로 이주케 하여 나라의 위엄을 크게 떨쳤다.

索弗婁元年丙申 親率九桓之師屢戰破殷都……遷弁民于淮垈之地 國威大振

이러한 사실을 입증하는 것이 경향신문의 '코리안 루트(Korean Route)'를 찾아서' 탐사이다. 夏家店 하층문화의 대표적 유적인 요하상류 평원에 자리 잡은 성자산성 유적과 그 부근 남쪽 적봉의 三座店 석성 유적을 답사하고 이 광대한 규모로 보아 단군조선의 유적임이 입증된다고 하였다. 또 내성에는 최고계급이 거주한 건물터 10개가 있음을 보아 고대국가이던 단군조선의 존재가 입증된다고 한다.

그리고 이어진 설명이 200기에 달하는 적석총과 석관묘와 돌로 쌓은 하늘에 제사 지내는 제단 터와 공무를 집행하는 사람들이 거했을 건물 터 외성과 내성으로 조성된 성벽이 제6구역에서 확인된 원형 석축건물지만도 232개나 있었다는데 이 성의 축조방법이 고구려성과 백제성 축조양식과 같았고 성자산성 덧띠무늬의 토기는 한민족 청동기시대의 대표적인 문양이었다는 것이다.

그리고 이 성들의 특징은 築城則의 병사들 추락을 막고 적병의 침공을 방어하려는 데 역점을 둔 축성이었으며 유적의 전체 면적은 1만 4,000㎡, 수십 기의 건물, 석축 원형 제단과 적석총이 있고 13개의 석축저장고가 확인되었다고 밝히었다.

그런데 중국학계의 분석은 요서지방의 夏家店 하층문화는 중국의 은 왕조와 같은 강력한 국가가 존재했다는 증거라고 하는데 이렇게 볼 때 殷王朝와 단군 왕조가 동시대였으니 성자산의 석성과 삼좌점의 석성은 단군조선시대 석성 유적 입증의 고고학적 유적 유물들임이 입증된다.

그리고 요서의 夏家店 하층유물들 탄소측정연대가 BC 1300년대 유물임이 밝혀졌는데 이렇게 볼 때 요서지방 하가점 하층유적은 BC 1300년에 건국된 단군조선 덕화교화시대에서 무도하기 그지없는 은나라 武丁八年(BC 1291)의 침공을 받고 단군 왕조가 索弗婁 단군으로 교체된 후에 단군조선이 쌓은 석성임이 확인된다.

그 증거는 BC 2000년대 전후의 중국과 동북아 사이의 단군조선 외치와 내치를 살펴보았는데 은나라 무정이 단군조선에 침입(BC 1291)했다가 대패했던 후 武丁의 증손인 武乙이 다시 하늘 같은 상제국인 단군조선에 항거했다가 벼락을 맞고 죽은 다음 은나라 말기의 주왕(紂王)이 단군조선의 명을 거역하는 폭군이 됨에 따라 은나라의 상제국이던 단군이 BC 1122년 주 무왕에게 무기를 공급하면서 무왕에게 은나라를 정벌하라는 혁명의 명을 내렸

던 단군조선이었음이 입증되는 바이다. 그러므로 이와 같은 단군조선의 유
적이 夏家店 하층문화임은 재언을 요치 않는다.

① 史記卷三殷本記 帝武乙無道 仰天而射之 命曰射天 暴雷武乙震死 武乙子太
　　丁 太丁子帝乙 帝乙長子 微子啓 啓母賤不得嗣 辛母正后辛爲嗣 辛立謂之紂
　　紂武乙曾孫也
② 後漢書卷百十五東夷傳 乃武王滅紂 肅愼來獻 石砮楛矢

## 二十三世 檀君 阿忽

阿忽 元年 固弗加에게 樂浪忽를 다스리게 하고 군사를 발하여 六邑의
殷地를 쳐부셨다. 그리고 蒙古里의 兵力(蒙古里兵力所屬?)과 합세하여 淮岱(중
국 淮水地方)의 땅을 平定했다.

元年甲申命皇叔固弗加 治樂浪忽 六邑於殷地進兵攻破之 二年乙酉 蒙古里之兵
所到破殷 定淮岱之地分封

## 二十四世 檀君 延那

## 二十五世 檀君 率那

率那 37년(BC1114) 은 말의 기자가 조선으로 왔으나 인사를 사절했다는
그 조선은 중국 고대지리서 山海經卷十八 東海(黃海)之內 北海(渤海)之隅
朝鮮에 왔던 것이 기자조선이 되었음이 입증된다.

丁亥箕子徙居西華 謝絶人事

## 二十六世 檀君 鄒魯

## 二十七世 檀君 豆密

豆密 元年 天海가 넘쳤다. 須密爾國과 養雲國과 句茶川國이 모두 方物

을 바쳤다.

> 甲申天海水溢 是歲須密爾國·養雲國·句茶川國 皆遣使獻方物

### 二十八世 檀君 奚牟

### 二十九世 檀君 摩休

摩休 元年 周나라가 조공을 바쳤는데 이는 殷혁명 이후의 周는 단군조선의 제후국이었기 때문인 것으로 보인다.

> 元年戊寅年 周人入貢

### 三十世 檀君 奈休

奈休 元年 남쪽으로 巡狩하여 靑邱의 정치를 보고 치우천황의 공을 돌에 새겼다. 그리고 周나라의 사신이 왔고 奈休 5년에는 흉노가 조공했다.

> 壬子年帝南巡 觀靑邱之政 刻石蚩尤天王功德 西至周人修好 五年丙辰 匈奴入貢

### 三十一世 檀君 登屼

### 三十二世 檀君 鄒密

鄒密 十二年 楚大夫 李文起가 入朝했다.

### 三十三世 檀君 甘勿

甘勿 二年 周나라가 호랑이의 가죽을 바쳤다.

> 癸未年 周人來獻 虎象之皮

三十四世 檀君 奧婁門

三十五世 檀君 沙伐

沙伐 66년 祖乙로 하여금 燕都를 뚫게 하였을 때 齊나라 병사들과 싸워 그들을 쫓아 버렸다.

甲戌66 帝遣祖乙 直穿燕都 與齊兵戰于臨淄之南郊告捷

三十六世 檀君 賣勒

賣勒 52년 단군이 燕을 정벌케 하였을 때 齊나라가 孤竹으로 들어왔다가 세불리를 깨닫고 화친을 애걸하고 물러갔다.

戊辰年 帝遣兵伐燕 燕告急於齊 齊大擧入孤竹 遇我伏兵戰不利 乞和而去

三十七世 檀君 麻勿

三十八世 檀君 多勿

三十九世 檀君 豆忽

四十世 檀君 達音

四十一世 檀君 音次

四十二世 檀君 乙于支

四十三世 檀君 勿理

勿理 36년 降安사람 于和沖이 서북쪽 36군을 점거했다. 단군이 군사를 파병했으나 이기지 못했다. 그해 겨울에 적이 도성을 포위했다. 이에 단군이 左右宮人과 함께 廟社의 주(神主)를 모시고 배를 타고 海頭에 가서 별세했

다. 이때 白民城의 褥薩丘勿이 檀朝를 구하려고 일만 명의 병사를 이끌고
藏唐京으로 가서 역적군을 토벌하고 그 두목 于和沖을 죽이고 궁성을 탈환
하니 九地의 군사 鴨綠 18성 모두 檀朝 구원에 나선 丘勿을 도와 새 단군
이 되게 했다.

> 勿理 36년 乙卯 隆安人于和沖 聚衆數萬陷西北三十六郡 帝遣兵不克 賊圍都城
> 急攻 帝與左右宮人奉廟社主 浮舟而下之 海頭崩是歲 白民城褥薩 丘勿以命起兵
> 先據藏唐京 九之師從之 東西鴨綠 十八城皆 遣兵來援

## 四十四世 檀君 丘勿

丘勿이 여러 장수들의 추대를 받아 단군으로 즉위했는데 단군 丘勿은 국
호를 大夫餘라 개칭한 때가 BC 400년경이었다. 여기에서 丘勿檀君은 海城
을 개축하게 하여 平壤이라 부르게 했는데 단군조선시대에 비로소 요동 平
壤이 등장하게 된다.
海城을 개축한 平壤은 반도 평양이 아닌 요동해성의 요동평양이었던 것
이다. 그러나 삼국유사에서 一然이 平壤王儉之宅이었다고 했던 그 注는 一
然이 고려 때의 서경이던 반도 평양으로 착각했던 注였음이 입증된다.

> 丘勿元年丙辰賊大亂丘勿率兵一萬 往討之賊不戰自潰 遂斬于和沖 於是丘勿 爲
> 諸將所推 乃於三月十六日 築壇祭天遂卽位 于藏唐京 改國號爲大夫餘 改三韓爲
> 三朝鮮 自是三朝鮮 七月命改築海城爲平壤作離宮

丘勿 2년(BC 424) 大禮(天祭)를 행하고 丘勿檀君 17년(BC 409)에 감찰관을
각 주와 군에 파견하여 효행이 지극한 자와 충성스러운 관리를 薦擧케 하
여 褒賞을 했다. 23년(BC 403)에 燕나라에서 하례를 올리는 사신이 왔다. 29
년(BC 397)에 丘勿檀君이 붕어하시고 태자 余婁가 즉위했다.

> 丁巳二年禮宮請行 三神祭(桓因·桓雄·檀君)大禮也 甲申二十九年帝崩太子余婁立

## 四十五世 檀君 余婁

余婁 元年에 長嶺(滿洲 吉林城 永吉縣)과 狼山(河北省 淸苑縣)에 축성했다. 余婁 三十二年 丙申에 燕의 倍道가 齊나라 兵과 함께 番朝鮮(眞番朝鮮)의 西邊 遼西의 雲障을 함락시키었을 때 莫朝鮮이 원병하여 番朝鮮 상장군 于文言이 五道河에서 燕·齊兵 모두를 격퇴했다. 이 사실을 후대의 사기조선열전에 自始全燕時 嘗略屬眞番朝鮮이라고 기술한 것으로 보인다.

> 丙申三十二年 燕人倍道入寇 陷遼西逼雲障 番朝鮮命上將 于文言禦之 眞莫二朝
> 鮮 亦派兵來救 設伏來攻 破燕齊之兵於 五道河遼西諸城 城悉復

余婁 47년 辛未(BC 350) 番朝鮮(眞番朝鮮)의 장수 申不私로 하여금 병력 一萬을 이끌고 上谷을 공격하고 성읍을 쌓게 했다. 그로부터 7년 후인 戊寅(BC 343) 燕이 사신을 보내어 화친을 청함으로 이를 허락하고 上谷 동편의 造陽을 조선과의 경계로 삼았다.

> 辛未四十七年 北漠酋長厄尼車吉 來朝獻馬二百匹 乃以番朝鮮將 申不私兵一萬
> 攻燕上谷 援之署城邑
> 戊寅五十四年 自上谷役後燕 遣使請和許之 復以造陽以西爲界

## 四十六世 檀君 普乙

普乙 元年 庚辰(BC 341) 番朝鮮(眞番朝鮮)王 解仁이 燕나라에서 보낸 刺客에 의해 살해된 후인 戊戌(BC 323)年에 邑借(箕詡)가 병력을 이끌고 入宮하여 番朝鮮王의 윤허를 구함에 단군이 이를 허락하시고 외침에 굳게 대비케 했다.

> 庚辰元年 番朝鮮王解仁 爲燕所遣刺客所害
> 戊戌十九年 邑借箕詡 以兵入宮 以番朝鮮王請允 帝許之 使堅備燕

普乙 46년(BC 296) 韓介가 막강한 군사력을 믿고 스스로 왕이 되려 하니

上장군 高列加가 의병을 일으켜 韓介를 타파했다. 普乙檀君이 후사가 없어 제44대 勿理檀君의 현손인 高列加를 추대하여 즉위했다.

乙丑四十六年 韓介率兵犯闕自立 上將高列加起義擊破之……帝崩無嗣 高列加以 檀君 勿理之玄孫 爲衆愛戴 且有功遂卽位

## 四十七世 檀君 高列加

高列加 44년 己酉(BC 252) 燕나라에서 새해 인사의 사신이 왔다.

己卯十四年 燕遣使賀正

57년 壬戌(BC 239) 解慕漱가 熊心山에서 내려와 군사를 일으켰는데 그의 선조는 槀離國 사람이었다. 槀離國은 현재 요서 서북부의 몽고접경지대에 존재했던 나라로 부여 東明聖王의 출신국이기도 하다. 그런데 여기에서 유념해야 하는 것은 고려의 김부식이 삼국사기를 기술하면서 동명성왕과 주몽은 一人이었던 것처럼 만들어 버린 데 주목해야 한다.

高列加 五十七年壬戌 解慕漱降于熊心山起兵 其先槀離國人也

단군조선의 末王 高列加는 탄식하기를 명령이 내려져도 시행됨이 적었고 장수들은 용맹만을 믿고 난리를 일으키기가 일쑤이니 기강은 땅에 떨어지고 백성들의 사기 또한 날로 떨어지고 있다고 탄식하고 마침내 五家들과 의논하시었다.
옛 우리 列聖祖는 나라를 여시고 대통을 이어 가실 때 덕이 높고 넓어 원방에까지 그 교화가 미쳤다고 하고 오랜 세월 동안 잘 다스려졌다고 하고 이제 朕은 덕 없고 무능하니 여러 왕들이 힘을 다투고 있도다.
그러므로 생각건대 그대들 五家 중에 어질고 능력 있는 사람을 찾아 추대하도록 하라고 하시고 마침내 왕위를 내어놓으시고 입산수도하시어 仙人이 되시니라고 함에 따라 2,300년의 단군조선은 막을 내리게 되었다.

高列加 五十八年癸亥 帝仁柔不斷 令多不幸 諸將恃勇禍亂頻起 國用不敷民 氣
益衰 乃與五加議曰 昔我列聖肇極垂統種德宏 遠永世爲法 今王道衰微諸汗爭强
惟 朕涼德懦不能理無策 惟爾五加擇賢以薦 翌日遂棄位 入山修道登仙

그런데 여기에서의 문제는 현행국사학계가 이러한 단군조선은 신화라고
단정하고 국사에서 단군조선이 배제되고 BC 10세기 후의 요령중심 고조선
이 우리 민족 최초국가라면서 단군조선 이전의 환웅천왕 개천 이후의 배달
국 역사를 밝히는 환단고기는 위서라고 배격하는 것이다.

이렇게 볼 때 현행국사학계가 단군조선 이전의 환웅천왕 개천 이래의 배
달국 역사를 위서라고 부인한다면 객관적 중국 사서들이 4,300년 전 만주에
서 건국된 단군조선 입증은 무엇 때문에 부인하고 국사에서 배격하는 것인
지 알 수가 없다.

왜냐하면 우리 민족은 동이족으로서 밝달의 광명을 상징하는 배달족인 동
이의 기원이 다름 아닌 중국 사기 및 지리서 증언의 숙신족이었고 숙신국이
었음의 증언이기 때문이다.

그러하기에 단군조선시대의 숙신족이 舜임금에게 각종의 문물을 제공하
고 심지어는 국가수호의 기본이 되는 무기인 단궁을 제공하는 등 하·은·
주시대의 외치까지 부인한다.

이 문제에 대한 구체적인 것은 중국 사서들 단군조선 증언이라는 제하에
서 단군조선의 내치뿐 아닌 요순 때부터의 단군조선 외치까지가 입증되는데
도 국사학계가 단군조선을 역사 아닌 신화라고 단정한다.

현행국사학계가 단군 이전 환웅천왕의 역사인 배달국 역사를 밝힌 환단고
기를 위서라고 배격한다면 중국 객관적 사서들 증언의 단군조선은 국사에
복원해야 할 것이 아닌가. 왜냐하면 현행국사대로 단군조선을 국사에서 배
격하면 중국의 동북공정을 극복할 길이 없기 때문이다.

이렇게 볼 때 단군조선 이전의 환웅천왕 이래의 배달국 역사는 단군조선
부터 먼저 국정국사로 복원한 다음에 환단고기 증언의 배달국 역사는 단군
조선 국정국사 복원 후 거국적 연구사업으로 추진할 것을 제의하는 바이다.

## 第3節　國內의　檀君朝鮮　증언　史書들

# 1. 三國遺事　前後

## (1) 三國遺事의　檀君朝鮮

　　삼국유사에　의하면　우리　민족　최초국가가　단군조선이　된다.　그러나　중국의　堯戊辰年에　개국되었다는　단군조선은　중국　삼국시대　위서에　근거한　단군조선이었다.　하지만　이러한　단군조선은　중국과의　대외관계가　풀리지　아니하는　문제들이　적지　않다.

　　그　단적인　예가　중국의　舜二十五年에　단군조선이　舜에게　檀弓을　제공했다는　것이다.　堯임금　때　건국되었다는　단군조선이　舜임금　때　국가수호　수단의　기본이　되는　무기인　檀弓을　舜임금에게　제공했다는　것은　납득하기　어려울　수밖에　없다.　그러므로　이　문제에　관해서는　단군조선의　外治　대목에서　상론하였으니　여기서는　더　이상의　논급을　유보하는　바이다.

　　우리　민족국가의　기원은　앞에서도　논급한　대로　사료선택에　따라　국가기원이　달라진다.　삼국유사와　객관적　중국　사서들을　사료로　할　경우와　일제해방을　전후한　식민지사학과　친일사학자　이병도　저작의　국사대관을　사료로　할　경우,　우리　민족　최초국가의　기원이　달라질　수밖에　없게　된다.

　　교육부　국사교사용　지침서　가운데　중국　산동　嘉祥縣의　武梁祠堂　석실벽화가　환웅과　단군신화와　같다고　하더라도　고대국가인　단군조선이　중국의　산동지방까지　미칠　수는　없다는　주장을　이렇게　하고　있다.

　　국사교사용　지도서　62면에　후한　11대왕이던　桓帝建和元年(AD 147)에　설치된 산동성 가상현 武氏祠堂 석실 벽화가 단군신화를 반영하였다는 주장과 함께 무씨는 한족이 아니라 동이족이었다는 주장이었으나 최근 국사학자들 연구성과는 무씨사당 벽화(단군신화로서 풍백과 우사까지가 그려져 있는 벽화)는 단군조선과 무관하다는 현행국사학자들 견해가 합리적이(교육부 국사교사용 지도서 62쪽)라는 국사교사 지도지침서이다.

그 이유는 고대국가는 씨족단위 또는 씨족연맹의 촌락·도시국가의 단계로부터 영토국가로 발전하고 영토국가에서 대제국으로의 발전단계를 거친다는 것이 무신사관 입각의 역사관들이다. 그러나 이러한 무신사관 역사의 공식은 실제의 역사와는 부합되지 아니하는 역사관이 된다.

그 증거가 고대국가이던 이집트(Egypt)나 希臘(Greece) 등 국가는 무신사관 주장대로의 촌락국가시대의 문명들이 아니었음이 입증된다. 왜냐하면 고대국가이던 이집트나 希臘의 거대하기 그지없는 석조신전이나 피라미드(Pyramid) 등은 부락국가나 도시국가의 단계를 거치지 아니한 대영토 국가가 아니고서는 그러한 문화탑을 쌓을 수가 없다는 것이 입증되기 때문이다.

알렉산더(Alexander)대왕(BC 356~324)이나 게르만족을 서구로 내몰았던 훈(Hun)족의 아틸라(Attila) 대제국(350~400) 건설이나 칭기즈칸(Genghis Khan, 1167~1227)의 대제국 건설이 순전히 그들 인간들 능력만으로 이루어진 것이 아니라 그들 배후에는 새로운 시대로 바꾸려는 신의 섭리에 따른 정복의 역사들이었음을 부인하기 어렵다.

환단고기가 밝히고 있는 환인(桓仁)으로 인한 桓國이 십이제후를 거느리었다는 것도 터무니없는 위작이라고 일축할 수만은 없다는 것을 밝힌다. 그리고 서구 몰락을 예언했던 슈펭글러(Spengler)와 한국이 세계의 조국이 된다고 예언했던 타고르(Tagore)나 임진왜란을 예견하고, 20세기 한국이 민주와 공산인 남북으로 분단될 것까지를 예언한 이율곡과 격암비결의 한국이 세계 조국이 된다는 예언을 일축하거나 무시해서는 안 될 예언들이라는 것을 밝히는 바이다.

## (2) 三國史記의 檀君朝鮮

우리나라의 국사학자들을 위시하여 국민들은 일반적으로 삼국사기는 단군조선을 인정하지 아니하는 것처럼 보고 있다. 그렇지만 삼국사기는 단군조선을 신라본기와 고구려본기에서 이렇게 증언하고 있다. 삼국 중에서 가장 먼저 건국되었다는 신라는 조선(檀君朝鮮)의 유민(遺民)이 서기전 57년에 건국하고 박혁거세를 신라의 왕으로 삼았다.

> 三國史記　新羅本記第一　先是朝鮮遺民　分居爲六村　是爲辰韓六部　始祖姓朴氏
> 諱赫居世　國號徐羅伐

그리고 신라가 건국되고 二十餘年이 지난 서기전 三十七年에 고구려가 건국되었고, 고구려 十一代 동천왕 때에 요동에 도읍했던 환도성(丸都城)에서 평양으로 천도한 평양은 본래 선인왕검(仙人王儉: 檀君王儉)이 도읍했던 곳이라는 증언이다.

> 三國史記高句麗本記　平壤者　仙人王儉之宅也

위의 증언을 볼 때 김부식의 삼국사기가 조선(朝鮮)의 유민(遺民)이 신라를 건국했다는 조선(朝鮮)은, 단군조선이 소멸된 후의 조선의 유민(遺民)이 신라를 건국했다는 단군조선의 입증임은 더 말할 것이 없다.

따라서 고구려의 수도이던 평양은 선인왕검(仙人王儉)의 도읍지였다는 선인왕검은 단군왕검을 지칭한 것이었음은 재언을 요하지 않는다.

왜냐하면 김부식의 삼국사기가 단군조선을 부인하는 사기라고 한다면 신라는 조선(朝鮮)의 유민(遺民)이 건국했다는 그 조선(朝鮮)은 어디에서 기인되었던 조선(朝鮮)인지를 밝혀야 할 것이며, 또 평양에 도읍했었다는 왕검이 단군왕검이 아니라고 한다면 삼국사기가 말한 왕검은 어디에 근거한 왕검인지도 그 근거를 분명히 밝혀야 한다.

김부식의 삼국사기가 삼국유사처럼 단군조선을 구체적으로 기술하지 아니한 것뿐인데도 현행 국사학계는 마치 삼국사기가 단군조선을 부인하는 것처럼 취급하고 있는 것은 분명히 잘못이라는 것을 밝힌다.

그 이유는 삼국사기를 편찬한 김부식(1075~1150)은 삼국유사를 서술한 일연(1206~1289)보다 百四十餘年이나 앞서 조선(朝鮮)과 단군의 존재를 인식하고 있었지만 그는 사대모화(事大慕華) 사상에 취(醉)해 있었기 때문에 단군조선을 구체적으로 드러내는 것은 중화대국(中華大國)에 대한 예의(禮儀)가 아니라고 생각했기 때문에, 단군조선을 구체적으로 삼국사기에서 기술하지 아니하였음이 여실히 입증되는 것임을 부인할 수 없다.

그 증거로는 고구려와 백제가 망한 것은 중화대국인 당(唐)나라에 충성하지 아니한 불경(不敬) 때문이었다는 것이 김부식의 사대모화(事大慕華) 사상이었다는 것은 세상이 주지(周知)하는 바이다.

이와 같이 김부식은 일연대사가 고기(古記)와 위서(魏書)를 인용하여 조선과 단군을 소개하기 百四十餘年 전에 이미 고기(古記)의 단군조선비기(檀君朝鮮秘記)와 단기고사(檀奇古史) 그리고 중국의 사기(史記) 등을 통해서 조선과 단군을 인식했다는 것을 부인하기 어렵다.

그럼에도 불구하고 김부식의 삼국사기가 단군조선을 부인하는 것이라면 조선(朝鮮)의 유민(遺民)이 신라를 건국했다는 것이나 평양이 왕검의 도읍지였다는, 조선(朝鮮)과 왕검(王儉)은 그 어디에서 연유된 조선(朝鮮)이었고 또 왕검이었다는 말인가?

혹자는 말하기를 삼국사기 신라본기에 기술되어 있는 조선의 유민(遺民)을 위만조선(BC 108)의 유민(遺民 乃至 流民)이 신라(BC 57)를 건국했다고 주장할 수도 있을 것이다.

그렇다면 위만에게 망했던 그 조선(朝鮮), 다시 말하면 준(準)이 마지막 왕이었다는 그 조선(朝鮮)은 어디로부터 기인된 조선이었으며 그 조선의 건국 사료와 역사적 사료는 어디에 있는 것인가? 단군조선과 기자조선을 부인하는 삼국사기라면 마땅히 위만조선 이전의 조선 사료를 밝혀야 하기 때문이다.

여기에 관해서는 신라 때의 符都志와 渤海 大野勃의 檀奇古史와 이조대의 규원사화의 단군조선에서 재론하겠지만 아무튼 삼국사기는 단군조선을 구체적으로 기술하지 아니한 것뿐이지, 삼국사기가 단군조선을 부인했다고 주장할 수 있는 근거가 없음을 밝힌다.


## (3) 帝王韻紀의 檀君朝鮮


고려 때 사람으로 삼국유사를 서술한 일연(1026~1289)보다 98년 후의 이승휴(李承休, 1224~1300) 제왕운기(帝王韻記)에 의하면, 조선을 건국한 분은 단군이다.

단군은 중원의 요임금과 같은 시대 무진년에 조선을 건국하여 순을 지나 우(禹)에 이르기까지 왕위에 계시다가 은(殷)나라 무정 八年에 아사달(阿斯達)에 입산하여 산신이 되었으니 조선을 통치한 지 千二十八年이었다.

이러한 제왕운기에 요동의 별천지가 조선이었다고 하고 단군 재위를 千二十八年이라고 한 것은, 단군왕검 한 사람의 수(壽)를 말한 것이 아니라 제21대 蘇台檀君까지의 역대(歷代) 단군 재위(在位)를 말한 것이고, 시라(尸羅), 고례(高禮), 남북옥저, 동북부여, 예맥 등은 모두 역대 단군 통치연대의 백성들이었다고 한다.

> 帝王韻記卷下 遼東別有一乾坤中方千里是朝鮮江山 釋帝之孫名檀君 並與帝高與
> 戊辰享國一千二十八

그 뒤에 현인(賢人)이 나타나 나라를 이었다는 것은 단군왕검의 혈통 세대의 단군조선은 제21대 蘇台檀君까지 千二十八年으로 끝나고 그 후부터 千年은 단군왕검 혈통의 왕조가 바뀐 索弗婁檀君으로부터 부여에 이르기까지의 후기 단군조선으로 이어졌음을 말하는 것이다.

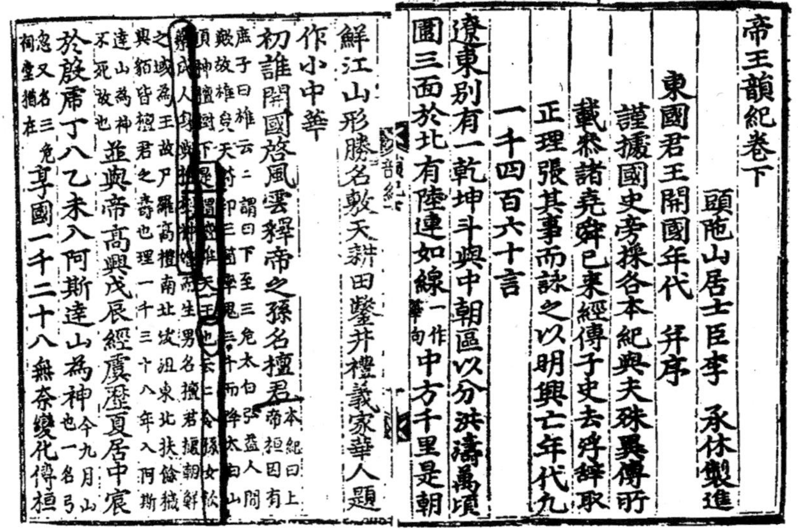

## (4) 桓檀古記의 檀君朝鮮

환단고기는 안함노(安含老)의 삼성기전(三聖紀全) 상편과 원동중(元董仲)의 삼성기전(三聖紀全) 하편, 이암(李嵒)의 단군세기(檀君世紀), 이맥(李陌)의 태백일사(太白逸史), 삼신오제본기(三神五帝本記) 및 환국(桓國)본기, 신시본기 및 삼한관경본기(三韓管境本記)와 범장(范樟)의 부여기(夫餘記) 등이 합본되어 있는 역사서이다.

그러나 환단고기는 지면관계로 그 목차만을 소개하는 것으로 단군조선의 사료(史料)라는 것을 밝히는 바이다.


<환단고기의 목차>
삼성기전 상편(三聖紀全 上篇: 安含老)
삼성기전 하편(三聖紀全 下篇: 元董仲)
신시역대기(神市歷代記)
단군세기(檀君世紀: 李嵒)

태백일사(太白逸史: 李陌)

삼신오제본기(三神五帝本記)

환국본기(桓國本記)

신시본기(神市本記)

삼한관경본기(三韓管境本記)

마한세가(馬韓世家)

번한세가(番韓世家)

소도경전본훈(蘇塗經典本訓)

북부여기(北夫餘記: 范樟)

가섭원부여기(迦葉原夫餘記)

고구려국본기(高句麗國本記)

대진국본기(渤海國本記)

고려국본기(高麗國本記) 등이다.


## (5) 符都志의 檀君朝鮮

신라 訥祗王(417~458) 때 충신 박제상(朴堤上)이 고기(古記)를 인용한 부도지(符都志)에는, 천제(天帝) 환인(桓因)의 아들 환웅이 천문지리를 밝혀 인간을 이롭게 했다는 홍익인간을 이렇게 밝히고 있다.

단군왕검이 불함산(不咸山)에 자리 잡고 천부단(天符壇)을 쌓았는데 그곳을 조선(朝鮮)이라 하고 사해(四海: 中原대륙 포함 四方世界)를 화합하게 했다.

符都志第一章 壬儉氏 始終不咸之基也 築天符壇於太白地之頭 中略 始爲四海之和

부도지에서 천자 환웅이 천문지리를 밝히고 인간을 이롭게 했다는 것은, 천자 환웅의 홍익인간 정신을 말하는 것이다.

이와 같은 신라시대 符都志에서 임검씨라는 단군왕검이 산해경이 말하는 불함산(不咸山)이라는 백두산에 천부단을 쌓았다는 것은 단군 이전에 신시(神市)를 개설했다는 符都志는 삼국유사의 증언보다 850년이나 선행(先行)했던 증언이라고 할 수 있다.

## (6) 檀奇古史의 檀君朝鮮

단기고사(檀奇古史)는 단군조선과 箕子朝鮮의 역사를 기술하고 있다. 고구려가 패망한 뒤에 발해(渤海)를 일으킨 대조영이 그의 아우 대야발(大野勃)을 시켜 단군조선의 二千年 역사를 발해어(渤海語)로 엮은 것인데 그 후 약 三百年이 지나 황조복(皇祚福)이 한문(漢文)으로 번역하여 출판했었다. 단기고사에는 단군조선을 전기조선과 후기조선으로 나누었는데 만주와 한반도를 영역으로 했던 단군조선으로 그 도읍은 영고탑(寧古塔)과 장춘(長春)이었다는 것이다.

그런데 발해의 대조영(大祚榮, 在位 699~719) 때 발간되었던 단기고사(檀奇古史)와 그 후 千年이 지난 이조 숙종(肅宗, 在位 1675~1720) 때의 북애가 저술한 규원사화(揆園史話)와 환단고기(桓檀古記)가 모두 단군조선의 역대연표(歷代年表)와 역대왕명(歷代王名)이 일치할 뿐 아니라 단군세가(檀君世家)까지도 모두 一致하고 있다.

이와 같이 단기고사는 박제상(朴堤上)의 부도지(符都志)보다 500년 뒤의 것이기는 하지만 김부식의 삼국사기보다는 四百餘年 앞서 단군조선을 입증했고 일연의 삼국유사보다 五百餘年이나 앞서 단군조선을 입증했다는 사실은 실로 놀라운 일이 아닐 수 없다.

그럼에도 불구하고 단기고사가 우리민족에게 널리 전해지지 못한 것은 발해가 건국된 지 二百餘年 만에 거란의 요(遼)에게 망한 뒤 918年에 고려가 한반도를 통일하기는 했지만 그때는 여진족(女眞族)의 금(金, 1115~1234)나라가 만주에서 버티고 있었던 시대였기에 발해사(渤海史)를 우리국사에 거두어들이지 못했던 형편을 감안(勘案)하면 단기고사가 널리 전해질 수 없었던 이유를 우리는 이해할 수 있다.

## (7) 揆園史話의 檀君朝鮮

　　규원사화(揆園史話)는 이조 숙종 원년인 1675年에 저술된 책이다. 이 책은 권위 있는 여러 사서(史書)들을 많이 참고하고 인용하였기에 그 내용들이 모두 정확하다.

　　규원사화는 김부식이 삼국사기를 편찬했을 때 단군 二千年의 역사를 배제하여 버리고 삼국의 역사만을 엮으면서 고구려 동천왕이 환도성(丸都城)에서 평양으로 천도한 해에 초점을 맞추어 平壤者 本仙人 王儉之宅이라고만 기술했을 뿐이라고 비판하고 있다.

　　그리고 규원사화는 김부식의 삼국사기를 비판하는 이유를 밝히기를, 이조의 세조(世祖, 1455~1468) 때 구서령(求書令)을 내렸을 당시 조대기(朝代記)라는 책명이 나타났던 사실로 비추어 볼 때 김부식이 삼국사기를 편찬할 그 당시 고조선비기(古朝鮮秘記) 등의 책이 없었을 리가 만무했을 것이다.

　　그런데도 모화사상(慕華思想)에 취(醉)해 있었던 김부식은 한적(漢籍)들만 중히 여기고 우리 역사의 출발이었던 단군조선을 알 수 없도록 만들어 버렸다. 그러므로 우리 역사의 화(禍)는 여기서부터 시작된 것으로 이 화(禍)는 장차 오래도록 피하지 못할 것이라고 탄식했다.

> 揆園史話　可忄在金富軾　修三國史而　二千載往聖之遺列缺而無述　至於東川遷都之年而　僅有平壤者　本神人王儉之宅也　中略　蓋金氏旣醉於漢籍　雖甚缺於吾邦之事却忙然不知　其始末之處我邦經史之禍　其始末久矣

　　규원사화는 역대 단군 재위 시(在位時)의 치적까지 열거하고 있지만 여기서는 지면관계로 생략하지만 이 책은 국립도서관에 소장된 귀중한 단군조선 사료다.

## (8) 徐居正의 東國通鑑

徐居正의『동국통감』은 이조 성종 16년(1485) 왕명을 받아 찬술했기 때문에 이조시대 정통사서였음은 더 말할 것이 없다. 서거정 동국통감은 "東方初君長 有神人降于檀木樹下 國人立爲君 是爲檀君 國號朝鮮 是唐堯戊辰歲初都平壤 復徙白岳 至殷武丁八年乙未 入阿斯達爲山神"이라고 되어 있다.

여기에서 우리 국사학자에게 주목되는 것은 殷나라 武丁八年에 단군이 아사달로 들어가 산신이 되었다는 것을 일제식민지사학의 괴수이던 이마니시(今西龍)가 단군조선을 신화의 조작이었다고 부정하는『단군고』에서 인용하고 있다는 사실에 주목된다.

왜냐하면 단군조선이 이마니시(今西龍) 주장대로 신화로 조작된 단군조선이었다면 殷나라 武丁이 단군조선시대 하북지방의 令支라는 단군 제후국인 孤竹國을 침탈하려고 침공했다가 단군조선의 반격으로 인해 뜻을 이루지 못하고 물러났나는 증언과 맞지 않으며, 令支라는 孤竹國은 殷나라가 멸망한 후의 춘추시대 周나라 제후국이던 齊나라 桓公 때 단군조선의 제후국으로 존재했음이 입증된다.

그럼에도 불구하고 현행국사가 이러한 역사적인 사실까지도 역사 아닌 신화의 단군조선이라고 규정하며 단군조선을 국사에서 배격하고 있는 데 문제가 있다.

이 문제에 관해서는 본서 2장 제3절 3.에서 현행국사학계 고대만주 및 고대 중국역사 무지에서 기인된 단군조선 신화 단정이라는 제하 殷 23대 武丁八年 단군조선 침입사건을 밝힌 대목에서 논의하였으니 상고하기를 바란다.


## (9) 許穆 東事의 檀君朝鮮

이조 숙종(1675~1720) 때에 우의정을 지낸 허목(許穆)이 우리나라의 역사를 정리(整理)한 책이 동사(東事)이다. 동사의 내용은 단군의 개국으로부터 시작하여 환웅이 구이(九夷)의 조상이라는 것과 환웅의 신시(神市)로부터 단군조선이 개국되었다는 것과 주 무왕(周武王) 때에는 단군조선의 단궁(檀弓)을 수출했었다는 것들이 기술되어 있다.

그리고 단군이 개국한 조선은 동방일출(東方日出) 광명의 진리를 상징하는 국호(國號)라는 설명과, 역대단군(歷代檀君) 세가(世家)에 대한 설명과 함께 역대 단군의 통치가 千四十八年間의 역사라고 전기 단군조선까지만 설명하고 기자조선으로 설명이 이어지는 책이다.


## (10) 韓致奫 海東繹史의 檀君朝鮮

이조 영조(1724~1776) 때의 한치윤(韓致奫)은 해동역사(海東繹史)에서, 중원의 요임금 때 단군이 나라를 세워 국호(國號)를 조선으로 했다는 것과, 단군은 천자 성손(聖孫)이라는 것과 그때의 구이(九夷)가 단군을 임금으로 섬겼다는 내용들이 설명되어 있다.


## (11) 李瀷 「星湖僿說」의 檀君朝鮮

李瀷(1682~1764) 「星湖僿說」은 우리 민족사의 반도사관을 부인하고 遼東·滿州의 대륙사관으로 일본의 변화를 주시할 것을 촉구한 당시의 정세를 인식했던 사서였다. 그리고 林象德(1683~1729)의 「東史會綱」은 서거정의 동국통감 고대사 부분을 보충하고 단군의 壽가 1418년이라는 것을 단군조선의 역년으로 보았을 뿐 아니라 箕子東來說을 인정했으나 주 무왕의 封箕子朝鮮王說을 부인하고 단군조선과 기자 이래 조선은 중국과 동등한 문명국가였음을 밝히고 있다.

## (12) 申景濬 「東國文獻備考」의 檀君朝鮮

이조 영조(1724~1776) 때의 실학자 申景濬(1712~1781)의 「東國文獻備考」
는 단군조선을 민족 최초의 국가임을 밝히고 반도조선족의 이동은 요서·
요동지방의 예맥족이 이동한 것이 반도조선족이 되었다고 했는데 부여와 고
구려 모두가 예맥족임은 주지하는 바임을 인정하였다. 그는 역사를 지리와
언어학으로 연결시킨 역사학자로서 「訓民正音韻解」를 저술할 정도로 합리
적인 역사학자였다.


## (13) 李鍾徽 「東史」의 檀君朝鮮

李鍾徽 「東史」는 고대조선을 본기로 하고 세기·열전으로 되어 있는데
열전은 고조선에서 예맥·부여·옥저·비류 등이 열전으로 되어 있다.


## (14) 權近 『東國史略』의 檀君朝鮮

太宗(1400~1418) 때의 權近 東國史略 역시 단군조선으로부터 고려에 이르
기까지의 역사를 밝히고 있다.


## (15) 申采浩 上古朝鮮의 檀君朝鮮

신채호의 상고조선사는 단군왕검과 二代 단군인 부루왕(夫婁王)으로부터
고대 정치의 근본을 세웠다는 내용을 설명하고 있다. 그리고 신채호는 단군
조선의 강역(彊域)이 한반도조선뿐만 아니라 대륙조선이었다는 설명과 함께
고대로부터 중국인들이 동북이(東北夷)를 숙신(肅愼)이라고 기술한 숙신은 조선
음사표기(朝鮮音寫表記)의 이두문(吏頭文)이라는 것을 해명했다. 여기에 관한 자

세한 것은 단제 신채호가 분류(分類)한 삼조선(三朝鮮) 대목에 상론되어 있다.


## 2. 現行國史學界가 檀君朝鮮 증언을 인정하는 史書들


### (1) 現行國史 辭典의 檀君朝鮮


이홍직 편의 현행국사 사전에 취급되어 있는 단군조선은 삼국유사가 위서 (魏書)를 인용한 신화라고 소개하고 단군신화는 삼국유사와 이승휴의 제왕운 기와 세종실록지리지와 권근(權近)의 응제시주(應製詩註)에서 볼 수 있다고 소 개되어 있다.

그리고 단군의 개국설화는 고조선의 어느 부족 시조설화이던 것이 고려시 대에 이르러 우리민족의 공동시조로 숭상되기 시작했다는 설이 일반론(一般 論)이라고 되어 있는데 이홍직 편의 국사사전에서 말하는 일반론이라는 것은 어디까지나 일제 식민지사관에 뿌리를 두고 있는 현행 국사학계의 일반론인 것이지 민족사학계가 인정하는 일반론이 아니라는 것은 더 말할 것이 없다.

그리고 고려 때에 단군을 민족 공동조상으로 내세운 이유는, 고려가 몽고 의 원(元)과 싸우면서 적개심을 고취하는 한편 우리민족의 단결심을 불러일 으키기 위해서 단군신화를 조작했다는 설명인데 이 설명은 일제식민지사관 의 원흉인 이마니시(今西龍)로부터 기인된 현행국사학계의 정설로 되어 있는 설명이다.

다음으로 고조선의 설명에서 한사군이 설치되기까지의 한반도 서북(西北) 해안지역에 있었던 한 부족국가로 그 중심은 대동강 유역이었다. 그러나 고 조선은 삼국유사와 제왕운기, 삼국사기 그리고 중국의 사기(史記) 등에 고조 선이 수록되어 있으나 아직까지 확실한 증거가 없으므로 새로운 연구와 해 석이 필요하다고 덧붙이고 있는 국사사전은 현행국사학계 대변지의 국사사 전임을 밝힌다.

## (2) 國史敎師用指導書가 소개하는 檀君朝鮮

국사교사용지도서에 단군 기록 책들을 소개하기를 삼국유사와 제왕운기와 응제시주와 세종실록지리지, 동국통감을 소개하고 동국여지승람도 단군을 소개하고 있는 책이라고 기술되어 있음을 본다.

그러나 盧思愼이 중국의 大明一統志를 본떠서 지은 동국여지승람은 단군을 소개한 역사서라기보다는 이조 성종(1469~1494) 때의 조선 지리서로서 조선의 풍속 등이 주로 기록되어 있는 책을 어째서 단군을 위주로 하는 역사서로 분류하여 국사교사용지도서에 소개되어 있는지 알 수가 없다.

국사편찬위원회와 각 대학교수들이 연구진이 되어 국사를 연구한 결과를 가지고 국사교사용지도서가 만들어졌다고 설명하고 있음을 볼 때 이조 성종 때의 盧思愼 동국여지승람은 역사서라기보다 조선의 지리 및 풍속 등이 주로 기술되어 있는 책을 어떻게 단군을 소개한 역사서로 분류하는 국사학계인지 도시 알 수가 없다.

이러한 단군은 역사 아닌 신화라고 단정하고 국사교과서에 단군조선을 배제하고 있는 국사학계는 국내의 단군조선 기록 사서들이 앞에서 열거한 바와 같이 20여 종에 달하는데도 우리의 현행 국사는 단군조선을 하나의 신화에 지나지 않는다고 하고 단군조선이 삼국유사와 제왕운기, 세종실록지리지, 응제시주, 동국통감 등에서 볼 수 있기는 하나 그 증거가 없다고 단군조선을 부인하는 국사지도서다.

이렇게 볼 때 우리 국사학계의 무지가 얼마나 깊고 어두운 것인가? 왜냐하면 단군조선의 사료(史料)는 국내에 산재(散在)해 있는 사료뿐 아니라 중국의 사기와 고전들에서도 단군조선의 실증(實証) 사료들이 무수히 나타나고 있는데도, 우리나라의 국사학계는 고작해서 단군조선의 기록이 삼국유사와 제왕운기 그리고 세종실록지리지와 응제시주에서만 볼 수 있다니 무지하기 그지없는 국사학자들이다.

본 연구는 4,300년 전 단군조선의 존재만을 입증하는 데에만 그치지 않고 단군조선의 내치 외치까지를 입증한 바이니 4,300년 전의 단군조선은 역사 아닌 신화라고 단군조선을 국정국사에서 배제하는 국사학계는 단군조선 홍익인간 진성인정치의 내치와 외치를 반증할 것을 강력히 촉구하는 바이다. 왜냐하면 국사학계에서 단군조선 내치 외치를 반증하지 못하면 국사학계는 4,300년 전의 단군조선을 국정국사로 복원해야 하기 때문이다.

이상 소개한 중국인들 동이 역사 증언들을 현행국사학계에서 인식하면서도 4,300년 전 만주 건국 단군조선 증언의 위지(魏志), 청대 중국종합사서이던 사고전서의 4,300년 만주건국 단군조선 증언을 묵살하고 단군조선은 역사 아닌 신화라고 단정할 수 있는 역사적 증거가 없다.

이렇게 볼 때 현행국사학계가 우리 민족과 인접한 객관적 입장의 중국 사서들 단군조선 증언은 고사하고 국내의 근 20여 종에 달하는 단군조선 증언 사서들을 부인하고 4,300년의 단군조선을 신화라고 단정하는 이유를 도시 알 수가 없다는 것을 밝히는 바이다.

## 3. 檀君朝鮮 神話 斷定은 古代滿洲歷史 및 古代中國歷史에 대해 無知해서다

현행국사학계는 4,300년 전의 단군조선을 역사 아닌 신화라고 단정한다. 그렇다면 현행국사학계가 단군조선을 역사 아닌 신화라고 단정할 수 있을 만큼 BC 3000년 내지 BC 4000년의 고대 만주와 고대 중국의 역사를 인식하면서 BC 2000년대의 단군조선을 역사 아닌 신화라고의 단정인지 알 수가 없다.

왜냐하면 현행국사학계가 단군조선을 역사 아닌 신화라고 단정하려면 최소한 BC 3000년 전후의 동북아 역사를 인식하지 못하는 입장에서는 단군조선을 역사 아닌 신화라고 단정할 수 없다는 것을 밝힌다.

이 사실을 더 구체적으로 말하면 중국사기 오제본기 우리 민족 근원인 동이 기원의 숙신(肅愼) 증언이나, 거기에 더하여 4,300년 전의 단군조선을 객관적 입장의 중국 사서들 위서(魏書) 및 사고전서(四庫全書) 단군조선 증언뿐 아닌 고대 중국 지리서들 고대조선 증언을 국사학계가 인식하고 있는지 알 수가 없다.

왜냐하면 BC 3000년 전후의 만주대륙의 역사와 중국대륙의 역사까지를 국사학계가 인식하면서 단군조선을 역사 아닌 신화라고의 단정인지, 아니면 고대만주와 고대 중국 역사를 전연 인식하지 못하는 무지 가운데서 무조건 단군조선을 신화라고 단정하는 것인지 알 수가 없기 때문이다.

여기에 그 단적인 증거가 중국 고대지리서인 산해경의 조선증언 중국 동해라는 황해 내륙과 북해라는 발해 쪽의 조선 증언뿐 아닌 중국의 고금지명 대사전 상고대 중국, 조선 증언을 인식하면서 단군조선을 역사 아닌 신화라고 단정한다고 볼 수가 없음을 밝힌다.

그렇다면 여기 국사학계 앞의 문제는 중국 사서들 고대 중국 오늘의 상곡 뿐 아닌 오늘의 하북성과 오늘의 요서·요동 전체가 고대조선이었다는 증언인데 국사학계는 國內外의 조선국가칭 기원이 단군조선이 아니었다는 증거가 무엇이기에 단군조선이 역사 아닌 신화였다고 단정하는 것인지 알 수가 없다.

그러한 의미에서 상고대 동이 역사를 객관적 입장에서 증언하는 중국의 고대 사서들을 다시 소개하는 바이다. 중국의 고대사학자 王桐齡 「中國民族史」 저서에서 오늘의 漢族이 중국으로 이동해 오기 전의 중국 호북·호남·강서 등지 모두가 苗族이라는 동이족에 속해 있었던 땅인데 동이족의 나라 이름은 九黎(九夷)였고 그 군주는 蚩尤였다는 증언이다.

> 王桐齡著 「中國民族史」 當漢族未入中國以前 現在湖北·湖南·江西等地 本爲
> 苗族所屬 此族之名九黎 君主蚩尤 증언

그리고 臺灣大의 徐亮之 교수는 「中國史前史話」라는 저서에서 殷周 이전 또는 殷周時代 동이들의 활동지는 실로 광활하기 그지없었다고 하고 오늘의 중국 땅 河南·江蘇·安徽·湖北·湖南 및 山東·河北·遼東·朝

鮮半島 모두가 동이가 점거했던 광대하기 그지없는 지역이었다고 증언하고 동이족 활동의 중심지는 산동지방이었다고 하고 지금으로부터 4,000여 년 전 티베트(Tibet) 지방의 漢族이 중국 땅으로 이동하기 전의 중국 남부 및 북부 모두가 苗族이라는 동이가 점거하고 있었는데 漢族이 중국으로 이동한 후 점차 동이와 접촉하게 되었다는 증언이다.

① 徐亮之著 「中國史前史話」 殷周以前乃至 殷周之世的 東夷其活動而實包括 今日河南·江蘇·安微·湖北及山東·河北·遼東·朝鮮半島 廣大地域而 山東其中心 當四千餘年前 漢族未入中國以前 中原之北部及南部 苗族東夷占據 漢族侵入中國以後 漸與接觸

사실이 이러하기에 중국의 고금지명대사전에도 漢族의 본거지가 서역 티베트(Tibet)지방으로부터 4,000여 년 전에 중원(중국) 땅으로 이동하여 한고조 유방이 漢나라를 세우기까지 동이족 지배하의 漢民族이었는데 그때의 중원(중국) 천지는 황하·장강(양자강)·주강 三流域뿐 아닌 신강·내몽고·봉천까지가 조선이었다는 중국고금지명사전이다.

② 中國古今地名大辭典 陳正祥識 1960年 3月刊行 p.1102～1103 漢族最初根據地 當在崑崙山 五千年前 沿河源東下居於內地之 西部及北部 自黃帝戰勝苗族 勢力擴大 其後漸次驅逐各種人 漢朝代名 漢高祖劉邦 滅秦有天下 國號漢 都長安 故城在陝西長安縣 西北三十里 奄有 黃河·長江·珠江 三流域 新疆·內蒙古·奉天 朝鮮北部 光武重興遷都洛陽 幾於前漢 禪位於是爲後漢

이렇게 볼 때 국사학계가 고대 중국역사와 동북아역사 인식에 도움이 되게 하기 위하여 고대 중국의 역사를 다시 살펴보기로 한다. 고대 중국의 지리서인 산해경에는 만주에 不咸山(白頭山)이 있는데 그곳은 숙신씨의 나라라 하고 흰옷을 입는 백의족이 사는 나라였는데 그곳 숙신으로부터 중국의 삼황오제가 배출되었다는 상고대의 중국사를 밝히고 있다. 따라서 사기오제본기 증언은 黃帝로부터 舜과 禹에 이르기까지 동이기원의 숙신씨 同姓이었는데 나라 이름들만 달리했다는 증언이다.

山海經七海外西經　大荒地中　有山名曰不咸　有肅愼之國　在北白民　有樹(辭典人物
樹・嫡子樹)名曰雄　常先八代帝　於此取之　史記五帝本記　自黃帝至舜禹　皆同姓而
異其國號　以章明德

　　그리고 사기오제본기의 注에 산해경을 인용하여 밝히기를 黃帝와 蚩尤와
의 전쟁 때 치우가 환웅천왕의 장수이던 풍백과 우사를 청하여 태풍과 폭우
가 쏟아지게 했다는 증언이다.

史記卷一五帝本記　黃帝遂劃蚩尤　山海經云　黃帝令應龍攻蚩尤　蚩尤請風伯雨師
以從大風雨　孔安國曰　九夷君主　蚩尤也

　　이렇게 볼 때 고대 중국의 역사는 만주 不咸山이라는 백두산 중심의 동
이기원의 숙신씨 나라는 흰옷을 입는 백의민족의 先民이었다는 증언과 함
께 고대 중국의 치우가 환웅천왕의 신하였던 풍백과 우사를 청하여 黃帝와
대전했었다는 증언이고 보면 현행국사학계가 4,300년 전의 단군이 역사 아
닌 신화였다고 단정하는 근거가 무엇인지 알 수가 없다는 것을 밝힌다.
　　그러면 이 사실을 확인하기 위하여 고대 중국의 역사를 다시 살펴보기로
한다. 중국의 역사학자 林惠詳 씨는 『중국민족사』 저서에서 맹자는 舜을
東夷라고 했는데 오늘에 와서 돌이켜 보면 舜은 殷나라의 조상이었음을 알
수 있다. 殷이 동방에서 일어났다가 망했지만 箕子가 조선으로 갔다는 그
조선 역시 동이들의 땅이었다는 증언이다.

林惠詳著 「中國民族史」 孟子言舜東夷之人也　今人推得舜殷人之祖　殷人爲東夷
興於東方而　殷亡後　箕子去之朝鮮　亦爲東夷　所居地也

　　이렇게 볼 때 후한서동이전 증언의 숙신동이는 아세아족의 뿌리다. 이러
한 동이는 天性이 柔順하여 천도에 따르는 동이이기에 군자가 끊어짐이 없
는 나라라고 했는데 至有君子不死之國　故孔子欲居九夷……中國失禮求之
四夷者也를 국사학계가 깊이 이해하면서 4,300년의 단군조선을 역사 아닌

신화라고 단정하는지 알 수가 없다.

왜냐하면 4,300년 전의 단군조선은 역사 아닌 신화라는 단정은 우물 안 개구리처럼 BC 3000년 내지 BC 4000년경의 만주 역사나 중국 역사를 전연 인식하지 못하는 상고사 무지에서 국사학계가 BC 2000년대의 단군조선을 신화라고의 단정함이 입증된다.

만의 하나라도 현행국사학계가 이상으로 제시하는 역사를 이해할 수 없다면 중국 삼국지 동이전의 다음의 증언을 살펴보기 바란다.

중국고대사의 기초이기도 한 서경에 기록되기를 동쪽으로는 동해라는 황해에 이르기까지와 서쪽으로는 서역의 고비(Gobi)사막 사이의 고대 중국대륙 동이가 번성한 九夷의 제도는 익히 알고 있다고 하고 요순 때부터 周나라에 이르기까지 동이 숙신의 공(功·貢)은 광활한 천지까지 미치었다는 증언을 단군조선은 역사 아닌 신화라고 단정하는 국사학계가 깊이 이해하고 있는지 알 수가 없다.

書經夏書 禹貢 東漸於海 西被於流沙 朔南曁 聲敎訖於 四海
三國志魏志卷三十東夷傳　書稱東漸於海　西被於流沙　其九服之制　可得而言
也……自虞曁周東夷有肅愼之貢 皆曠世而至也　及漢代遣張騫使西域　窮河源　經
歷諸國　遂置都護以總領之　然後西域之事其具存焉


## (1) 殷 23代 武丁八年 檀君朝鮮 侵入事件

국사학계는 BC 2300년의 단군조선은 역사 아닌 신화라고 단정한다. 그러나 국내의 단군조선 증언사서들『三國遺事』와『帝王韻紀』와 이조 때 정사이던 동국통감뿐 아닌『東史』와『海東繹史』와『東國史略』과『桓檀古記』모두가 단군조선의 제후국이던 令支(孤竹)와 索度가 殷나라 23代王 武丁八年에 침공을 받았으나 단군조선의 반격에 따라 殷나라가 물러갔다는 것이 이구동성의 증언이라는 것은 앞의 (7)항 李嵒 찬 단군세기에서 이미 밝힌 바이다. 그 기록은 아래와 같다.

① 一然의『三國遺事』에서 단군이 나라를 다스린 지 1,000여 년 武丁八年 단군이 白岳山 아사달로 돌아가셨다는 기록은 21대 蘇台檀君 때 殷나라 武丁의 침공을 받은 후 蘇台檀君이 퇴위한 전기단군조선을 말하는 것이다. 그러므로 索弗婁 이후의 후기단군조선은 殷武丁亂을 기점으로 했던 전·후기 단군조선 2300년임이 입증된다.

② 李承休의『帝王韻紀』단군이 나라를 다스린 지 1,028년, 武丁八年에 아사달에 입산하여 산신이 되었다는 것 역시 전기단군조선의 蘇台檀君 퇴위를 밝힌 것이다.

③ 이조 때의 정사이던『동국통사』역시 殷나라 武丁八年에 단군이 아사달로 들어가 산신이 되었다는 것은 殷나라 武丁이 단군조선 영토이던 索度와 令支라는 孤竹에 침입함에 따라 충격을 받았던 단군조선이 殷武丁 침입 이전까지는 홍익인간 교화정치에 주력했던 단군조선에 일대 정변이 일어나 文治의 蘇台檀君이 퇴위하고 아사달로 돌아간 후 武治에 주력했던 索弗婁檀君으로의 교체를 증언한 것이 蘇台檀君 入阿斯達 은신의 증언이었음이 입증된다.

④ 許穆『東史』단군세기 편 殷나라 武丁八年(BC 1324)에 단군이 별세하시었다는 기록 역시 殷武丁八年의 亂으로 인한 蘇台檀君의 퇴위를 말한 것이고 索弗婁檀君 이후의 후기 단군조선까지를 말한 것이 아님이 입증된다.

⑤ 韓致奫『海東譯史』殷武丁八年 단군은 구월산으로 들어가 산신이 되었다는 것 역시 殷武丁八年 단군조선 영토 침입 이후 단군조선의 정변을 말하는 것이다.

⑥ 安鼎福『東史綱目』殷武丁八年에 단군이 아사달에 들어가 신이 되었으니 단군 1108년이라는 기술 역시 전기 단군조선 蘇台檀君의 퇴위 은신을 밝힌 것임이 입증된다.

⑦ 그러므로『桓檀古記』는 李嵒 撰 단군세기에 1048년 辰韓世家(檀君王儉 直系血統 世家)로부터 이때 馬韓世家(索弗婁 이후의 후대단군세가)로 이어졌다는 것은 殷武丁八年 단군조선 영지 침입으로 인해 蘇台檀君에서 索弗婁檀君으로의 정변 이후의 전·후기 단군조선의 교체를 말한 것임이 입증된다.


이 문제에 관한 구체적인 것은 단군세기 21대 蘇台檀君篇과 22대 索弗婁檀君篇에서 상론하였으니 재론치 않겠지만 아무튼 단군조선은 역사 아닌 신화라고 단정하는 국사학계가 夏家店 하층문화의 석성축성(石城築城)들이 殷나라 武丁八年 索度·令支(孤竹) 침입과 무관하다고 할 수 있는 증거를 밝혀야 한다.

蘇台檀君이 殷나라 武丁으로부터 침공을 받은 이후의 단군조선에는 일대 정변이 일어나 蘇台檀君이 물러나고 당시 단군의 보좌왕이던 索弗婁가 단군으로 추대되어 등극하고 위에서 물러난 蘇台檀君은 아사달로 은퇴하여 평생을 숨어서 살다가 세상을 떠나셨다는 사실은 『삼국유사』와 『제왕운기』
와 이조 때 정사이던 『동국통감』 위시의 허목의 『동사』와 한치윤의 『해동
역사』와 안정복의 『동사강목』과 『환단고기』 이외에도 국사학계서 단군조선
기록을 인정하는 세종실록지리지와 權近의 應制詩注에도 武丁八年에 단군
조선 영지 침입 이후의 단군은 아사달로 은신했다는 사실을 인정하고 있다.

이렇게 볼 때 고대로부터 현대에 이르기까지 우리 민족사에서 이보다 더
큰 사건이 없었음이 입증된다. 왜냐하면 한국의 고대사를 취급하는 사서들
가운데 『삼국유사』 위시의 『제왕운기』, 이조 때 『동국통감』, 『동사』, 『해동
역사』, 『동사강목』, 『세종실록지리지』, 권근의 『응제시주』, 『환단고기』 등
이 이구동성으로 증언하는 이 사건이 殷武丁八年의 단군조선 領地 침공이
고 보면 우리 민족의 고대사건 중에서 이보다 더 큰 일은 있어 본 일이 없
었기 때문이다.

그렇다면 단군조선은 역사 아닌 신화였다고 단정하는 국사학계가 그 누구
도 부인할 수 없는 殷나라 武丁의 단군조선 領地이던 索度·令支(孤竹) 침
공 사건으로 인해 우리 민족 상고사에 일대 변혁이 일어났던 이 역사적 사
건도 역사 아닌 신화였다고 단정하는 근거가 무엇인지 밝힐 것을 강력히 촉
구하지 않을 수 없다.

이렇게 볼 때 서력기원전 1300년대 대국(大國)이던 중국의 殷나라가 대군
(大軍)을 이끌고 요동의 단군조선을 침공했던 이 사건도 역사 아닌 신화라고
단정하는 국사학계는 고대 동북아 역사 더 나가서는 고대 중국 역사를 몰라
도 너무 모르고 있는 역사 무지에서 단군조선을 역사 아닌 신화라고 단정하
는 것임이 입증된다.

왜냐하면 현행국사학계가 우물 안 개구리처럼 고대 만주 또는 고대 중국
의 역사를 모르고 있으면서 단군조선을 역사 아닌 신화라고 단정하는 것은
역사 무지를 스스로 자증하는 단군조선 신화 단정임을 부인할 수가 없다는
것을 밝힌다.

그 증거가 중국의 고대지리서인 산해경에 중국대륙 東海(黃海) 안쪽과 北
海(渤海) 쪽 모두가 조선이었다고 증언하는 그 조선은 殷武丁 때 침입했던

단군조선이 아니었다고 부인할 근거를 찾을 수가 없음을 밝힌다.



그런데도 BC 2300년 전의 단군조선을 역사 아닌 신화라고 단정하고, 중국 사서들 만주대륙 조선 역사 증언과 중국대륙 조선 역사 증언을 모조리 부인하고 반도조선 역사 이외는 인정함이 없는 것은 국사학계의 역사 무지가 얼마나 깊고 어두운 무지라고 해야 할 것인지 알 수가 없다.

왜냐하면 殷나라 武丁八年 단군조선 제후국(諸侯國)이던 索度·令支(孤竹) 침입으로 인해 동북아 역사에 일대 변혁이 일어나 殷武丁 이전까지의 단군조선은 홍익인간교화(弘益人間敎化) 진성인정치(眞聖人政治)로만 일관했지만 殷武丁 침입 후 索弗婁檀君조선 때부터의 단군조선도 무력을 강화하는 단군조선으로의 일대 변혁이 일어났던 단군조선이었음이 재론의 여지없이 입증되고 있는 동북아 역사를 현행국사학계는 몰라도 너무 모르고 있는 것임을 밝힌다.

그 증거가 제21대 蘇台檀君 때 殷나라 武丁(BC 1291)의 침공을 받고 蘇台檀君이 位에서 물러난 이후의 제22대 索弗婁檀君 때부터 단군조선도 무력을 강화했던 단군조선이었기에 단군조선의 제후국이던 孤竹이 燕나라를 침공했을 때 燕나라의 보호국이던 제환공(覇道政治家 管仲(BC ?~645) 宰相) 때의 반격을 받고 孤竹으로 돌아갔다는 사실이 索弗婁檀君 이후의 무력 강화가 입증된다. 아래에 이 사건의 원문을 전재한다.



이렇게 볼 때 고대 만주와 중국의 역사가 이러한데도 국사학계가 BC 2300년 전의 단군조선을 역사 아닌 신화라는 단정은 국사학계 스스로의 고대 중국 또는 고대만주 역사 무지를 자증하는 것이 아니라고 할 근거를 찾

을 수가 없다. 국사학계는 고대만주 또는 고대 중국은 고대조선이었다는 중
국 고금지명대사전과 중국 최고대 지리서인 산해경의 증언을 깊이 상고하기
를 간곡히 당부하는 바이다.


## (2) 中國古代地理書인 山海經 無視・黙殺은 國史學界 無知의 自
##     證이다


　산해경은 고대 동북아 인문지리서다. 이러한 산해경의 저자는 夏禹의 신
하 伯益의 찬술이라고 알려져 있다. 그러면 백익이 어찌하여 이러한 산해경
을 찬술했는가 하는 것이 문제가 된다. 왜냐하면 백익이 산해경을 찬술하게
된 것은 夏禹의 치수를 돕기 위해 만주대륙과 중국대륙을 살핀 다음 만주
와 중국의 고대 지리와 풍속들을 기술한 인문지리서임을 밝힌다.

　그런데 堯임금으로부터 치수를 명받았던 禹의 부친 鯀이 치수에 공을 세
우지 못함에 따라 귀양을 가서 죽고 말았는데 禹 또한 舜으로부터 치수를
명받았으니 禹가 부친의 전철을 밟지 않으려면 치수를 성공해야 하기 때문
에 禹는 치수에 死生決斷으로 전력을 다한 끝에 치수에 성공하여 제위를
舜으로부터 물려받았고 禹 역시 제위(帝位)를 백익에게 물려주려 하였으나
백익은 禹를 피하여 숨어서 왕위를 받지 아니했음이 드러나고 있다.

　이러한 산해경을 전한 때 12대 哀帝(BC 6~1) 치하의 劉秀(BC 53~AD 23,
후일 劉歆으로 개명됨)가 황제께 上奏하기를 산해경의 원문은 32편이었던 것을
18편으로 정리했다고 上言하고 산해경이라는 책은 夏나라 禹의 신하 백익
이 찬술한 책인데 매우 귀중한 책으로 신빙이 있다고 산해경 표를 황제께
헌상한 책이다.

　그런데 後人들이 산해경을 戰國時代作일 것이라 하고 혹자는 前漢時代
作일 것이라 하고 후한 또는 魏晋時代 성립되었을 것이라는 주장들이지만
확실한 근거를 제시하지 못하는 주장들뿐이다. 그러면 산해경 가운데 몇 가
지만 살펴보기로 한다.

대황지 가운데 不咸山이 있는데 이곳은 숙신씨의 나라라는 그 不咸山은
백두산 지칭이다.

山海經十七 大荒北經 大荒地中 有山名曰不咸 有肅愼氏之國

황제가 應龍으로 하여금 涿鹿에서 蚩尤를 치자 蚩尤가 風伯과 雨師를
청하여 暴風과 暴雨가 쏟아지게 했다.

山海經十七 大荒北經 黃帝乃令應龍攻蚩冀州之野 蚩尤請風伯雨師 以縱大風雨

중국대륙의 東海(黃海) 안쪽과 北海(渤海) 쪽에 조선이 있는데 그곳 조선
사람들은 天毒(惡毒性)을 물(水·生水·진리)로 씻어 내고 홍익인간정신으로 서
로가 사랑하는 사람들이었다.

山海經十八海內經 東海之內 北海之隅 有國名曰朝鮮 天毒其人水居 偎人愛之

晋代의 郭璞(AD 276~324) 注는 조선은 중국 동해 안쪽 요동낙랑을 지칭
한 것이고 天毒은 부처가 태어난 나라 인도의 천축국을 말함이라는 注였는
데 袁呵는 注로 밝히기를 天毒이라는 천축은 지금의 인도인데 요동조선과
는 그 방위(位置)가 다르니 혹 脫文이 있었거나 오자(誤字)로 인한 해석인지
알 수 없다는 注다.

국사학계는 산해경 증언의 중국대륙 동해라는 황해 안쪽과 북해라는 발해
쪽이 조선이라는 산해경의 증언을 불신하고 부인한다. 왜 그럴까?

현행국사학계는 반도조선 이외의 중국 사서들 증언의 요동대륙조선 역사
에 관해서는 아는 바가 없기 때문 아닌가? 왜냐하면 현행국사가 일제식민지
사관인 반도사관에서 벗어나지 못한 까닭에서임을 부인할 수가 없기 때문임
을 밝힌다.

중국 고대지리서인 산해경의 증언은 숙신씨의 나라는 흰옷을 입는 백의족

의 나라인데 이들 북방의 사람들은 씩씩한 사람들이기에 雄이라 이름 붙이고 고대 중국의 삼황오제인 八代帝 모두가 숙신씨의 나라에서 輩出된 사람들이었다는 증언이다.

山海經七　海外西經　肅愼氏之國　在白民　北有樹(辭典人物樹·嫡子樹)名曰雄　常先
八代帝於此取之

하지만 오늘의 산해경 가운데는 중국 쪽에 불리하게 기술되었다고 보이는 부분에는 후대인들의 가필이 없지 아니하였음에 유의해야 한다. 그 대표적인 것이 산해경 해외서경 가운데 숙신의 나라에서 중국고대 삼황오제가 중국으로 가서 제왕들이 되었다는 부분인 常先八代帝에 加筆하기를 常先八代帝라는 八字를 入字로 加筆하고 代字를 伐字로 加筆한 八代帝가 入伐帝가 되어서는 말이 성립치 않는 어불성설이 된다. 그러므로 이러한 부분에 대하여 袁珂는 탈문이 있지 않았는가 하는 注에 유의할 것을 당부한다.

산해경 해외서경에 黃帝 軒轅의 나라는 중국 북쪽의 窮山 기슭이었는데 그 백성들 얼굴은 사람이었지만 몸(行動)은 뱀이었다.

山海經七　海外西經　軒轅之國在窮山之際　人面蛇身

그런데 여기에서 산해경 내용에서 유의해야 하는 것은 산해경에서 말하는 풍속들은 문자대로만 해석할 수가 없는 데 유의해야 한다. 그 증거가 산해경 大荒西經에 大荒地 가운데 중국삼황 뒤의 오제 가운데 2代帝이던 顓頊의 아들들은 얼굴이 셋이었다고 되어 있는데 문자대로의 人面이 셋이 아니라 말과 행동이 일치하지 아니하고 거짓말을 하는 인간은 얼굴을 바꾼다는 데서 한 말인데 이러한 것을 후대인들은 人面獸心 인간이라고 표현하고 있음이 입증된다.

山海經十六　大荒西經　大荒之中　有人焉三面　是顓頊之子　三面一臂

　　그리고 산해경 해내서경에 開明 서쪽 사람은 뱀을 머리에 이고 발로 뱀을 밟고 가슴에 붉은 뱀을 품고 살았다는 기술은 기독교 성경 창세기에 인간시조 아담·하와가 뱀이라고 기술된 마귀에게 유혹되었다는 성경을 이해하지 않고는 산해경의 이 대목은 해석하기 어렵다는 데 유의해야 할 것으로 보인다.

　　山海經十一　海內西經　開明西有鳳皇鸞鳥　皆戴蛇　踐蛇　膺有赤蛇

　　산해경의 이상의 증언들은 중국의 고금지명대사전에 한고조 이전의 중국 대륙 黃河·長江(楊子江)·珠江 三流域뿐 아닌 新疆과 內蒙古 奉天 모두가 조선의 북부였다는 증언을 국사학계가 인식한다면 4,300년 전 만주 건국 단군조선을 역사 아닌 신화였다고 단정할 수는 없을 것이다.

　　바꾸어 말하면 중국의 지명사전에 지금의 중국 황하 유역과 양자강 유역 모두뿐 아닌 내몽고와 요동과 봉천까지가 조선이었다는 고대지명을 중국이 왜 밝히고 있다고 국사학계가 보는지 알 수가 없다는 것을 밝히는 바이다.

# 中國史書들 증언 遼東箕子朝鮮과 濊貊朝鮮을 國史로 복원해야 한다

　현행국사는 제1장에서 밝힌 대로 국사의 체제는 일제식민지사관 그대로이고 일부만 수정한 일제식민지사관 그대로의 복사판이라는 것을 밝히었다. 그러므로 그 증거를 1장 (3)항 현행국사와 일제식민지사관 체제 일치점이라는 대목과 (4)항 현행국사 일제식민지사관과의 차이점이라는 대목과 (5)항 현행국사 일제식민지사관 그대로이고 일부만 수정한 복사판 입증 대목에서 이미 밝히었고 따라서 일제식민지사관 체제와 현행국사 정설과 통설 차이점이 없다는 것 또한 밝힌 바이다.

　그럼에도 불구하고 국사학계는 현행국사가 일제식민지사관을 탈피한 국사라고 강하게 주장하고 있다. 그러하기에 본서는 제1장 2절에서는 동북공정 이론의 초석이 되고 있는 중국인 저술의 『동북통사』를 여러모로 반증하고 동북공정 대비 고구려연구재단의 연구논문의 문제점과 동북아역사재단 논문들의 문제점도 지적했다.

　그러하기에 현행국사학계가 중국의 사서들이 객관적 입장에서 4,300년 전 단군조선 증언 사서인 위서(魏書) 및 사고전서(四庫全書) 단군조선 사료와 거기에 더하여 중국 사서들 조선국가칭 기원의 단군조선 이래의 요동조선 증언 사료를 무시하고 묵살해서는 안 된다는 것을 밝힌다.

　여기에 객관적 사서들인 중국의 위서 및 사고전서 단군조선 증언의 원문과 요동조선 증언의 원문들을 전재하는 바이니 국사학계는 단군조선은 역사 아닌 신화라고 단정하고 요동조선은 현행국사 정설이 이병도 사관인 국사대관 입각의 정설이 아니라는 데서 배제한 중국 사서들 단군조선과 요동조선 증언을 국사학계가 살펴보도록 하기 위해 단군조선과 요동조선 증언의 원문을 전재하는 바이다.

① 三國時代  魏書云  乃往二千載  有檀君王儉  開國號朝鮮  立都阿斯達(滿洲) 以
　　高唐卽位五十年庚寅
② 四庫全書  鄭若曾撰朝鮮考  朝鮮國近日  本其在東  相傳  堯戊辰歲有檀君者  居
　　太白山  朝鮮人奉以爲主  此朝鮮立國
③ 中國地理書  山海經卷十二  朝鮮在燕列陽東海北(渤海北)  山南(大興安嶺東南)  滿
　　洲朝鮮  증언
④ 中國地理書  山海經卷十八  東海(黃海)之內  北海(渤海)之隅  朝鮮  증언
⑤ 管子  증언  發滿洲  및  遼東朝鮮
⑥ 史記蘇秦列傳  증언  燕東遼東朝鮮
⑦ 史記秦始皇本紀  증언  渤海南至  東北遼東朝鮮
⑧ 方言  증언  燕東北冽水之間  遼東朝鮮
⑨ 三國志魏志東夷傳  魏略  箕子後孫  遼東準王朝鮮
⑩ 史記朝鮮列傳  自始全燕時嘗略遼東眞番朝鮮  증언이  遼東衛滿朝鮮  立證
⑪ 史記匈奴傳  上谷以東  濊貊朝鮮……漢東拔濊貊朝鮮  以爲郡  樂浪・玄菟郡
⑫ 後漢書東夷傳  武帝元封三年  滅朝鮮分置  樂浪・眞番・臨屯・玄菟
⑬ 前漢書地理志卷二十八下  武帝時置樂浪・玄菟  皆濊貊朝鮮屬幽州  故眞番朝
　　鮮國  증언
⑭ 前漢書卷二十四下食貨志  武帝因  文・景帝之畜  忿胡粵之害  彭吳穿濊貊朝鮮
　　置蒼海郡  증언
⑮ 後漢書東夷傳  漢武帝時  衛滿朝鮮部族長  濊君南閭畔右渠  置蒼海郡  數年乃
　　罷  증언
⑯ 後漢書卷百十五東夷傳  燕人衛滿擊破準朝鮮  傳國至孫右渠  元朔元年(BC 128)
　　濊君南閭畔右渠  卒二十八萬口  武帝以其地爲蒼海郡  數年乃罷  至元封三年
　　(BC 82)罷眞番以竝樂浪罷臨屯以並玄菟
⑰ 後漢書卷百十五三國志魏志東夷傳  順(126~144)・桓帝之間  高句麗復犯遼東
　　殺帶方令  掠得樂浪太守妻子  靈帝建寧二年(AD 169)  玄菟太守耿臨討之  증언
⑱ 後漢書光武帝下  初樂浪人王調  據郡不服  樂浪在遼東故朝鮮國  증언
⑲ 書經  夏書禹貢  東漸於海  西被於流沙  朔南曁  聲敎訖於四海  증언
⑳ 三國志魏志東夷傳  書稱東漸於海  西被於流沙  其九服(九夷)之制  可得而言也
　　然荒域之外  重譯而至  非足跡車軌所及  未有知其國俗  증언

## 第1節 遼東箕子朝鮮

은 말의 기자가 주 무왕의 殷革命을 피해 조선으로 갔다는 소문대로 중국고대 지리서인 산해경이 증언한 東海(黃海) 안쪽과 北海(渤海) 쪽 조선으로 가 버림에 따라 주 무왕이 기자를 신하로 삼지 않았다는 것이 역사상에 알려진 기자조선이다.

① 史記卷三十八 宋微子世家 於是周武王乃封箕子於朝鮮而不臣也 증언
② 山海經卷十八海内經 東海之内 北海之隅 有國名曰朝鮮 天毒其人水居 偎人愛之
③ 漢書地理志卷二十八下 樂浪·玄菟武帝時置 皆滅貊朝鮮 殷道衰箕子去之朝鮮 樂浪玄菟武帝元封三年開屬幽州 應劭曰 武王封箕子於朝鮮

이러한 기자조선은 요동지방에서 BC 1100년경부터 BC 195년까지 근 1,000여 년에 걸쳐 존재하다가 기자의 四十代孫이었다는 準王이 연인 위만에게 나라를 탈취당함으로써 준왕을 마지막으로 기자조선은 막을 내리고 말았다.

그런데도 일제강점기는 물론이고 일제로부터 해방된 국사학계는 기자가 반도조선으로 온 일이 없다는 반도사관에서 요동대륙의 기자조선을 국사에서 배제하고 있음이 국사학계이다.

우리와 이웃하고 있는 중국의 사서에는 근세 이씨조선 이전의 한반도가 조선이었다는 사료가 전연 없다는 사실을 전연 인식하지 못하고 있는 국사학계다.

그 증거가 현행국사 상고사인 준왕조선의 사료는 중국 삼국지 위지동이전 위략의 요동준왕조선 증언사료 이외는 없고 그다음의 위만조선 사료 역시 중국 사기조선열전 요동위만조선 증언사료 이외는 없다는 사실을 인식하지 못하고 있는 국사학계임을 밝힌다.

그렇지 아니하면 은 말의 기자가 반도조선으로 오지를 않았다는 데서 기자조선을 국사에서 배제할 이유가 없다. 그런데도 반도조선으로 기자가 오지를 아니하였다는 데서 기자조선이 국사에서 배제되고 있다.

그러므로 국사학계가 준왕조선과 위만조선이 반도조선이었다고 주장하려면 요동준왕조선과 요동위만조선 사료를 반증해야 함을 밝힌다. 이 사실을 확인하기 위하여 예맥조선을 구체적으로 살펴보기로 한다.

〈그림 12〉 山海經의 東海之內 北海之隅朝鮮

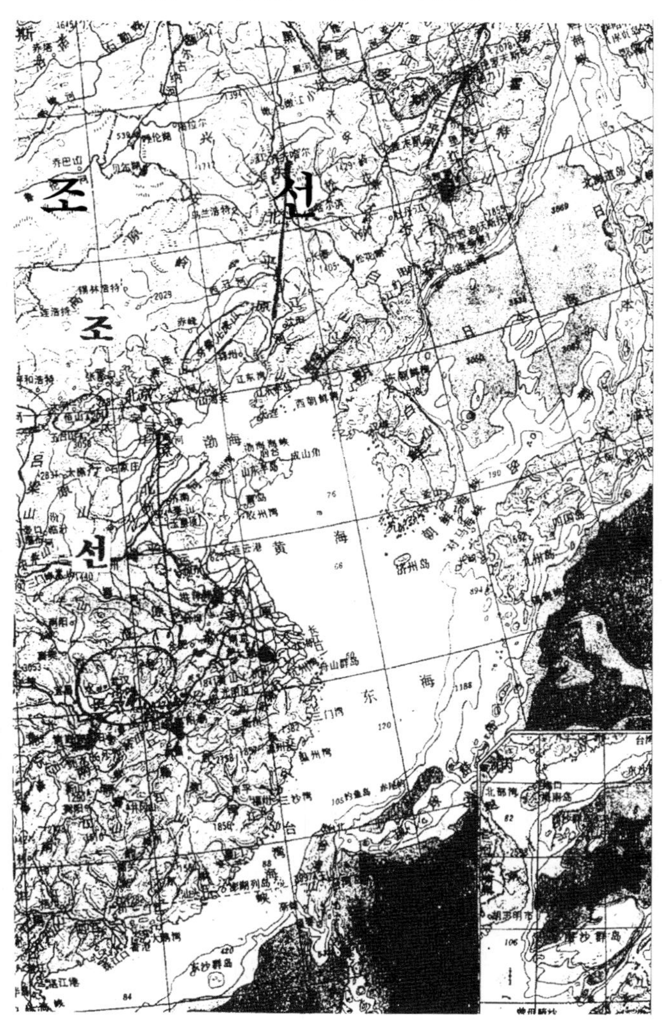

## 第2節 遼東濊貊朝鮮

## 1. 中國史書들 夫餘와 高句麗 濊貊族 증언

　삼국지 동이전은 증언하기를 부여는 동이기원의 숙신 땅이 예맥족임을 밝
히고 따라서 고구려 역시 부여로부터 분립된 예맥족의 고구려임을 밝히고
있다.

　　三國志魏志卷三十東夷傳　自虞曁周東夷有肅愼……東夷旧語　以爲夫餘別種　言
　　語諸事　多與夫餘同……夫餘本濊貊之地也

　그러므로 중국인들은 동이는 숙신으로부터 기인되었다고 하고 따라서 예
맥 또한 숙신으로부터 기인된 동이의 新語라고 하고 예맥의 본거지는 숙신
의 땅이었고 부여 또한 숙신의 땅을 본거지로 하는 예맥족임을 밝히고 있다.
　이렇게 볼 때 중국인들은 우리 민족을 동이라고도 하고 예맥이라고도 해
왔음을 알 수 있다. 그러므로 중국인들이 말하는 동이는 배달민족의 기원을
동이라 하다가 예맥이라고 일컬어 왔음이 입증된다. 그럼에도 불구하고 오늘
의 국사학계는 예맥족은 반도조선족과는 무관한 예맥족이라고 착각하고 있다.
　그러하다면 오늘의 국사학계는 부여와 고구려족을 예맥족이라고 보지를
아니하는 것인지 알 수가 없다. 만의 하나 오늘의 국사학계가 부여와 고구
려족을 예맥족으로 보지 아니한다면 이는 중대한 착오임을 밝힌다. 왜냐하
면 국사학계의 이러한 견해는 우리 민족 고대사 무지에서 기인된 소치이기
때문이다.

그 이유는 오늘의 국사학계가 반도조선족과 대륙의 예맥족을 분리해서 보는 것은 순전히 일제식민지사관의 반도사관에서 기인된 소치라는 것을 분명히 밝힌다. 왜냐하면 현행국사학계의 이러한 견해는 현행국사학계가 일제식민지사관의 잔재(殘滓)인 반도조선사관에서 벗어나지 못한 데서 기인된 주장임을 부인할 수 없기 때문이다.

거듭 말하거니와 오늘 국사학계가 반도조선족과 만주대륙 예맥족 및 요동대륙 예맥족이 반도조선족인 우리와 무관하다고 주장한다면 만주족인 부여족 및 고구려족과 오늘의 우리 반도족은 아무런 관계가 없다는 결론에 도달된다. 그러므로 현행국사학계의 이 얼마나 고대사 무지인가 하는 것을 인식해야 한다.

아무튼 단군조선은 배달한민족이 국조(國祖) 단군을 전제로 하는 조선국가칭이다. 하지만 중국인들은, 조선국가칭 기원의 단군을 우리 배달민족처럼 국조 단군을 전제로 하지 아니하고, 상고대 조선의 거민(居民)을 전제로 하는 국가칭이 예맥조선이었다는 것은 이미 밝힌 바이다. 그러므로 단군조선과 예맥조선은, 별개체의 조선이 아니라, 표리(表裏)관계의 동일조선 국가칭이라는 것을 알 수가 있다.

그 증거로 삼국지 위지동이전은, 숙신은 곧 동이임을 밝히고, 동이의 새로운 신어(新語)가 예맥임을 밝히고 있다. 바꾸어 말하면 예맥의 구어(舊語)가 동이라는 것을 밝히고 있다는 말이다.

① 三國志魏志卷三十東夷傳　自虞曁周東夷有肅愼……濊貊旧語　東夷以爲夫餘……
　　故城名濊城　夫餘本濊貊之地也

그런데 『사기흉노전』은 지금의 산서성 상곡 이동은 예맥조선임이라는 증언인데, 한 제국의 동쪽 경계를 밝힌 것뿐이지, 예맥조선 강역이나 내용을 밝힌 흉노전이 아니다.

② 史記卷百十匈奴傳　諸左方王將居東方　直上谷以往者　東接濊貊朝鮮……漢東

拔濊貊朝鮮 以爲郡 樂浪(眞番竝合)·玄菟(臨屯竝合)

그러므로 사기흉노전의 예맥조선은, 산서성의 상곡으로부터 하북·요서·요동 위시의 만주대륙조선 증언이지만, 여기 예맥조선의 내용은, 『맹자』라는 고전과 『사기제태공세가』와 『사기진본기』가 예맥조선의 내용을 입증하고 있다.

그러므로 『사기흉노전』에 지금의 중국 산서성의 상곡 이동의 예맥족은, 만주예맥족을 위시한 하북·요서·요동·산동북부 전체가 예맥족이었음이 입증된다. 왜냐하면 부여는 본래부터가 예맥족의 땅이었다는 것이 『삼국지 위지동이전』의 증언이고, 지금의 중국 하북성과 요동 일대와 산동북부까지가 예맥족의 조선이었다는 것이, 『사기흉노전』과 『사기진본기』 등의 증언이다.

③ 孟子卷十二告子下　白圭曰　吾欲二十而取一何如　孟子曰　子之道貉道也　十一而取堯舜之道也　欲輕之於堯舜之道者貉道也……二什而取一足也　無宮室　無城郭
④ 三國志魏志卷三十東夷傳　夫餘故城名濊城　皆本濊貊之地也　漢時夫餘王葬用玉匣　漢常豫以付玄菟郡　夫餘王死則迎取以葬
⑤ 史記卷三十二齊太公世家　桓公遂伐山戎至于孤竹而還……於是桓公稱曰　北伐山戎離枝孤竹　索隱注……離枝孤竹　遼西令支縣　有孤竹城
⑥ 史記卷百十匈奴傳　燕北有東胡山戎　自有君長　往往而聚者　百有餘戎

여기 『사기흉노전』과 『사기진본기』 예맥조선 증언은 『사기오제본기』에 동이족의 기원이고, 예맥의 중심부족이던 숙신동이를 산융이라고 기술했던 것인데, 『사기』에 기술된 산융의 융이와 예맥과 동이와 동호는 이명동체(異名同體)의 부족칭이고, 그들의 국가칭은 상고대부터의 조선이었다는 것이 입증된다. 그러므로 하북의 산융이라는 융이는 예맥조선의·한 부족이었음을 부인할 근거가 없다.

그러하기에 『사기진본기』에 산융동이예맥족의 융왕이 진의 무공(繆公)이 현자(賢者)라는 소문을 듣고 由余를 진의 사신으로 보내었을 때, 진의 繆公이 하북산융 융이왕의 사신 유여에게 말하기를 중국에는 시서와 예악과 법도가

있어서 정치를 해도 세상이 시끄러운 난리가 끊이지 아니하는데, 융이에는
이러한 것이 없으니 무엇으로 정치를 하는지 심히 어렵지 않겠느냐고 했다.

이때 山戎 동이예맥족 융이왕의 사신 유여가 웃으면서 대답하기를, 융이
나라에서는 윗사람은 아랫사람을 덕으로 대우하고, 아랫사람은 윗사람을 신
의와 충성으로 섬기는데, 이러한 정치는 한 나라의 정치를, 한 사람 몸 다스
리는 것과 같이 하는 정치인데, 이 정치는 참성인의 정치라고 증언했다는
것 또한 밝힌 바이다.

⑦ 史記卷一五帝本記 山戎肅愼東夷 史記卷百十匈奴傳 燕北有東胡山戎 自有君
　　長 往往而聚者 百有餘戎
⑧ 史記卷五秦本記……戎王使由余於秦……聞繆公賢 故使由余觀秦 秦繆公示
　　以宮室積聚 由余曰 使鬼之則勞神矣 使人爲之亦苦民矣 繆公怪之問曰 中國
　　以詩書禮樂法度爲政 然尙時亂 今戎夷無此 何以爲治 不亦難乎 由余笑
　　曰……夫戎夷 上含淳德以遇其下 下懷忠信以事其上 一國之政猶一身之治
　　此眞聖人之治也

이러한 동이조선족의 偎人愛之 弘益人間精神은 만주대륙뿐 아닌 중원대
륙 전체에 퍼졌다는 『서경』과 『사기오제본기』와 『삼국지 위지동이전』과 『사
기진본기』 융왕 사신 유여가, 증언한 진성인정치는 동방예의지국 동이예맥
족 진성인정치였음을 부인할 근거가 없다.

## (1) 山海經十八 東海(黃海)之內 北海(渤海)之隅 朝鮮 증언

현행국사학계는 중국 삼국시대 위서 증언의 단군조선을 인정하지 아니하
고 부인하는데 이러한 국사학계는 중국 고대지리서인 산해경이 중국의 東
海(黃海)之內 北海(渤海)之隅 朝鮮 증언이 단군조선이자 예맥조선인 것조차
도 모르고 있는 것이다.

그러하기 때문에 국사학계는 중국 청나라 때의 종합사서인 사고전서 가운
데 鄭若曾 찬 『朝鮮考』의 4,300년 전 만주 건국 단군조선 입증 사료가 있

는지조차도 인식하지 못하는 고대사 무지가 입증되고 있음을 밝힌다.

만의 하나 현행국사학계에서 이 증언을 부정한다면 객관적 중국 사서와 중국 지리서인 산해경이 증언하는 만주 단군조선을 국정국사에서 배제하는 이유를 밝혀야 한다는 것을 밝힌다.


## (2) 山海經十二　朝鮮在燕列陽東海北(渤海北)　山南(大興安嶺東南)　滿洲朝鮮 증언


일제해방 후 반도사관에 입각하고 있는 국사학계는 중국 고대지리서인 산해경이 증언하는 춘추시대 연나라 동쪽의 해북이라는 발해 북쪽과 산남이라는 대흥안령 동남쪽의 만주대륙이 상고대의 조선이었다는 증언을 전연 인식하지 못하고 있는 것임을 밝힌다.

이러한 반도사관 입각의 국사학계는 중국상고대 지리서인 산해경의 고대 만주조선 증언뿐 아닌 중국대륙 동해라는 황해내륙과 북해라는 발해내륙 모두가 상고대의 조선 증언인데도 4,300년 전 만주건국의 단군조선을 국정국사에서 배제하는 무지를 밝힌다.

왜냐하면 일제식민지사관으로 인한 반도사관 입각의 국사 이외는 아는 바가 없는 국사학계는 중국상고대 지리서인 산해경(夏禹 때의 伯益이 찬술한 산해경) 증언의 東海之內 北海之隅朝鮮은 한반도의 우리 민족과는 무관한 조선이라는 주장이다.

현재의 국사학계는 고금 할 것 없이 중국 사서들 곳곳에 나와있는 조선에 대한 증언의 조선국가칭들이 단군조선에서 기인된 조선국가칭들이라는 사실조차도 인식하지 못하는 오류를 범하고 있다.

만의 하나라도 현행국사학계가 이상의 증언을 부인한다면 중국의 사서들 위시의 중국 지리서들이 증언하는 20여 종에 달하는 대륙조선인 요동조선 국가들의 기원을 하나하나 밝혀야 할 것이다.

## (3) 管子 증언 發滿洲·遼東朝鮮

　중국 고전 관자 증언의 發朝鮮은, 산동·하북·요서·요동이 조선이었음은 물론이고, 만주대륙까지가, 관자 증언의 發朝鮮임이 입증된다. 왜냐하면 齊나라의 환공이 발조선의 虎皮를 청하면서 호피 값을 넉넉하게 지불하게 되니 그 연후에 八千里 영역의 발조선의 명물인 호피를 齊나라로 반출했다는 것이 管子經重甲의 증언이다.

　그런데 발조선의 최대 명물이 虎皮였다는 것은, 후한서동이전의 부여국은 단군조선 때부터 유명했던 단궁을 잘 쏜 만주인들은, 단궁의 명궁들이었기에, 隣國들이 두려워했고, 호랑이를 잡은 호피가 유명했던, 만주의 발조선이었고, 동시에 예맥조선이었음이 입증된다.

　　　管子經重甲　發朝鮮不朝　請文皮筵　服而以爲弊乎　一豹之皮容金也　然後八千里之
　　　發朝鮮　可得而朝也
　　　補助史料　後漢書卷百十五東夷傳　夫餘本濊地也……多勇力善射　弓長四尺　弩矢
　　　用楛　靑石爲鏃　鏃皆施毒　中人卽死　隣國畏患


## (4)『史記匈奴傳』山西省 上谷以東 濊貊朝鮮

　한나라 동쪽 왕들과 장군들은 모두 동쪽의 예맥조선과 접경했던 왕과 장군들이었다고 증언한 사기흉노전 예맥조선 증언은 한나라 동쪽 예맥조선과의 경계를 밝힌 것이었지 예맥조선 내용과 역사를 밝힌 사기흉노전이 아니었던 것이다.

　　　史記卷百十匈奴傳　諸左方　王將居東方　直上谷以往者　東接濊貊朝鮮……是時漢
　　　東拔濊貊朝鮮以爲郡　樂浪(眞番竝合)·玄菟(臨屯竝合)二郡
　　　補助史料　三國志魏志卷三十東夷傳　夫餘故城名濊城　皆本濊貊之地也　漢時夫餘
　　　王葬用玉匣　漢常豫以付玄菟郡　夫餘王死則迎取以葬
　　　補助史料　史記卷三十二齊太公世家　桓公遂伐山戎至于孤竹而還……於是桓公稱

曰 北伐山戎離枝孤竹　索隱注……離枝孤竹　遼西令支縣　有孤竹城
補助史料　史記卷百十匈奴傳　燕北有東胡山戎　自有君長　往往而聚者　百有餘戎

## (5) 『史記蘇秦列傳』 燕東쪽 遼東朝鮮

『사기소진열전』의 燕東有朝鮮 증언은, 전국시대 燕의 위치를 밝힌 것에 불과하기 때문에 燕東有朝鮮 동쪽의 요동이 어디인가 하는 것은 밝혀져 있지 아니하였지만, 연, 동쪽 조선요동의 위치가 『후한서동이전』에서, 고구려가 북평·어양·상곡의 공격을 거쳐 태원까지 진격했을 때 요동태수 蔡彤이 신의로 고구려군과 협상하여 화친을 맺음으로써 고구려군이 돌아가게 하여 태원의 요새들을 모두 회복하게 되었다는 것으로 보아, 전국시대 燕東쪽 朝鮮의 요동은 태원지방이었음을 한서동이전이 입증하고 있다.

　　　史記卷六十九蘇秦列傳　燕文侯曰　燕東有朝鮮遼東　北有林胡樓煩　西有雲中九原
　　　南有嘑沱易水
　　　補助史料　前漢書卷二十八地理志下　武王定殷　封召公於燕東有　上谷·漁陽·右
　　　北平·遼西·遼東　勃海之安次　樂浪·玄菟

## (6) 『史記秦始皇本紀』 秦東쪽 遼東朝鮮

진시황 때의 秦나라 동쪽이 중국대륙 황해바다에 이르렀으나, 조선은 발해 남쪽의 山東等州 동해까지가 조선이었고, 북쪽으로는 秦나라가 황하를 요새로 했던 황하 북쪽 음산산맥 동쪽의 요동이 동북조선국이었다는 증언이다. 그러므로 진시황 때의 조선은, 산동북부로부터 하북과 요서, 요동 전체였다는 증언이다.

　　　史記卷六秦始皇本記　地東至海暨朝鮮　正義　至海謂渤海南至　楊蘇台等州之東海
　　　也　暨及也　東北朝鮮國……北據河爲塞　幷陰山至遼東　正義　黃河陰山在朔州北塞

外 從河傍陰山東至遼東 築長城爲北界
前漢書地理志下 武王定殷 封召公於燕東有 上谷·漁陽·右北平·遼西·遼東
勃海之安次 樂浪·玄菟

## (7) 漢初 『淮南子』 증언 太行山 東쪽 遼東朝鮮

『淮南子』는 漢高祖의 손자로, 한 무제와 거의 동시대의 인물이다. 이러
한 『淮南子』가 燕나라 남쪽의 碣石山과 태행산맥 동쪽이 漢나라 동쪽의
끝이라 하고, 燕남쪽의 碣石山과 태행산을 지나면 조선이었다는 증언이다.
　이러한 『회남자』의 증언대로면, 태행산 동쪽의 조선은 화북평원(華北平原)
위시의 하북(河北)과 요서·요동이었다는 증언이다. 그러므로『회남자』증언
의 태행산 동쪽 조선은『사기조선열전』의 위만조선이었고,『삼국지 동이전』
증언의 준왕조선이었다는 것이 입증된다. 왜냐하면『사기조선열전』의 조선
은 태행산 동쪽 요동의 진번조선이, 다름 아닌 準王朝鮮이었고, 위만조선이
되었음을 입증하고 있기 때문이다.

古典淮南子 時則訓 太行石間東方極 自碣石過朝鮮大人之國
補助史料 史記卷六十九蘇秦列傳 燕南有碣石鴈門之饒 索隱 戰國策 碣石山在常
山九門縣 地理志 大碣石山 右北平驪城縣 西南是也

## (8) 前漢末 楊雄 『方言』 증언 燕東北洌水之間遼東朝鮮

前漢末의 楊雄 저술『방언』에, 燕東北 外鄙朝鮮洌水之間 洌水가 어디에
있는 洌水인가 하는 것이 문제가 되는데, 洌水는 중국북부 음산산맥 동쪽
요동으로부터 발원하여 동남쪽으로 흐르는 열수가 北京 서편을 지나 요동조
선의 낙랑으로 흘러 발해로 들어간다고『사기조선열전』이 증언하고 있다.
　그러므로『방언』에 기록된 洌水는,『삼국지 위지동이전』의 위략에서, 溴
水라는 浿水이고 薩水인데, 洌水·溴水·浿水·薩水라는 洌水는 陰山山

脈 동쪽으로부터 北京 서남쪽으로 흘러 천진을 거쳐 발해쪽으로 들어가는 옛날의 桑乾河이자 오늘의 永定河가 열수임이 입증된다.

方言卷一 燕之外鄙朝鮮洌水之間 方言二 燕之外郊朝鮮洌水之間 朝鮮總督府 朝
鮮史編修會 朝鮮史 第一篇 第三卷 支那史料
史記卷百十五朝鮮列傳 集解 張晏曰 朝鮮有濕水洌水汕水 三水合爲洌水 疑樂浪
朝鮮取名於此也

## (9) 『三國志東夷傳』 魏略 遼東準王朝鮮

진시황이 천하를 통일한 후, 蒙恬將軍으로 하여금 만리장성을 축성케 한 그 장성 축조가 서역의 臨洮에서 요동에 이르렀을 무렵에, 조선왕 否가 서고, 否王이 죽은 다음에는 그 아들 準이 왕이 되었는데, 조선과 燕과의 경계가 溴水라는 浿水를 경계로 했다.

이때 연인 위만이 망명하면서 溴水라는 浿水를 건너 조선에 이르러, 準王에게 투항하고, 조선의 서편에 居했다는 증언인데, 이 溴水라는 浿水가 北京 서북방의 옛날의 桑乾河이자 오늘의 영정하로, 洌水요 溴水요 浿水요 薩水였다는 것을 밝히는 바이다.

三國志魏志卷三十東夷傳 魏略曰 昔箕子之後朝鮮侯……秦並天下 使蒙恬築長
城到遼東時 朝鮮王否立……否死其子準立……朝鮮與燕界於溴水……燕人衛滿
亡命 渡溴水詣準降 求居西界

## (10) 『史記朝鮮列傳』 증언 遼東衛滿朝鮮

일찍이 燕의 전성기였다는 燕昭王(BC 311~279) 때 요동의 진번조선 땅을 공략했다는 것은 중국 사가들의 역사 날조이다. 秦이 燕을 멸했을 때 음산 동쪽 遼東 바깥지경(遼東外徼)이 조선이었다는 증언이 있다. 그리고 전국시대

燕에 속해 있는 浿水를 경계로 했던 조선의 왕도는 王險城이었다고 하는데, 발해 내륙의 요동에 있는 險瀆縣에 朝鮮王舊都인 王險城이 있었다고 하고, 왕검성은 낙랑 浿水 동쪽이었다는 증언이다.

史記卷百十五朝鮮列傳 自始全燕時 嘗略屬眞番朝鮮 秦滅燕屬遼東外徼……至浿
水爲界屬燕 滿亡命 聚黨千餘人 渡浿水 稍役屬眞番朝鮮蠻夷……王之都王險 索
隱 徐廣曰 昌黎有險瀆縣也 集解 應劭 注 地理志云 遼東有險瀆縣 朝鮮王舊都
瓚云 王險城在樂浪郡浿水之東也
補助史料 北魏 酈道元著 水經注 浿水出遼東樓方縣 東南過 臨浿縣 東入於海

## 2. 現行 國史 遼東濊貊朝鮮을 배제하는 이유가 무엇인가

### (1) 遼東濊貊朝鮮 國史 배제는 上古史에 대해 無知해서다

4,300년 전의 단군조선은 역사 아닌 신화라고 단정하는 국사는 단군조선으로부터 위만조선에 이르기까지 사료가 빈곤하다는 주장이다. 왜냐하면 현행국사는 일제식민지사관대로의 반도조선사관 국사이기 때문에 사료가 빈곤하다고 할 수밖에 없는 국사다.

더 정확히 말하면 반도조선사관 입각의 현행국사학계는 반도조선의 역사밖에 알지 못하는 국사학계이기 때문에 요동예맥조선은 반도조선 국사와는 무관하다고 요동예맥조선을 우리 국사에서 배제하고 있다.

이러한 현행 국사학계가 중국의 사서들이 객관적 입장에서 증언하는 고대만주 건국 단군조선 위시의 요동대륙 예맥조선을 우리 국사에서 배제하는 이유가 반도조선역사 이외의 우리 대륙조선 상고사를 아는 바가 없는 국사의 무지에서 기인되는 요동예맥조선 국사배제의 첫째 이유임을 밝힌다.

그러므로 현행국사학계에서 문제로 되는 것이 우리 반도조선족의 기원이 동이족이고 예맥족이라는 것을 깨닫지 못하고, 중국의 사서들이 증언하는 숙신과 동이와 通古斯(Tungus)와 예맥과 동호가 반도조선족과는 상관이 없다는 역사인식에 따라 이들 肅愼·東夷·濊貊·東胡와 우리는 별개 종족이라고 착각하고 있다는 것이다.

그 증거가 숙신·동이·동호·예맥은 근본적으로 숙신동이로부터 뿌리를 같이하는 異名同體의 종족이라는 것을 인식하지 못하는 역사의 무지에서 예맥조선이 우리의 국사에서 배제되고 있음이 입증된다.

우리 민족 종족 개념은 반도조선족 이외의 만주족인 예맥족까지 임을 부인할 수 없으며, 우리 민족의 기원을 고대 만주의 산융 숙신 동이로부터 봐야 함을 모르고 있는 국사학계다.

광의의 동이는 산융숙신으로부터인 중원대륙의 동이, 더 나아가서는 흉노족까지가 동이이고, 고대 만주의 숙신으로부터 기인된 通古斯(Tungus)와 요동·요서지방의 동호·오환·선비까지와 그 후는 읍루·말갈·契丹·여진 등 이 모두가 동이에서 분파된 종족칭임을 부인할 수 없다.

그러므로 광의의 동이족으로 고대 중국 동이 그리고 흉노족을 고사하더라도 동호·오환·선비족을 동이족에서 배제할 수 없다. 아무리 우리 민족의 종족개념을 협의로 보더라도 예맥족을 우리 민족 개념에서 배제할 수 없는 것이 부여와 고구려족을 예맥족에서 배제할 수가 없기 때문이다.

이렇게 볼 때 오늘의 우리 국사에서 예맥조선이 배제되는 것은 일제식민지사관 그대로의 반도사관에 의거하는 예맥족 국사배제임을 부인할 수 없다. 그리고 우리 민족 5천 년사 부인도 해방 후 이병도『국사대관』에 따른 단군조선 부인이고 BC 10세기 전후 요령중심 고조선족이라는 것도 1970년대 이후 안호상 박사 위시 재야민족사학계로부터 일부의 대륙조선사관을 받아들였던 요령중심 고조선 국사임을 부인할 수 없다.

그러므로 우리의 종족 또는 민족개념은 4,000년 내지 5,000년 전의 만주 속신 동이로부터 기인된 민족개념이어야 하는 것이니 우리 민족의 종족개념을 광의의 종족 또는 민족과 狹義의 종족 또는 민족으로 나누어서 보아야 한다는 것을 밝힌다.

왜냐하면 우리 민족이라는 종족을 광의로 보면 고대 숙신으로부터 기인된 중원대륙의 동이와 흉노족까지로 거슬러 올라갈 수 있고, 고대 만주의 通古斯(Tungus) 동호·예맥까지가 고대 우리 민족의 종족에 속하는 것임을 부인할 수 없다.

그러나 협의의 종족 또는 민족은 반도족과 예맥족까지를 상정하고 있으니 아무리 협의로 보더라도 예맥족을 우리의 종족 개념에서 배제하게 되면 부여족과 고구려족도 우리 민족 개념에서 배제될 수밖에 없다. 그러므로 우리가 상고사를 정립함에 있어서 예맥조선을 우리의 국사에서 배제할 수 없는 연유가 바로 여기에 있음을 국사학자들이 인식해야 한다는 것을 밝힌다.

여기에서 분명히 밝히는 것은 현행국사에서 예맥조선이 배제되는 연유는 일제식민지사관의 잔재인 반도조선사관에서 예맥조선이 우리의 국사에서 배제되고 있다는 사실을 밝힌다. 바꾸어 말하면 우리 국사가 일제식민지사관에서 탈피한 국사라고 하려면 예맥조선이 우리의 국사로 복원되어야 한다는 말이다.

이렇게 볼 때 반도조선사관의 역사 이외는 아는 바가 없는 국사학계는 국사교사지도서 63쪽에 객관적 입장에서 동이·예맥역사를 증거하는 중국 사서들인 사기와 한서와 삼국지 동이전이 우리 민족 상고사 연구의 기본사료가 되어야 한다면서도 현행국사학자 가운데서 중국의 사기·한서·삼국지 동이전을 우리 상고사 연구의 기본사서로 하고 있는 국사학자를 발견하기가 지극히 어려운 것이 현실임을 지적하지 않을 수가 없다.

그 이유는 현행국사학자의 역사인식은 반도조선 역사인식 이외는 없기 때문에 중국 사서들 요동조선 증언 사료를 보아도 깨닫지 못하는 見而不見의 장님 국사학자들뿐이라는 사실을 밝히지 않을 수가 없다. 그 대표적인 사례가 우석대의 趙某 교수와 서울대의 韓某 교수가 숙신은 만주족이기 때문에 우리 민족과는 무관하다는 주장이 바로 이러한 사실을 입증하는 바이다.

국사교사지도서 36쪽에 국사학계에서 심혈을 기울인 국사연구팀에서 제출한 연구성과를 바탕으로 한다는 국사교사지도서이지만 국사교사지도서 63쪽 "우리 고대사 연구의 기본사서는 중국 사기·한서·삼국지 동이전이다."라고 기술해 놓고 막상 국사학자 가운데서 중국 사기·한서·삼국지 동이전을 상고사 연구의 사료로 삼고 있는 국사학자를 찾기가 심히도 어렵다는 사실을 말하지 않을 수 없다.

그러므로 이보다 더한 모순이 그 어디에 있다는 말인가? 왜냐하면 우리 민족 상고사 연구의 기본사서는 객관적 중국 사서인 "사기·한서·삼국지 동이전이다."라고 해 놓고 막상 재야사학자가 중국 사서인 사기·한서·삼국지 동이전 증언의 요동예맥조선 역사를 제시하니 현행 국사대본인 이병도 국사대관의 정설과 통설과 다르다고 배격하는 것 이상의 모순이 그 어디에 있는 것인지를 알 수가 없음을 밝힌다.

## (2) 遼東濊貊朝鮮 國史 복원 반대는 國史學界의 직업의식 때문이다

현행국사학자들의 국사지식은 반도조선 역사 이외는 교육받은 바가 없음에 따라 국사학자들의 국사지식은 반도조선 역사 이외는 아는 바가 없기 때문에 반도조선사관이 아닌 대륙조선 역사를 국사학계에서 받아들일 경우 현행국사학계 국사학자들은 직업을 잃어버릴 수도 있다는 위기의식이 존재한다. 그래서 현행국사학자들이 중국 사서들 증언의 요동대륙 예맥조선을 받아들이는 국사개정을 반대하는 것이 아닌가 하고 보인다.

여기에 그 증거로서의 실례로 국립서울대학교 2008년도 심리학 과장 金某 교수와의 대화를 보도록 한다. 19세기 다윈 생물진화론 이전까지의 심리학은 인간의 본성을 이성이라고 인정함에 따라 인간본성의 이성적 심리학을 중시했었다.

그러나 20세기의 심리학은 다윈의 생물진화론에 입각하여 인간도 일종의 동물로 보는 데 문제가 있다. 인간의 본성을 이성으로 보지 않고 동물본능작용에 의거한 동물심리학이 과학적 심리학이라는 주장은 동물본능작용의 동물심리가 인간심리작용의 전부라는 동물본능 입각 심리학을 교육하고 있다.

그러므로 수단방법 불사의 약육강식심리 그 자체가 진리가 되는 사회가 되었다. 인간 理性 중심의 양심이 죽어 버릴 수밖에 없는 심리학 교육이 됨에 따라 인간이성적 심리학인 내관심리학 교육으로 인간의 이성적 양심을 살리는 심리학교육이 되어야 한다고 하였던 바 심리학과장 자신은 이성심리학은 모르니 이성심리(理性心理) 교육을 해야 한다면 자신은 직업을 잃어버릴 수밖에 없다는 주장이 이러한 사례의 대표적 케이스(case)가 아닐까 한다.

이러한 사례에서 보듯이 중국동북공정을 극복해야 할 국사학계가 반도조선 국사교육에서 대륙조선 국사교육으로 전환할 경우 강단사학 교수들 직업이 없어질 수 있다는 위기의식을 지니고 있음을 부인하기 어렵다. 그 증거가 전국 국사학계의 선도적 역할을 하고 있는 국립서울대학 이병도 중심 국사학계와 그 외 신석호 중심 국사학계 사이의 Hegemonie 쟁탈전이다. 동북공정 극복을 위한 고구려연구재단과 동북아역사재단으로의 교체가 실상은 국사학계 내의 밥그릇싸움인 것이다.

그러므로 국사학계에 호소하는 바는 국사학 교수들이 요동예맥조선 국사 복원을 극력으로 반대할 것이 아니라 하루 속히 중국 사서들 요동예맥조선 증언의 국사인 대륙조선의 역사를 연구하여 중국의 동북공정을 극복하는 국사학계가 되어야 한다는 것을 밝힌다.

인간 理性 중심의 양심이 죽어 버릴 수밖에 없는 심리학 교육이 됨에 따라 인간이성적 심리학인 내관적 심리학 교육으로 인간의 이성적 양심을 살리는 심리학교육이 되어야 한다니 심리학 과장 자신은 이성심리학(理性心理學) 교육을 해야 한다면 직업을 잃어버릴 수밖에 없다는 주장이 이러한 사례의 대표적 케이스(case)임을 부인할 수 없다.

이러한 사례가 중국동북공정을 극복해야 할 국사학계가 반도조선 국사교육에서 대륙조선 국사교육으로 전환할 경우 대륙조선 국사를 알지 못하는 강단사학 교수들 직업이 없어질 수 있다는 위기의식을 지니고 있음을 부인하기 어렵다.

그러므로 국사학계에 호소하는 바는 국사학 교수들이 하루 속히 중국 사서들 요동예맥조선 증언의 국사인 대륙조선의 역사를 연구하여 중국의 동북공정을 극복하는 국사학계가 되어야 한다는 것을 강력히 촉구한다.

이렇게 볼 때 국사학계에서 동북공정 극복을 위해 요동대륙조선 국사의식

전환보다 더 시급한 것은 없는 것이니 하루빨리 대륙조선 국사를 인식하는 교수가 속출하기를 애타게 기다리고 있다는 사실을 국사학계에서 인식하실 것을 간곡한 심정으로 호소하는 바이다.


## 3. 中國史書에는 半島朝鮮 증언史料가 全然 없다


중국 사서들에 나타나는 조선은, 모두가 요동조선 증언뿐이고 한반도가 조선이었다고 증언한 사서가 전연 없다. 그 증거가 현행국사학계에서 반도조선이라고 교육하고 있는 준왕조선이나 위만조선 증언 사서는 중국의 삼국지 동이전 위략의 요동준왕조선 증언이고 요동위만조선 증언 사서들이지 반도준왕 또는 반도위만조선 사료가 아니다.

그럼에도 불구하고 해방 후의 국사학계는 준왕조선과 위만조선을 반도조선이라고 교육해 왔고 교육하고 있다. 이 사실의 확인을 위하여 중국 삼국지 동이전 위략 준왕조선 사료의 원문과 사기조선열전 위만조선 사료의 원문을 여기에 전재한다.

① 三國志魏志卷三十東夷傳 本文 准旣僭號稱王 爲燕亡人衛滿所攻奪 注魏略曰 昔箕子之後朝鮮侯……燕乃遣將秦開攻其西方 取地二千餘里 至滿潘汗爲界 朝鮮遂弱 及秦并天下 使蒙恬築長城到遼東時 朝鮮王否立 否死 其子準立……朝鮮與燕界於溴水(浿水) 燕人衛滿亡命 度溴水(浿水) 詣準降 說準求居西界 準信寵之 賜以圭 封之百里 令守西邊……滿詐遣人告準言 漢兵十道至 求入宿衛 遂還攻準 準與滿戰 不勝也 本文 將其左右宮人走入海 居韓地 自號韓王 其後絶滅 今韓人猶有奉 其祭祀者 漢時屬樂浪郡 四時朝謁 註 魏略曰 初右渠未破時 朝鮮相曆谿卿以諫右渠不用……

② 史記卷百十五朝鮮列傳 自始全燕時 嘗略屬眞番朝鮮 秦滅燕屬遼東外徼 漢興 復修遼東故塞 至浿水爲界 滿亡命渡浿水 居秦故空地上下鄣 稍役屬眞番朝鮮 蠻夷 王之都王險 集解 徐廣曰 昌黎(渤海地方) 有險瀆縣也 索隱 應劭注 地理志云 遼東有險瀆縣 朝鮮王舊都
高后時天下初定 遼東太守卽約滿爲外臣……以故滿得兵威財物 侵降其旁小

邑 方數千里 注括地志云 朝鮮東西千三百里 南北二千里……

元封二年 漢使涉河譙諭右渠 終不肯奉詔 河去至界上 臨浿水 使馭刺殺送河

者 朝鮮裨王長 卽渡馳入塞 正義入平州楡林關也

左將軍荀彘出遼東討右渠……左將軍卒正遼東先兵敗散……左將軍擊朝鮮浿

水西軍 未能破……朝鮮相路人 索隱 路人漁陽人也

以故遂定朝鮮 爲四郡 封參爲澅清侯 集解注 屬齊 陰爲萩苴侯 注 渤海 峽

爲平州侯 最爲涅陽侯 集解注 屬齊

③ 史記卷百十匈奴傳 直上谷以往者 東接濊貊朝鮮……漢使楊信於匈奴 是時東

拔濊貊朝鮮以爲郡 正義注 樂浪(眞番竝合) 玄菟(臨屯竝合)二郡

④ 後漢書卷百十五 東夷傳 燕人衛滿 擊破準朝鮮 傳國至孫右渠 元朔元年 濊君

南閭 畔右渠 率二十八萬口 詣遼東內屬 武帝因其地 爲蒼海郡 數年乃罷

⑤ 漢書地理志卷二十八下 樂浪・玄菟 武帝時置皆濊貊朝鮮 箕子去之朝鮮 樂浪

郡武帝元封三年開奔日 樂浪屬幽州 應劭日 武王封箕子於朝鮮 玄菟郡屬幽州

應劭日 故眞番朝鮮

⑥ 後漢書卷一下 初樂浪人王調 據郡不服 樂浪郡 在遼東 故朝鮮國也


　중국의 사서들 증언이 이러함에도 불구하고 일제해방 후 오늘에 이르기까지 준왕조선과 위만조선을 반도조선이라고 교육해 왔는데 중국의 사서에서는 준왕조선이나 위만조선을 반도조선이라고 할 수 있는 근거를 전연 찾을 수가 없다. 그런데도 국사학계에서 이날까지 준왕조선과 위만조선을 반도조선이라고 교육해 왔던 그 근거 사서와 사료를 알 수가 없다는 것을 밝힌다.

　국사학계가 준왕조선과 위만조선을 반도조선이었다고 교육하려면 반도조선이라고 교육할 수 있는 근거 사서와 사료가 있어야 하는 것인데도 이상으로 열거한 사서인 삼국지 위지동이전 위략 준왕조선과 사기조선열전의 위만조선을 반도조선이라고 교육할 수 있는 근거를 찾을 수가 없다는 것을 밝힌다.

　만의 하나 국사학계가 이상으로 열거한 중국의 사서들 가운데서 준왕조선과 위만조선을 요동조선 아닌 반도조선이었다고 할 수 있는 근거가 될 수 있는 부분이 있으면 구체적으로 어느 사서의 어느 부분이 반도조선이라 할 수 있는 부분인지를 지적해 주시기 바란다.

　왜냐하면 중국의 동북공정 극복을 위해 저자가 중국의 사서인 사기와 한서와 삼국지 동이전을 아무리 살펴보아도 요동조선 증언의 사서와 사료 이외의 한반도가 조선이었다고 증언하는 사서와 사료를 찾을 수가 없다는 것을 확인하고 또 확인했기 때문임을 밝힌다.

그럼에도 불구하고 동북아역사재단의 연구원이신 오강원 박사는 중국의 사기조선열전 조선은 요동조선 아닌 반도조선이라는 것을 강변하기를 중국 사기조선열전 원문을 주해한 徐曠과 應劭가 위만조선의 왕도는 요동발해지방인 昌黎地方의 險瀆縣에 위만조선의 왕도가 있었다는 注를 薛瓚이 반도 평양이 위만조선의 왕도였다고 바로잡았다는 주장의 근거를 알 수가 없다는 것을 밝혔다.

그러므로 오강원 박사는 고조선은 어디였나 논문에서 국사학계의 꾸준한 연구성과의 凱歌가 반도 대동강 중심 준왕조선과 위만조선 고조선 확인이라는 주장이니 오강원 박사는 이상으로 열거한 6종의 사서들 중에서 한반도가 조선이었다는 부분과 그 이외 사서라도 한반도가 조선이었음의 입증 사료가 있으면 동북공정 극복을 위해 밝힐 것을 강력히 당부하는 바이다.

第3節 遼東衛滿朝鮮과 漢四郡

## 1. 史記 증언 遼東衛滿朝鮮

삼국지 위지동이전 위략 증언의 준왕조선은 반도조선 아닌 요동조선이었다는 증언이고 사기조선열전 위만조선 역시 반도조선 아닌 요동의 진번조선이 준왕조선이었고 따라서 요동준왕조선이던 진번조선을 탈취했던 위만조선의 왕도는 요동패수(浿水) 동쪽 발해내륙 험독현의 창려지방 왕검성이었다는 증언이다.

① 三國志魏志卷三十東夷傳 魏略曰 昔箕子之後朝鮮侯……秦並天下 使蒙恬築長城到遼東時 朝鮮王否立……否死其子準立……朝鮮與燕界於浿水……燕人衛滿亡命 渡浿水詣準降 求居西界

② 史記卷百十五朝鮮列傳 自始全燕時 嘗略屬眞番朝鮮 秦滅燕遼東外徼 至浿水爲界屬燕……稍役眞番朝鮮蠻夷 王之都王險 索隱徐廣曰 王儉城昌黎有險瀆縣 集解應劭注 地理志云 遼東有險瀆縣 朝鮮王舊都

그런데 조선으로 망명한 위만은 준왕을 속이기를 한나라가 조선을 침공해 들어오고 있으니 위만 자신이 수도 왕검성을 호위하겠다고 준왕을 속이고 왕검성을 점령하여 준왕을 몰아내고 진번조선의 왕이 됨(BC 194)에 따라 이 조선을 위만조선이라 일컫게 되었다.

이러한 위만은 한나라의 고조가 죽고 여태후가 섭정했을 때이던 한초 모반들의 대란이 일어났던 때를 이용하여 한나라 쪽 옛날의 齊나라 지방 영토를 침탈하여 국토를 넓혔다.

　　그런데 BC 195년에 진번조선을 탈취했던 위만의 손자 우거가 왕이 되었
을 때 한 무제는 우거를 회유하기 위하여 섭하를 사신으로 보내었다. 그러
나 우거가 사신의 말을 받아들이지 않게 되자 사신 섭하가 한나라로 돌아가
면서 요동패수에 이르러 자신을 호위하던 조선의 비왕장을 죽이고 한나라로
돌아가 무제에게 조선의 장수를 죽이고 왔노라고 보고하니 무제가 섭하를
요동동부도위로 임명했는데 우거가 요동으로 출병시켜 동부도위 섭하를 죽
임에 따라 한나라와 위만조선 사이에 전쟁이 일어나게 되었다(④).



　　이 전쟁에서 한 무제는 발해 쪽 조선의 수도 왕검성의 공격을 위해 수군
을 먼저 발해 쪽으로 보내었던 바 수군장군 양복이 육군보다 먼저 전공을
세우기 위해 순체(荀彘)가 이끄는 육군이 요동에 도착하기도 전에 수군 단독
으로 발해 쪽의 왕검성을 공격했다가 대패한 다음 다시 전열을 가다듬어 전
쟁에 임했었다.
　　그리고 육군의 순체가 요동에 도착하여 조선이 요동 패수를 방어선으로
했던 위만조선과의 전쟁이 장기화되자 위만조선의 상(相)과 장군이 한나라로
투항하고 이계상참(尼谿相參)이 사람을 시켜 우거왕을 죽게 함으로써 전쟁의
승리가 한나라로 돌아가게 되었음이 BC 108년이었다.

⑤ 天子擊朝鮮 樓船將軍楊僕 從齊浮渤海 右渠出城擊樓船 樓船軍敗散走……左
　　將軍荀彘兵五萬 出遼東討右渠……左將軍擊朝鮮 浿水西軍未能破 朝鮮相路
　　人・相韓陰・尼谿相參・將軍王唊 相與謀曰欲降漢 元封三年 尼谿相參乃使
　　人 殺朝鮮王右渠來降

　　이와 같은 전쟁의 승리는 한나라의 무력에 의한 승리가 아니었기에 한 무
제는 한나라 수군장군 양복을 전쟁 불승(不勝)의 책임을 물어 폐서인이 되게
했고, 육군의 장군 순체도 전쟁불승(不勝)의 책임을 물어 그의 목을 베어 거
리에 매달게 하는 효수형을 내렸으니 한 무제가 위만조선과의 전쟁불승의
충격이 얼마나 컸던가 하는 것은 가히 미루어 알 수 있게 된다(⑥).

　　⑥ 以故遂定朝鮮爲四郡 封參爲澅淸(山東)侯 陰爲萩苴(渤海)侯 唊爲平州(河北)侯
　　　最爲涅陽(齊地方)侯 長爲幾(河東)侯……左將軍微至棄市 樓船將軍贖爲庶人

## 2. 史記 漢武帝設置 遼東漢四郡 存立期間

　　漢의 무제가 드디어 패망한 위만조선에 한사군을 설치한다고 하고 위만
이 한초 모반 대란의 틈을 타서 국토를 넓혔던 지난날 창해군을 설치했던
북부 산동(山東)지방에 홰청군을 설치하고 옛날의 제(齊)지방에 온양군을 설
치하고 하북지방에 평주군을, 발해지방에 추저군을 각각 설치한 것이 한사
군이었다.

　　史記卷八 高帝本記 項羽叛漢 高祖六年 楚王韓信謀叛 是日大赦……封韓信淮陰
　　候 十一年 淮陰候 韓信謀叛 關中夷三族 淮南王鯨布叛 高帝自往擊之 燕人盧縮
　　使人之陰謀

　　여기에서 위만조선에서 가장 먼저 한나라로 투항했지만 종전을 보지 못하
고 사망한 路人(漁陽人)의 아들 최(最)를 제지방의 온양후로 봉하고, 그다음

사람을 시켜 우거왕의 목을 베게 했던 이계상참을 산동지방의 홰청후로 봉하고, 투항한 장군 왕협을 하북지방의 평주후로 봉하고, 투항한 조선상한음을 발해지방의 추저후로 봉했다.

그리고 우거왕이 피살된 후에도 계속해서 항거했던 대신(大臣) 성기(成己)와는 달리 우거왕이 죽은 다음에 한나라로 투항했던 우거의 아들 장(長)은 패망한 위만조선과는 거리가 멀리 떨어진 하동지방의 기(幾)후로 봉하고 한사군에서 제외됐다.

① 史記卷百十朝鮮列傳　元封三年夏　尼谿相參　乃使人殺朝鮮王右渠來降……以故遂定朝鮮爲四郡　封參爲澅淸(山東)侯　陰爲萩苴(渤海)侯　唊爲平州(河北)侯　最以父死頗有功爲涅陽(齊地方)侯　長爲幾(河東)侯

〈그림 13〉 史記朝鮮列傳의 漢四郡名과 그 位置

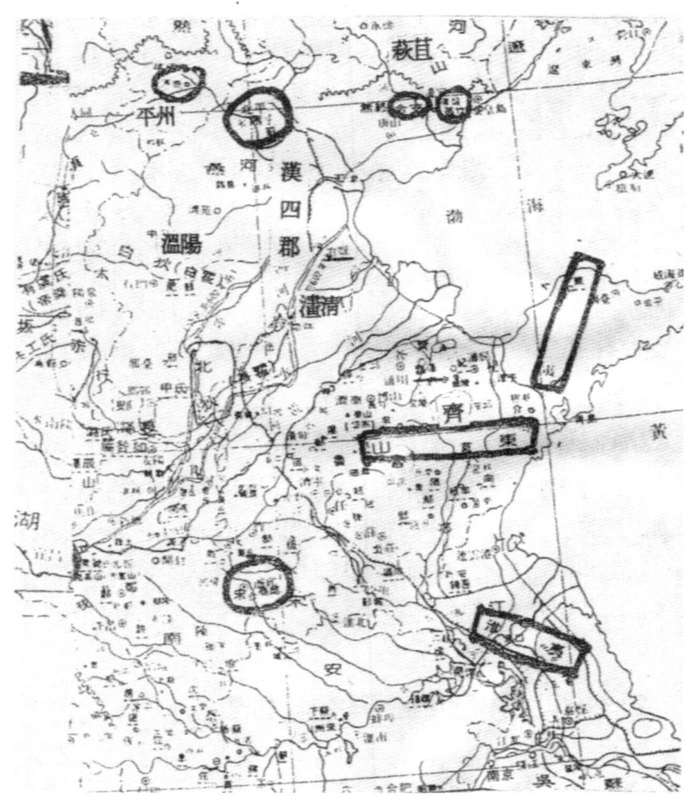

그러나 기후로 봉함을 받았던 우거의 아들 장(長)이 모반함에 따라 기(幾)군은 없어져 버렸고, 하북지방의 평주후이던 王唊은 후(侯)가 된 지 4년 만에 죽고 후사(後嗣)가 없다는 이유에서 하북의 평주군은 없어졌고, 조선상로인의 공으로 온양후가 되었던 最 역시 평주후이던 왕겹이 죽은 지 2년 후에 죽고 그도 역시 후사가 없다는 이유로 온양군도 없어져 버렸다.

② 史記卷二十建元以來侯者年表第八　幾郡在河東　朝鮮王子，長謀反死國除　平
　　州侯唊朝鮮將漢兵降侯　封四年侯唊薨無後國除
③ 史記侯者年表　溫陽侯　最以朝鮮相路人　漢兵至首先降道死　其子最侯　太初二
　　年死無後國除

그리고 사람을 시켜 우거왕을 죽였던 공으로 홰청후가 되었던 참은 패망 위만조선의 포로들을 숨겨 주었던 죄가 11년 만에 드러나서 투옥된 후 옥사함으로써 홰청군도 없어졌고 마지막으로 발해지방의 추저후였던 한음(韓陰)은 천수대로 살기는 했으나 그도 후사가 없다는 데서 추저군도 19년 만에 없어지고 말았다.

④ 前漢書卷十七功臣表　澅淸在齊　以朝鮮尼谿相參　使人殺其王右渠降侯　封十一
　　年天漢二年　坐匿朝鮮亡虜　下獄病死
⑤ 前漢書功臣表　萩苴在渤海　以朝鮮相韓陰漢兵圍之降侯　封十九年延和二年　封
　　終身不得嗣

그러므로 한 무제 때 설치되었던 한사군은 설치된 지 19년 만에 모두 없어져 버렸는데 한사군이 없어져 버린 지 150여 년이 지난 후의 한서조선전에 한사군이 낙랑·진번·임둔·현도군이었다고 기술된 것은 한사군이던 홰청·추저·평주·온양군이 설치된 지 20년 만에 철폐되고도 6년이 더 지난 후이던 武帝 다음의 昭帝始元五年(BC 82)에 한사군이 낙랑·진번·임둔·현도로의 개명과 동시에 진번군은 낙랑군으로, 임둔군은 현도군으로 각각 병합과 동시 한사군 직할령인 幽州로 편입된 후의 한사군이 낙랑·현도가 되었음이 입증된다.

史記卷百十五朝鮮列傳 以故遂定朝鮮 爲四郡 澅淸·萩苴·平州·溫陽侯
前漢書卷九十五朝鮮傳 故遂定朝鮮爲四郡 樂浪·眞番·臨屯·玄菟 澅淸(山
東)·萩苴(渤海)·平州(河北)·溫陽(齊地方)侯

그러하기에 『전한서지리지』 낙랑(진번병합)·현도(임둔병합)군은 한 제국의 직할령인 유주로 편입되었다고 증언하고, 유주로 편입되었던 낙랑·현도군은 옛날의 요동진번조선이던 예맥조선에 설치되었음을 명명백백하게 증언하고 있고, 『후한서광무제기』 역시 한사군으로 알려져 있던 낙랑군은 요동낙랑군이었음을 재론의 여지없이 입증하고 있다.

前漢書地理志卷二十八下 武帝時置 樂浪·玄菟(莽曰 屬幽州) 皆濊貊朝鮮箕子去
之朝鮮(應劭注 眞番朝鮮國)
後漢書卷一光武帝記下 初樂浪人王調 據郡不服 樂浪郡在遼東故朝鮮國

그럼에도 불구하고 현행국사학계는 옛날의 齊지방에 설치되었던 홰청과 온양 그리고 하북지방의 평주와 발해지방의 추저는 한사군이 아니고 위만조선 패망에 결정적 공적을 세운 사람들에게 봉한 侯地였다고 주장하고 한사군은 홰청·온양·평주·추저가 아니라 한반도 낙랑·진번·임둔·현도였다는 주장들이다.

이렇게 볼 때 현행국사학계는 한사군 설치 기본사료와 한사군 설명의 보조사료도 식별하지 못하는 국사학계임이 입증된다. 그 증거가 한사군 설치의 기본사료는 어디까지나 한사군 설치 목격기이던 사마천 찬술의 사기조선열전인 것이고, 사마천으로부터 150여 년 후의 반고 찬술의 전한서 조선전은 어디까지나 한사군 설명의 보조사료에 지나지 않는 사료라는 것은 그 누구도 부인할 수 없는 것이다.

사실이 이러한데도 국사학계에서 이상의 증언을 부인하는 국사학자가 있다면 한사군 설치의 목격기이던 사기조선열전에 위만조선이 패망함에 따라 이로써 드디어 패망위만조선을 사군으로 삼는다고 하고 홰청·온양·평주·추저에 각각 侯를 봉한다고 밝힌 한사군명을 부인하고 반고가 찬술한 조선전의 낙랑·진번·임둔·현도가 한사군명이었다면 사마천으로부터 반고에 이르는 사이의 150여 년 동안의 한사군명은 무엇이었던 것인지를 알 수가 없으니 밝힐 것을 당부한다.


## 3. 漢書地理志 樂浪·玄菟 幽州編入 漢帝國直轄領 증언


한사군 설치 목격기는 사기조선열전이다. 그러므로 한사군의 기본사료는 사기조선열전이고 그로부터 150년 후의 한서조선전은 한사군 설명의 보조사료라는 것을 밝히었다. 그러나 불행히도 한사군의 기본사료와 보조사료를 식별하지 못하고 있는 현행국사학계임이 입증되고, 한사군은 유주로 편입된 후의 낙랑이고 현도임을 모르고 있는 것이 현행국사학계다.

이러한 한서 조선전의 낙랑·진번·임둔·현도란 司馬遷(BC 145~68)으로부터 150여 년이 지난 후에 한서를 찬술한 班固(AD 32~92)로부터 사마천 때 홰청·추저·평주·온양 한사군명이 낙랑·진번·임둔·현도로 개명된 것인데 이 개명은 한사군이 한 제국의 직할령인 유주로 편입되면서 개명된 것임을 밝힌다.

> ① 前漢書卷二十八地理志下 武帝時置 樂浪·玄菟 皆滅貊朝鮮 殷道衰 箕子去
> 　之朝鮮 武帝元封三年 開樂浪·玄菟 莽曰屬幽州 應劭曰故眞番朝鮮國
> ② 後漢書卷一光武帝記下 漢初樂浪人王調 據郡不服 樂浪在遼東故朝鮮國


그 증거가 사기흉노전 역시 낙랑·현도군이 설치된 곳은 반도조선이 아닌 요동의 예맥조선이었다는 증언이다. 왜냐하면 한 무제에게 패망한 위만조선은 진번조선이었던 것으로 진번조선은 예맥조선의 부족국가였음이 입증된다.


> ③ 史記卷百十匈奴傳 漢使楊信於匈奴 是時漢東拔滅貊朝鮮以爲郡 正義 樂浪·
> 　玄菟二郡

④ 後漢書東夷傳 漢武帝時 衛滿朝鮮部族長 滅君南閭畔右渠 置蒼海郡 數年乃
罷 武帝元封三年 滅朝鮮分置 樂浪·眞番·臨屯·玄菟

그뿐 아닌 『후한서동이전』과 『삼국지 동이전』의 증언은 후한의 8대제이
던 순제(AD 126~144) 때부터 충제·질제·환제를 거쳐 영제 건영 2년(169)까
지 한사군이라던 요동낙랑군을 고구려가 43년간이나 점령했었다는 증언이
한사군의 낙랑군과 현도군은 반도한사군이 아닌 요동한사군의 낙랑군이었음
을 재론의 여지없이 입증하고 있으니 이날까지의 국사 반도한사군은 유령의
한사군이었음을 밝힌다.

⑤ 後漢書卷百十五東夷傳 三國志魏志卷三十東夷傳 順·桓之間(126~167) 高句麗
復犯遼東 殺帶方令 掠得樂浪太守妻子 靈帝建寧二年(169) 玄菟太守耿臨討之

그런데도 일제강점기부터 해방 후의 우리 국사는 위만조선은 반도조선이
었고 한사군 또한 반도한사군이었다는 국사인데 이러한 국사는 일제가 우리
조선의 역사를 반도조선으로 만들어 버린 일제의 식민지사관 그대로의 국사
이기 때문에 한사군도 반도한사군이었다는 국사다.
하지만 한사군 설치 당사국인 중국의 사서들에는 한사군이라던 낙랑군과
현도군은 예맥조선의 부족국가이던 진번조선을 탈취했던 패망위만조선의 고
토에 설치된 요동한사군이었음을 사기조선열전과 사기흉노전과 한서지리지
가 재론의 여지없이 입증하고 있다.

⑥ 史記卷百十五朝鮮列傳 自始全燕時 嘗略屬眞番朝鮮……稍役眞番朝鮮蠻夷
王之都王險 集解 徐廣曰 昌黎有險瀆縣也 應劭注 地理志云 遼東有險瀆縣
朝鮮王舊都
⑦ 史記卷百十匈奴傳 以求和親 漢使楊信於匈奴 是時漢東拔滅貊朝鮮以爲郡 樂
浪(眞番竝合) 玄菟(臨屯竝合) 二郡

그러므로 한 무제 때 패망한 위만조선에 설치되었던 낙랑군과 현도군은
요동기자조선의 고토로서 예맥조선이던 진번조선을 탈취했던 패망위만조선

을 드러내어 설치했던 낙랑과 현도군은 산동·하북·요서·요동 한 제국의
직할령인 유주로 편입했다는 증언이다.

⑧ 漢書卷二十八地理志下　武帝時置　樂浪·玄菟　皆濊貊朝鮮　殷道衰　箕子去之
　　朝鮮　武帝元封三年　開樂浪·玄菟　屬幽州　故眞番朝鮮國

그 증거가 전한서 식화지에 한 무제가 문제(文帝) 때와 경제(景帝) 때의 분
을 풀기 위하여 팽오(彭吳)를 시켜 위만조선의 부족장이던 예군남려를 매수
하여 창해군을 설치했던 곳이 위만조선이었다는 증언이 이상의 사실을 입증
하는 바이다.

⑨ 前漢書卷二十四下食貨志　武帝因文景帝之畜　忿胡粤之害……彭吳穿濊貊朝
　　鮮置蒼海郡

더 정확히 말하면 후한서동이전에 한 무제가 위만조선의 부족장이던 예군
남려(濊君南閭)를 매수하여 BC 128년에 창해군을 설치했다가 주민들의 강력
한 반발에 견디지 못하고 수년 내에 창해군을 철폐해 버렸던 곳이 위만조선
이었기에 한 무제가 그로부터 20년 후이던 BC 108년에 위만조선을 멸한 자
리에 낙랑·진번·임둔·현도군을 설치했다가 소제 때인 BC 82년에 진번
군을 낙랑군으로 병합하고 임둔군을 현도군으로 병합했다는 사실을 재론의
여지없이 명명백백하게 입증하고 있다.

⑩ 後漢書卷百十五東夷傳　燕人衛滿擊破準朝鮮　傳國至孫右渠　元朔元年　濊君南
　　閭畔右渠　卒二十八萬口　詣遼東內屬　武帝以其地爲蒼海郡　數年乃罷　至元封
　　三年　滅朝鮮　分置樂浪·眞番·臨屯·玄菟四郡　至昭帝始元五年　罷眞番·
　　臨屯以並樂浪玄菟

그런데도 국사학계와 국사편찬위원회와 교육부는 그 무슨 사료에 근거하
여 위만조선을 반도조선이었다고 교육하고 한사군의 낙랑군이 한반도의 평
양이었다는 국사교과서인지 알 수가 없다.

한서지리지 입증의 한사군은 후한서동이전 기자조선 이후의 요동예맥조선에 설치되었는데 패망위만조선은 예맥조선의 부족국가이던 요동의 진번조선을 탈취했던 위만조선이었다는 증언이고 한사군은 한 제국의 직할령인 유주로 편입되었다는 증언이다.

⑪ 前漢書卷二十八下地理志下  武帝時置樂浪·玄菟  皆滅貊朝鮮 殷道衰 箕子去
之朝鮮 武帝元封三年 開樂浪·玄菟  奔日屬幽州 應劭日 故眞番朝鮮國也

## 4. 三國志魏志東夷傳 遼東樂浪 高句麗 43년간 점거

이상의 전한서 식화지와 후한서동이전 증언대로 예맥조선의 부족국가이던 패망 위만조선 고토에 설치되었던 한사군은 요동 한사군이었기에 고구려 제7대 차대왕(146~165) 때 한 제국 직할령인 요동낙랑군을 43년간이나 점령했음이 한사군의 낙랑군은 반도평양이 아니었음의 입증이다.

後漢書卷百十五東夷傳·三國志魏志卷三十東夷傳  順(126~144)·桓帝之間  高句
麗復犯遼東  攻西安平殺帶方令  掠得樂浪太守妻子  靈帝建寧二年(169) 玄菟太守
耿臨討之

## 5. 中國 三國志東夷傳과 우리 國史 正史인
##    三國史記 半島漢四郡 반증

일제 해방 후 이날까지의 국사는 위만조선 패망 후 漢나라의 낙랑군이 한반도 평양에 BC 108년부터 AD 313년까지 420년간이나 건재하다가 고구려 제15대 미천왕 14년(AD 313)에 평양에서 낙랑군을 추방했다는 국사였지만 일제식민지사관 이전의 중국 사서들과 우리 국사 『삼국사기』는 이 사실을 이렇게 반증하고 있다.

첫째, 한사군 설치 당사국인 사기조선열전은 요동한사군 증언이지만 중국의 삼국지 위지동이전도 후한의 8대제이던 순제(126) 때부터 후한 11대 영제 건영 2년(169)까지 고구려 제7대 차대왕(146~165)이 요동의 대방군과 낙랑군을 공격하여 43년간을 점령하였다는 증언이다. 이 증언은 우리 국사 삼국사기 고구려 제15대 미천왕(300~331)보다 150년 전에 벌써 고구려가 요동 낙랑군을 점령했었다는 증언이다.

① 後漢書三國志魏志卷三十東夷傳　順桓帝之間　高句麗王伯固(第七代次大王)　復
　　犯遼東　殺帶方令　掠得樂浪太守妻子　靈帝建寧二年　玄菟太守耿臨討之

그러하기에 삼국시대의 위나라 때 유주자사 관구검의 고구려 침입으로 인해 고구려 제11대 동천왕(227~248)이 요동의 환도성(고구려 10대 산상왕 2년 환도성으로 천도)을 버리고 평양성을 축성하고 평양으로 천도했었다는 증언이다.

② 三國史記高句麗本紀　高句麗十一代東川王二十年　王以丸都城　經亂不可復都
　　築平壤城　移民及廟社

문제는 일제강점기를 위시한 해방 후 이날까지의 국사대로이면 한사군이 한반도의 평양에 BC 108년부터 AD 313년까지의 420년간을 건재했다면 동천왕이 반도한사군 내의 敵地였던 평양으로 어떻게 천도했던가 하는 것이 문제가 된다.

그리고 동천왕이 평양으로 천도한 지 70년 후의 미천왕 3년(AD 303)에 요동의 현도군을 공격한 결과 포로 8천 명을 어떻게 평양으로 끌고 올 수가 있었던 것인지도 문제가 된다.

③ 三國史記高句麗本紀第五　高句麗十五代美川王三年(AD 303)　王率兵三萬　侵
　　玄菟郡　獲虜八千人移之平壤

그뿐 아닌 미천왕 14년이던 AD 313년에는 요동의 낙랑군을 공격하고 남녀포로 2천 명을 끌고 와서 황해도의 사리원에 토성을 쌓고 낙랑인과 대방인 포로를 수용했음이 입증되고 있으니 이날까지의 국사 AD 313년이 되어서야 반도평양에서 한 제국의 낙랑군을 추방했다는 국사대로이면 삼국사기의 동천왕이 평양으로 천도하고 미천왕이 평양에서 현도군 공격 결과 포로 8천 명을 평양으로 끌고 왔다는 삼국사기의 기록대로면 평양에는 고구려의 수도와 한사군 낙랑군의 치소가 공존했었다는 것이 되는데 이보다 더한 모순은 있을 수가 없음을 밝힌다.

④ 三國史記高句麗本紀第五 美川王十四年(AD 313) 侵樂浪郡 男女捕虜二千餘口

# 6. 漢四郡은 漢나라의 植民地였던 사실이 없다

사기조선열전의 위만은 漢나라를 방비하라는 준왕으로부터 받은 직책에 따라 진번조선인들에게 부역을 시키고, 준왕을 몰아내고 진번조선을 탈취했던 위만이었는데 漢나라 惠帝(BC 194~188) 때 高后의 섭정 시 요동태수와 위만이 협약하기를 漢나라의 外臣이 되기로 조약했던 것은 위만조선은 반도조선 아닌 요동조선이었음이 입증된다.

그 증거가 사기조선열전 위만조선에 대한 원문 集解注의 徐曠이 발해 쪽의 昌黎지방이 험독현이라고 밝히었고, 索隱注의 應劭 또한 지리지를 인용하여 요동의 험독현에 朝鮮王舊都가 있었다고 밝히었고, 薛瓚 또한 왕검성은 낙랑군 패수 동쪽이었다는 注였는데, 국사학계는 패수가 한반도 청천강 또는 대동강이라는 견해들인데 여기에 대한 酈道元의 水經注 증언 浿水 遼東樓方縣에서 동남쪽으로 흘러 遼東臨浿縣을 지나서 발해로 들어간다고 명기된 증언이다.

史記朝鮮列傳　滿亡命渡浿水　居秦故空地上下鄣　稍役屬眞番朝鮮人孝惠高后時
遼東太守卽約　滿爲外臣　眞番朝鮮蠻夷　王之都王險　集解注　徐曠曰　昌黎有險瀆
縣也　索隱　應劭注　地理志云　遼東有險瀆縣　朝鮮王舊都　薛瓚云　王險城　在樂浪
郡　浿水之東也　酈道元著　水經注　浿水　遼東樓方縣　東南過臨浿縣　東入於海


　이러함에도 불구하고 일제해방 후의 국사는 일제식민지사관 그대로 위만
조선은 반도조선이라고 하고 요동패수를 반도패수라고 주장하고, 한사군 설
치 목격기 사기조선열전 증언 한사군 潽淸(山東)·萩苴(渤海)·平州(河北)·溫
陽(옛齊)郡이 설치되었다가 20년 만에 모두 폐지되고 그 자리의 樂浪(眞番竝
合)·玄菟(臨屯竝合)郡이 한 제국의 직할령인 幽州로 편입되었다는 것이 전한
서지리지의 증언인데도 일제해방 후의 국사는 반도평양에 한 제국 식민지로
낙랑군이 설치되었다는 것이다.

　이러한 국사는 한사군 설치 당사국 사서인 사기·한서·삼국지 등이 이
구동성으로 요동한사군 증언일 뿐 아니라 한사군 설치 목격기 한사군 潽淸
(山東)·萩苴(渤海)·平州(河北)·溫陽(옛齊)郡은 한 제국의 직할령인 유주로
편입되었다는 증언인데도 현행국사는 한사군의 낙랑군은 한 제국의 식민지
로 반도평양에 설치되었다는 주장이다.

　그러나 사실에 있어서의 한 제국 식민지로서의 낙랑·현도군은 존재한
일이 없고 낙랑·현도군 모두가 한 제국 직할령인 유주로 편입되었다는 전
한서 지리지의 증언을 국사학계는 인정하지 아니하고 반도평양의 낙랑군은
漢나라의 식민지였다는 주장을 굽히지 아니하는 국사학계다. 그러나 고구려
제7대 차대왕(165~179) 때 漢나라 직할령이던 요동낙랑과 대방군을 43년간
이나 점령했다가 한 제국 직할령이던 현도태수에 의해서 고구려가 요동낙랑
에서 물러났다는 증언이다.


後漢書東夷傳　順帝(126~144)·桓帝(146~167)之間　高句麗復犯遼東　西安平殺帶
方令　掠得樂浪太守妻子　靈帝建寧二年(AD 169) 玄菟太守耿臨討之
三國志東夷傳　宮(高句麗 6代 太祖王)死　子伯固(高句麗第7代次大王(146~165))立　順帝
(126~144) 桓帝(146~167)之間　復犯遼東　攻西安平殺帶方令　掠得樂浪太守妻子
靈帝建寧二年(AD 169) 玄菟太守耿臨討之

이렇게 볼 때 한 무제 때 설치되었던 한사군은 한사군이 설치되었던 20년 만에 한 제국 직할령인 유주로 편입되어 버렸으니 樂浪(眞番竝合)·玄菟(臨屯竝合)郡은 한 제국의 식민지로 존재했던 역사를 찾을 수가 없다. 그 증거가 전한서지리지에 한 무제 때 설치되었던 낙랑·현도군은 箕子去之朝鮮이었던 요동예맥조선에 낙랑·현도군이 설치되었다가 유주로 편입되어 버렸다는 것이 한서지리지와 사기흉노전의 증언이다.

前漢書卷二十八地理志下 東賈眞番之利 武帝時置 樂浪·玄菟 皆瀻貊朝鮮箕子
去之朝鮮 樂浪郡條 莽曰 樂浪屬幽州 應劭曰 武王封箕子於朝鮮 玄菟郡條 玄菟
屬幽州 應劭注 故眞番朝鮮
史記匈奴傳 漢使楊信於匈奴 是時漢東拔瀻貊朝鮮以爲郡 樂浪(眞番竝合) 玄菟(臨
屯竝合) 二郡

사실이 이러한데도 일제해방 후의 국사는 일제식민지사관의 반도위만조선설을 그대로 사용하고 있다. 반도평양에 漢나라의 식민지인 낙랑군이 설치되었다는 국사는 첫째 한서지리지가 한사군이라는 낙랑·현도군은 반도조선 아닌 箕子去之朝鮮이던 예맥조선에 낙랑·현도군이 설치되었다가 漢나라 직할령인 유주로 편입되었다는 전한서지리지 증언을 무시·묵살하고 있는 것이고, 반도평양 낙랑군이 漢나라 식민지였음을 강력히 주장하는 국사학계인 것이다.

둘째, 사기흉노전 또한 한 무제 때 반도조선이 아닌 요동대륙의 예맥조선 가운데서 패망위만조선만을 뽑아내고 들어내어서 樂浪(眞番竝合)·玄菟郡(臨屯竝合)을 설치했다는 사기흉노전의 증언을 국사학계는 무시하고 한사군의 낙랑군이 반도평양에 漢나라 식민지로 존재했음을 강력하게 주장하고 있는 것이다.

셋째, 반도평양이 한사군 식민지의 낙랑군이었다는 국사학계는 고구려 제6대 태조왕 때와 제7대 차대왕 때 漢나라 직할령인 요동낙랑과 대방군을 43년간 점령했다가 한 제국 직할의 현도태수에 의해 요동낙랑에서 물러났다는 후한서동이전과 삼국지 동이전 증언을 무시·묵살하고 있다.

　이렇게 볼 때 한 무제 때 설치되었던 한사군은 설치된 지 20년 만에 없어지고 幽州로 편입된 후의 樂浪(眞番竝合)·玄菟(臨屯竝合)는 한 제국의 직할령인 유주로 편입되었던 낙랑·현도였지 한 제국의 식민지로 존재했었던 역사를 발견할 수 없는 한반도 평양 낙랑은 조작된 유령의 낙랑임을 분명히 밝힌다.

## 1. 檀君朝鮮의 뒤를 이은 夫餘

현행국사 위만조선 이전의 상고사 무지가 얼마나 깊고 어두운 무지이면, 우리 민족 고구려·백제의 모체이던 부여를 서기 1세기 초에서야 왕호를 사용하는 국가체제를 갖추고 역사상에 나타나서, 서기 49년이 되어서야(국사교사용지도서 241쪽) 후한과 비로소 국교를 했다는 국사다(2007년 발행 고교국사교교서 38쪽).

하지만 부여는 단군조선의 뒤를 이었던 부여로서, 단군조선의 후광을 입었던 부여였기에, 진말한초(秦末漢初)의 부여는 아세아 등불의 동방예의지국으로서, 한고조 때부터 한 제국의 조공을 받던 흉노를 좌지우지했던 부여였다. 그러므로 이 사실을 확인하기 위하여 부여역사를 구체적으로 살펴보기로 한다.

부여는 단군조선이 47대 高列加(BC 295~265)를 마지막으로 2,300년이라는 긴 역사의 막을 내리고 BC 265년경 解慕漱가 高列加의 뒤를 이어 세운 나라가 대부여다. 그러하기 때문에 부여는 단군조선의 후광 가운데서 동북아 제일의 대국이었고 강국이었다.

그 증거가 진말한초(秦末漢初)의 부여는, 아세아 등불의 동방예의지국으로서, 한고조 때부터 한 제국의 조공을 받던 흉노를 좌지우지했던 부여였다.

## 2. 史記貨殖列傳 증언 戰國時代의 夫餘

부여 입증은, 중국의 춘추전국시대(BC 700~200) 燕이, 중국 칠웅(七雄)나라들과 그리고 동북아의 부여 및 예맥조선의 진번조선 사이에서 중개무역을 해서 이득을 취했던 燕이었음을 밝히고 있다.

> 史記卷百二十九貨殖列傳　夫燕勃碣之間　一都會也　南通齊趙　東北邊胡　上谷至遼
> 東……北隣夫餘　東綰濊貊朝鮮眞番之利

그리고 후한서 동이전에 고구려는 북쪽으로 부여와 접해 있다고 명백하게 명기되어 있다.

> 後漢書卷八十東夷列傳　高句麗在遼東之東千里　南與朝鮮濊貊　北與夫餘接……夫
> 餘國北有弱水　地方二千里　本濊貊之地也

## 3. 秦나라 伏生 著 『尙書大全』의 夫餘 증언

진시황 때의 伏生 저 『尙書大全』에 중국대륙 東海(黃海) 내륙의 諸夷는 원래 부여에서 이동한 민족이었다는 증언이었고 현재 중국문과대학 출판사가 발행한 중국역사지도(秦代統一地圖)에 부여의 수도가 송화강 유역에 있었는데 지금도 그 지방에는 부여부라는 지명이 남아 있음을 중국역사지도책 51쪽의 五代圖에 기록되어 있다.

# 4. 史記匈奴傳 증언 秦末漢初의 夫餘

　　부여는 한 제국을 건국했던 한고조(BC 202~) 때부터, 한 제국으로부터 조공을 받던 흉노왕 冒頓(BC 209~174)이 父王을 살해하고 왕이 되었음을 알게 된 부여가, 흉노왕 모돈에게 부왕살해의 죄를 추궁하며 頭曼 생존 시의 천리마와 흉노의 왕비 알씨를 요구했다. 이에 冒頓의 모든 신하가 천리마는 흉노의 寶馬이니 줄 수 없다고 했고, 왕비인 알씨 요구는 무례하다고 거절했는데도 冒頓은 천리마와 왕비 알씨 모두를 동호라는 부여왕에게 바치었다.

　　그런데도 현행국사학계는 흉노왕 冒頓이 천리마를 바치고 흉노왕비 閼氏를 바친 동호는 부여가 아니라 부여와는 별개체인 동호였다는 주장이다. 이렇게 볼 때 후한 말기 灵帝(147~167) 때 檀石槐 이전 선비족이던 동호는 한초의 모돈 때는 역사상에 동호로 나타나기도 전인 선비족이었음이 입증된다. 그리고 보니 국사학계는 우리 민족 先民의 숙신·산융·동이·동호·예맥은 우리 민족과는 무관하다는 주장에 따라 흉노왕 冒頓 때의 동호와 부여와도 무관하다는 주장이다.

　　그러하기에 본 발표는 동호는 동이를 지칭함과 동시에 예맥족을 동이 또는 동호라고 지칭해 왔던 역사적 사실을 입증하기 위해 같은 사기흉노전의 연나라 진개가 상곡으로부터 어양·북평·요서·요동의 동호 땅 千里를 탈취했다는 그 동호는 예맥을 지칭한 것이고 보면 秦末漢初의 동호는 예맥의 부여가 아니라고 할 근거가 없음을 확인케 하기 위하여 사기흉노전의 원문들을 여기에 옮기는 바이다.

　　史記卷百十匈奴傳　是時東胡(夫餘)强盛　冒頓殺父自立　乃使謂冒頓　欲得頭曼時有
千里馬……欲得單于閼氏　冒頓羣臣皆曰　千里馬匈奴寶馬也勿與　欲得單于閼氏
東胡無道請擊之　冒頓遂與之千里馬　遂取所愛閼予東胡
　　史記卷百十匈奴傳　燕有賢將秦開　爲質於胡　胡甚信之　歸而襲破走東胡　東胡卻千
餘里……築長城　自造陽至襄平　置上谷·漁陽·右北平·遼西·遼東郡以拒胡는
역사의 날조임을 김육불 『동북통사』에서 이미 밝힌 바이다.

그럼에도 불구하고 국사학계가 진말한초의 흉노왕 冒頓을 좌지우지했던 동호가 부여가 아니라는 주장이면 BC 200년경의 동북아에서의 흉노왕 冒頓을 좌지우지했던 동호가 어느 지역의 동호였던 것인지를 알 수가 없음을 밝힌다. 왜냐하면 후한 말기 灵帝(147~167) 때의 檀石槐 이전의 동호라는 선비족은 역사 무대에 나타나기도 전의 동호라는 동이는 부여뿐임이 입증되기 때문이다.

## 5. 三國志魏志東夷傳 前漢時代의 夫餘

전한(前漢)시대(BC 202~AD 8) 부여는, 부여왕이 승하하시면, 장례 때 부장품으로 옥갑을 사용했는데, 부여와 수천 리 떨어져 있는 장안이 수도였던 漢나라가, 항시 부여왕 장례 때 사용할 옥갑을 미리 준비하여 부여와 인접했던 현도군에 맡겨 두었다가 부여왕이 승하하시면 漢나라에서 바치는 옥갑으로 장례를 치르게 했던 한 제국이었고 보면 부여의 이 국력은 한초의 흉노 모돈 때부터의 부여 국력이 아니었다고 주장할 근거가 없음을 밝힌다.

三國志魏志東夷傳  漢時夫餘王葬用玉匣  常豫以付玄菟  王死則迎取以葬  其印文言濊王之印  國有故城名濊城  本皆濊貊之地也

## 6. 東方禮義之國이던 夫餘 歷史

단군조선을 계승한 부여는 동방예의지국이었기에, 군자가 끊어짐이 없는 나라였으므로, 공자가 그러한 동이의 본국에 가서 살고 싶다고 한 동이의 뿌리(夷者柢也)가 되는 나라로서의 부여가 아니었다고 부인할 근거가 없음 또한 밝힌다.

그러므로 단군조선 이래 동방예의지국이었던 부여가 흉노왕 모돈이 부왕 살해를 문제로 삼았던 부여인들은 서로가 공경하는 백성들이었기에 사람이 환난을 당하는 것을 보면 위험을 무릅쓰고 자신의 몸을 던져서 구해 내는 백성들이었다. 그러므로 군신상하 간에 화목하여 국력이 강성했던 부여는 이웃 나라가 침략을 도모할 엄두도 낼 수가 없었던 동북아 제일의 부국이었 고 강국이었음을 밝힌다.

三國志魏志東夷傳 王制云 東方曰夷 夷者柢也 天性柔順 易以道御 至有君子 不
死之國 故孔子欲居九夷 中國失禮求之四夷者也……夫餘同姓不婚 其俗行者 皆
往讓路
補助史料 漢東方朔神異經 東方有人 相恭座而不傷毁 見人有患難 投身救人
補助史料 諸葛亮 心書 東夷之人 厚禮大義 上下和睦 百姓安樂 未可圖也

이러한 부여는 혈통의 순결을 위해 혈족 간에는 혼인하지 아니하였으며 길을 행하다가 사람을 만나게 되면 서로가 길을 비켜 주며 양보를 했던 예 의의 나라였다.


# 7. 前漢書 증언 前漢末 夫餘

일곱 번째 前漢에서 後漢으로 전환되는 과정 가운데의 王莽 때, 漢나라 장수 嚴尤가, 흉노를 이기지 못한 이때에, 부여가 起兵할까 심히 걱정된다 고 할 정도의, 부여 국력이었다.

前漢書卷九十九中 是時莽發高句驪兵當伐胡 不欲行郡 強迫之 皆亡出塞 因犯法
為寇……嚴尤奏言 匈奴未克 夫餘濊貊復起 此大憂也

그럼에도 불구하고 현행국사는, 그 무슨 근거에서 부여가 후한 초에서야 역사상에 그 모습을 드러내었다는 것인지 도무지 알 수가 없다.

왜냐하면 헌법 제9조 국가는 전통문화의 계승 발전과 민족 문화의 창달에 노력해야 한다는 헌법하의 국사이기 때문이다.


## 8. 現行國史 後漢부터의 夫餘


이상의 부여 역사를 정리하면 단군조선의 뒤를 이어 진(秦)·한(漢)을 전후했던 부여는 동북아 제일의 강국으로서 흉노를 좌지우지할 정도의 국력이었고, 이러한 국력을 지녔던 부여왕이 승하하시면, 장안이 수도였던 한 제국이 부여왕 장례 때 사용할 옥갑을 미리 마련하여 부여와 인접했던 현도태수에게 맡겨 두었다가 상납할 정도의 부여 국력이었기 때문에 왕망 때의 장수 엄우가 부여의 기병(起兵)을 우려하였음이 입증된다.

이러한 부여는 단군조선 때부터 경천사상에 따라 정월이 되면 거국적인 제천행사로 연일 음식을 나누며 춤과 노래로 즐기었는데 이러한 제천행사를 영고라고 했다. 단군조선의 뒤를 이었던 이러한 부여였기에 고구려·백제·신라 삼국의 모체였음은 더 말할 것이 없다.

그런데도 현재 국민에게 교육되고 있는 국사교과서의 국사의 부여는 서기 1세기 초가 되어서야 왕호를 사용하는 국가체제를 갖추고 역사상에 나타나서 후한과 비로소 국교를 하기 시작했다는데 근거가 어디에 있는지 알 수가 없음을 밝힌다.

왜냐하면 단군조선의 뒤를 이었던 삼국시대 고구려와 백제와 신라의 모체였던 부여가 서기 1세기 초에서야 국가체제를 갖추고 역사상에 나타났다고 할 근거를 찾을 수가 없기 때문이다.

## 第5節 三國時代

## 1. 高句麗

삼국사기에 의하면 고구려는 BC 37년에 부여인이던 주몽이 압록강 건너편의 졸본에서 건국한 후 고구려 제2대 유리왕 때 국내성으로 천도했고 제5대 모본왕 때는 한 제국의 북평과 어양과 상곡과 태원까지 공격하였다가 요동태수 채융(蔡肜)과 조약을 맺고 철군했었다.

① 後漢書卷百十五東夷傳　句麗寇　右北平・漁陽・上谷・太原・遼東太守　蔡肜
　　以恩信招之　皆復款塞

그다음 고구려 6대 태조왕 3년(AD 55) 요서에 10개 성을 쌓고 한나라를 방비했는데 그때 고구려와 한나라의 경계가 지금의 북경 서북쪽 멀리 있는 영정하라는 浿水라고도 하는 薩水였고, 한 무제가 위만조선의 부족장이던 濊君南閭를 매수하여 창해군을 설치했다가 주민들의 반발에 부딪혀서 撤廢했던 황하어구 화북평원의 창해까지가 고구려의 疆域이었다.

그러므로 고구려 말기 수나라가 침공해 왔던 전쟁 때 살수대첩에서 수나라 대군을 대패케 했던 살수(패수)는 지금의 하북성 북경 서쪽 영정하임이 입증되고 있다.

② 三國史記高句麗本紀　太祖王三年(AD 55) 築遼西十個城　以備漢兵　拓開東至
　　滄海　南至薩水

그리고 후한안제 건원 5년이던 고구려 태조왕 69년(AD 121) 때 유주자사와 현도태수와 요동태수가 합세하여 고구려를 침공했을 때 왕제인 遂成이 險하고 좁은 곳으로 적군을 유인하여 대군을 막아 내는 한편 三千餘 병력으로 도리어 현도성과 요동성을 역공하여 성곽을 불태워 버렸는데 그때의 요동태수 蔡諷은 新昌에서 전사했다.

③ 後漢書卷百十五東夷傳 安帝建元五年春 幽州刺史馮煥 玄菟太守姚光 遼東太守蔡諷等 將兵出塞擊之 獲兵馬財物 宮乃遣遂成 將二千餘人 逆光等……遂成因據險阸以遮大軍 而潛遣三千人 攻玄菟遼東 焚城榔殺傷二千餘人……遼東太守蔡諷 於新昌戰死

그리고 고구려 태조왕이 승하했을 때 현도태수 姚光이 상주(上奏)하기를 고구려왕이 죽은 喪中인 이때를 이용하여 고구려를 정벌하는 것이 유리하겠다고 하니 그 자리에 참석했던 사람들 모두가 찬성했으나 尙書인 陳忠이 전왕이 걸출하여 姚光이 능히 정벌치 못하였는데 그 왕의 喪中에 공격하는 것은 비리로서 불의한 짓이니 마땅히 조문을 보내야 한다고 함에 安帝가 陳忠의 말을 받아들여 고구려에 조문사절을 보내었을 정도의 고구려 국력이었다.

④ 後漢書卷百十五東夷傳 是宮死 子遂成立 玄菟太守姚光上言 欲因其喪發兵擊之 議者皆以爲可許 尙書陳忠曰 宮前桀黠 光不能討 死而擊之 非義也 宜弔問使……安帝從之

그뿐 아니라 遂成인 伯固가 차대왕(146~165)이 된 후 한나라로부터 포로로 잡아 온 漢人 모두를 돌려보내겠다고 하니 환제(桓帝, 140~167)가 조서로 양국 간 전쟁을 하지 아니하고 화친하기 위해 漢人포로를 송환하면 그 대가의 속직으로 포로 1인당 비단 40필과 소인은 그 반으로 보상하겠다고 할 정도의 고구려 국력이었다.

⑤ 後漢書卷百十五東夷傳 明年逐成還漢生口 詔曰自今以來 不與縣官戰鬪 以自
　　而親附送生口者 皆與贖直 縑人四十匹小口半之

거기에 더하여 고구려가 요동에 다시 침입하여 후한의 8대제인 順帝(12
6~144) 때부터 沖帝·質帝·桓帝(146~167)를 거쳐 靈帝 建寧 2년(169)까지
요동낙랑군과 대방군을 43년간이나 점령했던 고구려의 국력이었다.

⑥ 三國志魏志卷三十東夷傳 順桓之間 高句麗復犯遼東 攻西安平 殺帶方令 掠
　　得樂浪太守妻子 靈帝建寧二年 玄菟太守耿臨討之

이러한 고구려는 중국 오호십육국시대의 막을 내리게 하고 중국천하를 통
일했던 동이족으로서의 선비족이던 수나라와의 전쟁에서 수나라를 대패케
했던 고구려가 한족으로 알려져 있는 당나라와의 전쟁에서 단기 3001년이
요 서기 668년에 패배하여 멸망했다.

이러한 고구려의 멸망은 고구려의 국력이 당나라보다 약해서 당나라에 패
망한 고구려가 아니라 고구려가 당나라에 패망하게 된 것은 연개소문 사후
의 자식들 남생·남건 두 형제의 정권 다툼으로 인해 남생이 당나라로 망명
하여 고구려의 정보를 당나라에 제공함에 따라 그다지도 강성했던 고구려가
패망하게 되었음이 뼈아픈 우리의 역사적인 교훈이 되고 있다.

⑦ 三國史記　高句麗本紀第八寶藏王二十五年　蓋蘇文死　長子男生　代爲莫離
　　支……其弟男建男産　二弟意欲除之　二弟恐兄還奪其權　男建自爲莫離支　男
　　生走據國內城　使其子獻誠　詣唐求哀　唐帝詔　男生授特進　遼東都督……高句
　　麗秘記曰　今九百年　高氏自漢有國　李勣年八十矣


## 2. 百濟


『삼국사기』에 의하면 백제를 건국한 온조(溫祚)는 고구려를 건국한 주몽의

3남(고구려 제2대 유리왕과 이복형제)으로서 형 비류(沸流)와 함께 남하하여 BC 18
년에 지금의 한강부근 위례성에 도읍을 정하고 건국했다고 전해진다. 백제
는 북쪽으로는 고구려와 접하고 동남쪽으로는 신라와 접했다.

이러한 백제가 한강 이남 서남쪽의 삼한을 병합하였다는 역사 기록이다.
하지만 중국정사인 『후한서동이전』과 『삼국지 동이전』은 중국대륙 대방남
쪽 四方四千里에 삼한인 마한·진한·변한이 있었다고 하고, 마한 동쪽의
진한은 진(秦)나라 때 부역을 피해 몰려왔던 사람들로 인해 연나라와 제나라
만큼 유명했다는 기록이 있다. 그러므로 『한서동이전』과 『삼국지 동이전』의
삼한사료는 한반도 삼한사료가 될 수 없다.

① 後漢書卷百十五東夷傳·三國志魏志卷三十東夷傳 韓在帶方之南 方可四千里
　有三韓·馬韓·辰韓·弁韓……辰韓在馬韓之東　避秦役來適韓國　非但燕齊
　之名物也

백제는 제5대 초고왕(166~214) 때 크게 발전하였는데 그 후의 제8대 고이
왕(234~286) 때 이미 수군을 정비하여 지금의 중국 요서 진평 二郡을 점거
하고 晋代(晋(265~316)·東晋(317~418))의 요서 진평 2군을 백제자치군으로 지
배했음을 오호십육국시대(302~580) 이후 송(420~479)서와 양(502~557)서 등이
증언하고 있다.

② 宋書夷蠻傳　百濟條　百濟本與句麗　在遼東之千里　其後高句麗略有遼東　百濟
　略有遼西　百濟所致謂之　晋平二郡
③ 梁書諸夷百濟條　百濟本與句麗　遼西之千餘里　晋世句麗略有遼東　百濟亦據遼
　西　晋平二郡矣　自治百濟郡
④ 北宋　司馬光著資治通鑑　晋世百濟亦據有遼西晋平二郡也
⑤ 杜佑著通典邊方夷百濟條　晋世句麗略有遼東　百濟亦據遼西晋平二郡　今柳城
　北平之間　北平領三縣　盧龍·石城·馬城

그런데 송서와 양서 그리고 사마광의 자치통감이나 두우의 통전 등이 이
구동성으로 晋代(西晋(265~316)·東晋(317~418) 都合 150年)에 백제가 晋平二郡

을 점거하고 백제자치군으로 하였다는 증언인데 삼국지 위지동이전에 한말의 灵帝(168~188) 때 韓濊가 강성하여 능히 郡을 통제하기가 어려웠다고 한 다음 위나라 2代帝이던 明帝景初(237~239) 중 요서·요동을 점거했던 公孫度 3대가 물러난 후의 魏明帝가 비밀리에 樂浪(太守 鮮于嗣), 帶方(太守 劉昕)에 태수들을 밀파함에 따라 한국의 臣智라는 백제 古爾王(234~286)의 격노를 사서 대방군을 공격함으로써 대방태수 弓遵이 전사함에 따라 전쟁이 끝났다고 되어 있다.

이렇게 볼 때 후한말의 灵帝(168~188) 때 韓濊가 강성하여 군현을 능히 통제할 수 없었다는 것은 公孫度 三代가 요동·요서를 점거하고 있을 때임을 밝힌 것인데 魏의 明帝(227~239)가 낙랑·대방에 태수를 밀파함으로써 백제 古爾王(234~286)의 진노에 따라 대방을 공격하여 대방태수 弓遵이 전사함에 따라 전쟁이 끝났다고 되어 있음이 百濟晋平二郡 점거의 증언이다.

⑥ 三國志魏志卷三十東夷傳 明帝景初中 密遣帶方太守劉昕 樂浪太守鮮于嗣 越
　海定二郡……部從事吳林 吏譯轉有異同 臣智激韓忿 攻帶方郡崎離營 時太
　守弓遵 樂浪太守劉茂 興兵伐之 遵戰死 二郡遂滅韓


이렇게 볼 때 송서와 양서 그리고 사마광의 자치통감과 두우통전 모두가 이구동성으로 晋世(西晋(265~316)·東晋(317~418)) 150년간을 백제 점거의 遼西晋平二郡이 北平之間의 柳城·盧龍·石城·馬城이었다는 이 지점은 낙랑군과 대방군이었음이 입증되는 것이 삼국지 동이전 증언이다.

이러한 사실을 입증하는 것이 신라 말기의 최치원이 당나라에 유학한 후 당나라의 부성태수로 있을 때 당나라 조정에 올리었던 上表文(893년)에 백제 전성기의 중국 침입은 크나큰 중국의 우환이었다는 백제국력의 증언이 이상의 사실을 여실히 입증하고 있다.

⑦ 三國史記 新羅 崔致遠 高麗·百濟 全盛之時 强兵百萬 南侵吳越北撓幽燕齊
　魯 爲中國巨蠹

삼국사기 최치원전이 증언하는 백제는 전성기에 백만 강병을 보유하고 있었던 백제는 晋平二郡뿐 아닌 산동지방의 齊 그리고 양자강 하류지방까지 진출했었다는 증언이다. 하지만 백제의 이러한 대륙진출에 대해서 회의적인 견해도 없지 않다.

5세기 이후 수도였던 한성을 고구려에 빼앗기고 웅진으로 천도할 수밖에 없었던 백제는 대륙으로 진출할 수 있는 국력이 되지 못했을 것이라는 견해다. 왜냐하면 백제가 晋平二郡을 점거했다는 기사가 진서에는 없다는 사실과 중국북동부 지방의 覇者였던 北魏(386~534)가 백제의 중국동북부 진출을 용인하지를 아니했을 것이라는 견해들이다. 그러나 晋(西晋(265~316)·東晋(317~418))代 백제요서점거는 北魏(386~534)의 강성 이전 백제 晋平二郡 점거였음을 밝힌다.

이렇게 볼 때 백제의 산동진출과 양자강 하류인 江蘇省과 浙江省 진출은 군사적 정복의 진출이라기보다는 상업적 거점 확보의 진출로 보는 것이 더욱 타당할 것으로 보인다. 이러한 사실에 관해서 일본의 司馬遼太郎 著書 『中國江南のみち』 中國六朝時代百濟大船中國往來 증언이 이러한 사실을 입증하는 것이라 보인다.

하지만 백제는 그 후 고구려의 남진정책에 밀려서 서기 475년에 도읍을 공주로 옮기었고 백제 24대 동성왕(479~501) 때 신라와 동맹을 맺고 고구려에 대항하였다. 그 후 26대 성왕(523~554) 때인 서기 538년에 지금의 부여로 천도하고 성왕이 신라와의 동맹을 깨고 신라를 공격했다가 관산성에서 전사했다.

백제는 왜와 동맹관계에 있었기에 왜가 391년에 신라에 침입했을 때 신라는 고구려에 원군을 청하여 왜군을 물리쳤다. 하지만 백제는 고구려에 참패하고 노객(奴客)으로 고구려에 복속되어야 했다. 백제는 요서 진평 2군 백제 자치군(265~418)이던 요동의 대방에서 왜와 함께 합동작전으로 고구려에 항전하였다.

이러했던 백제는 제31대 의자왕(641~660) 때 신라와 당나라의 연합군과의 전쟁에서 백제군이 황산벌에서 결사항전을 했으나 결국 서기 660년에 건국한 지 678년 만에 멸망하였는데, 이때의 당나라는 건국된 지 62년 만이었으므로 국력이 그다지 강하지 못했기 때문에 신라와 연합했음이 입증된다.

그런데 백제 의자왕의 왕자이던 풍장(豊璋)이 백제 멸망 시에 일본에 가 있었기에 일본의 天智天皇(661~671)이 전선 170척과 왜병 27,000병력을 백제 풍장 왕자에게 제공하여 백제를 재건하려 했지만 백강구 전투에서 전멸되었기 때문에 백제는 영원히 역사에서 사라지고 말았다.


## 3. 新羅


삼국사기에 의하면 신라는 BC 57년 조선의 유민이 건국했음을 밝히고 고허(高墟) 촌장 소벌공(蘇伐公 慶州崔氏始祖) 위시의 6촌장이 박혁거세를 왕으로 추대하고 국호를 서라벌이라 하였다.

여기에서 朴氏王統에서 昔氏王統이 된 것은 신라 제8대 阿達羅王(154~184)의 후사가 없어서 사람들로부터 성인(聖人)이라 일컬어진 제10대 伐休尼師今이 왕으로 추대되어 석씨왕통의 왕이 되었다. 그리고 12대 첨해왕(沾解王)이 후사가 없으니 나라 사람들이 13대 왕으로 미추(味鄒)를 세우니 김씨의 혈통으로 왕통이 바꾸어졌다는데 이때가 서기 262년이었으니 중국 삼국시대 말기였다.

신라는 17대왕이던 奈勿王(356~402) 때 영토를 크게 확장하였는데 이때는 고구려 제17대왕이던 미천왕의 아들 고국원왕(331~377) 때였고 백제 제13대 근초고왕(346~375) 때였는데 고구려의 광개토대왕(391~413)의 힘을 빌려 왜인들의 침입을 물리치기도 했다. 그리고 신라는 오호십육국시대 중국과의 문물을 교역하면서 성장하였다.

신라는 제23대 진흥왕(540~576) 때 삼국 간의 대결을 대비하기 위해 화랑도를 국가에서 육성하기도 했는데 이를 토대로 고구려 지배하에 있던 한강 유역을 점령하고 함경도지방으로까지 진출했으며 남쪽으로는 가야를 압박하여 낙동강 서쪽을 장악하였다. 그 후의 가야는 약화되어 마침내 신라에 정복되고 말았는데 그때가 서기 532년이었다. 이러한 신라는 세력이 강화되어 당나라와 대등한 입장으로까지 발전하였기에 여기에서부터 신라 제29대 太宗武列王 때 당나라와 연합하여 배제와 고구려를 멸망시키어 삼국통일을 이룩하였는데 평양에 있던 당나라의 요동도호부를 요동대륙으로 몰아내는 데 성공하였다. 이때가 서기 676년이었다. 그러나 신라통일은 미완성의 통일로서 원산까지를 경계로 했던 통일이었는데 이러한 통일은 당나라의 勢를 빌려 통일했다는 데 아쉬움이 없지 않다.

하지만 사가들은 신라통일 후 고구려와 백제문화를 모두 수용함으로써 민족문화 발전의 토대를 마련하였다는 점에서 신라삼국통일의 의미를 부여하고 있다. 여기에서 신라통일에 공을 세운 김유신은 태종무열왕 앞의 신라 제2인자가 되었지만 태종무열왕(654~661)은 왕권을 강화하고 무열왕의 직계 자손만이 왕위에 오르도록 세습화하였다.

이로써 신라는 진골이라는 귀족세력이 약화되고 왕권전제화의 바탕을 마련했다. 따라서 유교정치이념을 확립하여 유교교육을 위한 국학을 설립하였다. 이렇게 확립된 전제왕권은 세월이 지남에 따라 진골이라는 귀족세력의 반발로 약화되기에 이르러 마침내 신흥세력인 고려의 태조 왕건에 의해 서기 935년에 찬란했던 신라 1,000년 역사는 막을 내리고 말았다.

그런데 신라가 우리에게 주목되는 것은 일본건국의 초석이 신라였다는 데 있다. 왜냐하면 일본의 최고(最古) 사서인 『일본서기』에 日本國祖 아마데라스오미가미(天照大神)의 아우라는 스사노미고도(素戔嗚尊)는 신라에 강림하여 소시모오리(曾尸茂梨)에 거하다가 신라에서는 세력을 잡기가 어렵다고 판단하고 배를 만들어 타고 오늘의 일본 열도 本州의 시마네겐(島根縣) 이즈모(出雲) 지방으로 갔다는 증언이다.

이렇게 볼 때 오늘의 일본은 신라인과 가야인과 백제인이 일본열도로 건너간 스사노미고도(素戔嗚尊)와 니니기노미고도(瓊瓊杵尊) 후손이 야마도(大和) 정권을 세운 진무덴노(神武天皇)로부터의 일본왕족의 황실이라는 것이 일본서기이다.

日本書紀　卷第一神代(上)　一曰　天照大神　可以治　天原也……素戔嗚尊　可以治
天下也……是時　素戔嗚尊　帥其子五十猛神　降到於新羅國　居曾尸茂梨之處　乃與
言曰　此地吾不欲居　遂以埴土作舟乘之東渡　到出雲國簸川上所在鳥上之峯

## 4. 高句麗 後身이던 渤海

고구려가 漢族이라고 알려져 있는 당나라에 의해 패망한 후, 고구려가 당
나라에 패망한 것이 고구려의 국력이 약해서 패망한 것이 아니라 연개소문
자식들의 권력다툼 때문에 고구려가 패망했던 것임을 통감했던 고구려 장수
대조영과 고구려인들은 나라가 망한 데 대한 고구려 민족의 자존심이 강하
게 작용했었다.

그러하기에 고구려를 되찾으려는 대조영의 열의와 나라를 잃어버렸던 고
구려인들은 마침내 단기 3032년, 고구려가 멸망한 지 30년 만인 서기 699
년에 길림성 동모산(東牟山) 기슭에 발해국을 건국하기에 이르렀다. 나라를
잃어버렸던 패망 고구려인들이 대조영과 하나가 되어 짧은 기간 내에 당나
라에 패망했던 고구려 영토 대부분을 발해가 되찾을 수 있었던 것은 고구려
인들의 강력했던 민족의식이 작용했기 때문이었다.

당나라는 패망 고구려 유민(遺民)들의 반발을 효과적으로 무마하기 위한 회
유책으로 패망 고구려왕이던 보장왕을 요동의 도독으로 삼았는데 이 사건은
도리어 고구려인들 민족의식에 불을 지피는 격의 역효과로 나타났던 것이다.

발해 제2대왕이던 무왕(719~737)은 북만주 일대까지를 장악하고 요서지방
河北省의 靑龍縣까지 진출했고 또 한편 장수 장문후로 하여금 당나라의 산
동지방 등주(登州)를 공격하여 등주자사를 전사시켰다(新唐書卷136). 그리고 제3
대 문왕(737~793) 때 일본에 사신을 보낸 국서에 천자 환웅의 자손인 천손임
을 밝히고 고구려국을 계승한 왕이라는 국호가 기록된 국서를 전달했던 발해
(續日本記卷32)는 고구려 후신으로서의 고구려 계승국이었음을 분명히 했었다.

발해의 3대왕이던 文王(737~793) 때 신라에 이르는 교통로를 개설했고 당

나라와도 친선관계를 맺었다. 이러한 발해는 大祚榮 때부터 天統·大興·中興·正歷·永德·朱雀·太始·建興·成和 등의 독자적인 연호를 사용했으며 반도의 청천강 이북이 모두 발해 땅이었다. 그러므로 발해의 남경은 옥저 땅이었고, 서경의 압록부는 부여 이전의 槀離國이던 遼西 지금의 西安平 지방이었다.

발해의 거민은 부여·고구려족과 마찬가지로 옛 숙신이던 通古斯(Tungus)족으로서 鞨鞻·挹婁·勿吉·女眞 등 고구려 후신들의 발해는 청천강 이북의 반도족까지가 포함되어 있었다.

대조영과 함께 고구려를 회복하려던 말갈의 乞四比羽는 지금의 요령지방 天門嶺(후일 청태종의 첫 도읍지) 전투에서 唐나라와 싸우다가 전사했지만 이러한 발해는 동이배달민족의 전통사상에 따라 삼신일체의 상제께 천제를 드렸는데 발해 제3대 문왕(737~795) 때 태학을 세우고 天經神誥로 백성을 교화했으며 대조영의 아우 大野勃이 왕명에 따라 檀奇古事라는 단군조선 이래의 국사까지를 편찬했었다.

그런데 3대 문왕의 왕녀 경해공주 묘비가 1949년 吉林省 敦化縣에서 발견되었는데 「大興(文王年號) 45年(AD 781) 大興寶歷孝感 ○○○法大文王之二女也」라는 비문이고 발해 건국의 대조영은 天統이라는 연호를 사용했고 「光聖文皇帝」라는 왕호를 사용했던 독자적 독립국가 연호사용이었으니 중국동북공정이 발해를 중국의 속국이었다는 주장은 전연 그 근거가 없는 터무니없는 주장이다.

그 증거가 중국공산당치하 역사학자들 주장대로 발해가 당나라의 속국이었다면 당나라가 서기 618년에 건국한 지 137년 후이던 서기 755년 당의 영주자사이던 안록산이 난을 일으켜 마침내 대연국을 선포했을 때 당나라가 발해에 원병을 요청했지만 독립국가이던 발해는 당나라의 원병을 거절했었다(續日本記卷21).

이렇게 볼 때 중국동북공정의 주장대로 발해가 당나라의 속국이었다면 속국이 본국의 명령을 거절했던 근거가 무엇이었던가 하는 것이다. 왜냐하면 중국동북공정 주장대로 발해가 당나라의 속국이었다면 당의 영주자사 안록

산의 난 때 당나라의 발해원병을 어떻게 거절할 수가 있었다는 것인지 동북공정을 추진하는 중국공산당치하 역사학자들은 밝히도록 해야 할 것이다.

이상과 같이 발해와 당나라와의 관계가 이러했기 때문에 발해 제10대 宣王(818~830) 초에 당나라는 발해를 해동성국이라고 하고 발해가 자주적 독립국이었음을 증언했던 발해는 고구려 계승국으로서 당당한 독립국이었기에 신라와 남북조시대를 이루었던 발해였다.

이러한 발해가 10세기에 접어들어서 동이족의 일파이던 契丹族이 강해진 요나라(916~1125)가 등장하면서 발해 내부의 귀족들 권력투쟁이 노골화되었고, 결국에 가서는 크게 약화되어 마침내 건국한 지 220여 년 만에 같은 동이족인 契丹의 遼에 의하여 926년에 패망함으로써 배달민족의 남북조시대의 막을 내리게 되었다.

하지만 우리는 중세사에서 근세사로 넘어가면서 유의해야 하는 것은 배달민족 동이기원은 만주의 백두산을 중심 삼고 발상했던 동이는 고대 중국 황하문명의 주인이었다는 것과, 오늘의 몽고족은 중국동이가 흉노족이 되었다는 사실과, 고대 티베트(Tibet)지방으로부터 漢族이 고대 중국으로 이동한 후, 한고조가 漢帝國을 건설하기 이전의 춘추전국시대 말 진시황 때까지의 중국은 모두가 동이의 역사였다는 사실을 잊어서는 안 된다.

그리고 오호십육국시대 중국을 통일했던 선비족이던 隋나라는 고대 동이通古斯(Tungus)족의 일파이기에 동이동호족임은 재언을 요치 않는 바이다.

그리고 契丹族이던 遼와 만주족 가운데의 말갈족과 여진족이던 金·淸 모두가 동이의 국가들이었다는 사실을 인식해야 한다. 왜냐하면 이들 나라들은 모두가 만주 숙신동이 배달족으로부터 갈라져 나간 동이족의 역사이기 때문이다. 그러므로 고대 동양 삼국의 중심은 동이배달족이었음을 알아야 한다.

〈그림 14〉 통일신라, 발해 시대

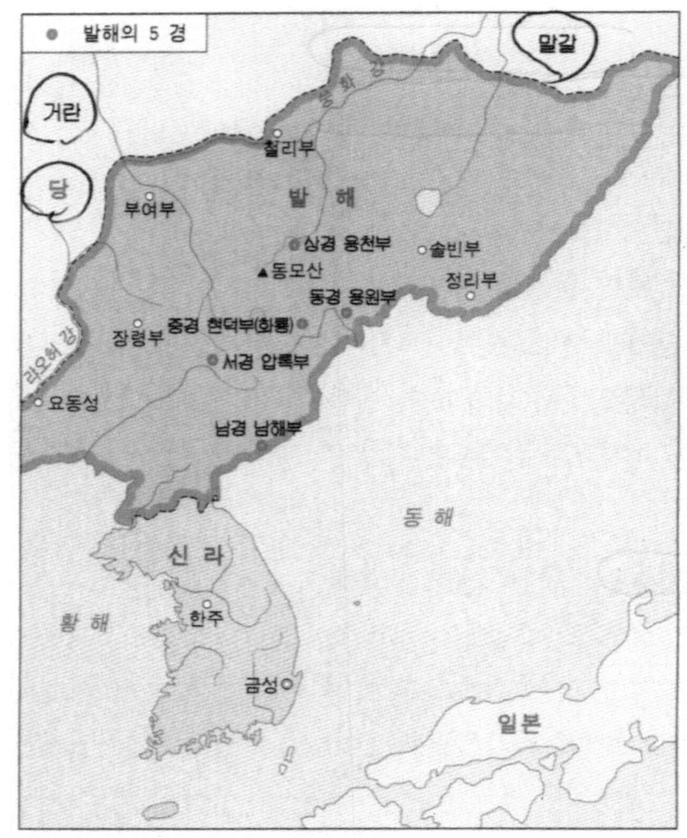

## 第6節 東北工程 克服 위한 國史改正

## 1. 中國이 추진하는 東北工程

### (1) 高句麗建國 以前 古代滿洲 中國領土 漢族 歷史

중국의 동북공정은 고구려건국 이전의 고대만주는 중국의 영토였고 중국 漢族의 역사라는 주장이 중국동북공정의 제1요건이다. 그렇다면 중국이 왜 이러한 주장을 하는 것인가? 그 이유는 현행 국정국사교과서가 4,300년 전 만주에서 건국된 단군조선은 역사 아닌 신화라고 배제한 국사이기에 현행국사는 고대만주와는 무관한 국사로 되어 있기 때문이다.

거기에 더하여 현행국사 고구려·백제·신라 삼국 이전의 부여도 인정함이 없는 국사이고 보면 고구려·백제·신라 이전의 만주는 우리 국사와는 전연 관계가 없는 국사로 되어 있다.

그러하기 때문에 중국의 동북공정은 고구려 건국 이전의 만주는 고대 중국의 영토였다는 주장이고 따라서 고구려 건국 이전의 만주는 중국 漢族의 역사였다는 것이 중국의 동북공정 추진의 제1요건으로 되어 있다.

### (2) 高句麗는 中國의 屬國 추진

두 번째, 현행국사는 반도위만조선이기 때문에 중국대륙의 요동과는 전연 상관이 없는 국사다. 이러한 국사에 따라 BC 108년에 한 제국이 설치했다는, 현도군 경내 졸본에서 건국되었다가 국내성으로 천도했던 고구려는 한사군 현도군 경내에서 건국되어 고대 중국의 영토였다는 만주 땅에 자리 잡은 고구려는 漢나라의 속국이었다는 주장이 동북공정의 핵심적 주장의 제2요건이다.


## (3) 半島漢江 以北 漢四郡도 中國歷史編入 추진


세 번째, 현행국사는 반도한강 이남은 삼한이었고 한강 이북은 위만조선의 영토였다가 한 무제와의 전쟁에서 패망 이후의 한반도 북부 한강 이북 낙랑·진번·임둔·현도는 한 제국 식민지였기 때문에 반도 한강 이북의 한사군 역사도 중국사로 편입되어야 한다는 주장이 중국동북공정 셋째 요건으로 되어 있다.


# 2. 現行國史가 中國東北工程 추진 요인을 제공


중국정부가 추진하는 동북공정이 살펴본 대로 추진되고 있음이 사실이라면 이러한 동북공정을 추진하는 역사적 근거가 어디에 있는 것인지를 확인해 보아야 하겠다.

그래서 저자는 중국이 2002년 2월에 동북공정을 선포하고 추진하는 근거가 중국 측의 역사서에 있는지를 찾아본 결과 중국의 역사서에서는 중국이 동북공정을 주장할 수 있는 내용은 단 한 건도 찾아내지를 못하고 도리어 동북공정을 반증하는 77건의 사료가 있음을 확인했다.

그러하기에 현행의 국정국사교과서를 살펴본 결과가 앞부분에서 살펴본 대로의 동북공정을 주장할 수 있는 근거를 현행국사교과서에서 확인할 수 있었다.

이렇게 볼 때 중국이 동북공정을 선포하고 출발한 지가 7년이 지나 8년에 돌입하고 있는데도 국사학계 위시의 동북아역사재단은 중국이 추진하는 동북공정내용을 반박하거나 반증하지 못하고 있음이 사실이다.

그 이유가 무엇일까? 본서 1장 1절 3.에서 현행국사체제가 일제식민지사관 체제와 일치하고 있기 때문임을 밝힌다. 그럼에도 불구하고 국사학계서는 현행국사가 일제식민지사관을 탈피한 국사라는 주장뿐 아닌 중국동북공정 추진 요인도 제공한 바가 없는 국사라는 주장이다. 이렇게 볼 때 국사학계가 인간의 이성적 양심을 지닌 국사학계인지 반문하지 않을 수가 없음을 밝힌다.

현행국사학계가 중국의 사서들이 증언하는 대로 4,300년 전 만주 건국의 단군조선을 국정국사로 복원하고, 위만조선이 반도조선이 아닌 요동조선임을 국사로 복원하더라도 중국이 동북공정을 주장하거나 추진할 수 있는 근거가 있다고 국사학계는 보는지 밝혀야 한다.

왜냐하면 중국동북공정 주장 추진의 제1요건이 현행국사 4,300년 전 만주 건국 단군조선을 역사 아닌 신화라고 단정하고, 전한시대 부여 역사를 현행국사가 인정하지 아니함에 따라 고구려 건국 이전 만주를 중국 漢族의 영토였다고 주장할 수 있는 근거가 있게 되었음을 국사학계가 부인할 국사의 근거를 밝혀야 하기 때문이다.

그런데 중국동북공정이 고구려는 중국 속국이라는 주장도 현행국사에서 고구려 제6대 太祖大王(AD 53~146) 이래의 국력을 드러내어 중국의 속국이 아닌 중국과 대결했던 고구려였음을 입증하고 중국의 오호십육국(302~581) 시대 분열혼란기의 고구려 20대 長壽王(413~491) 때부터 北魏(386~534)를 위시한 短命이던 宋(420~479), 齊(479~502), 梁(502~557) 등과 그 후의 隋·唐에게 조공했다 하더라도 그 기간은 불과 200여 년간의 조공이었다.

중국이 고구려의 외교적 조공을 조건 삼아 고구려가 중국의 속국이었다고 주장하는 중국이고 보면 중국이 漢高祖(BC 206~195) 때부터 제10대 元帝(BC 48~33) 때까지 근 200년에 걸쳐 흉노국에 조공을 바치면서 漢帝國은 흉노국을 부모의 나라로 섬기겠다고 맹서해 왔던 한 제국도 흉노국의 속국이었는지를 밝히도록 해야 할 중국이다.

① 史記卷百十匈奴傳 是時漢初定中國 匈奴大攻圍馬邑 高帝自將兵往擊之 於是
冒頓詐敗走 誘漢兵 漢兵逐擊冒頓 冒頓縱精兵四十萬騎圍高帝於白登……閼
氏乃謂冒頓曰 今得漢地 單于終非能居之也 且漢王亦有神 單于察之 乃解圍
之一角 於是高帝從解角直出……高帝乃使劉敬奉宗室女公主為單于閼 歲奉
匈奴絮繒酒米食物各有數 約為昆弟以和親 冒頓乃少止
② 史記卷百十匈奴傳 孝文皇帝復遣宗室女公主 為單于閼氏 傳公主說不欲行 漢
强使之說曰 匈奴必我 為漢患者也……歲有數今天下大安 萬民熙熙 朕與單
于為之父母 朕追念前事 孝景帝復與匈奴和親 遣公主 如故約 匈奴自單于以
下皆親漢
③ 前漢書卷九元帝記 竟寧元年(BC 33) 匈奴虖韓邪單于來朝 詔曰 匈奴單于背
叛禮義 既伏其辜 虖韓邪單于 不忘恩德 復修朝賀之禮 賜單于待詔○庭王檣
為閼氏 應劭曰 王檣王氏女名昭君……武哀王昭哀後寢園

　이와 같이 근 200년간 漢皇室의 공주까지 흉노에게 바치며 흉노국을 부
모국으로 섬기겠다고 맹세했던 한 제국이 흉노의 속국이 아니었다면, 중국
앞에 고구려 왕실의 공주를 바친 일도 없고 중국을 부모국으로 섬기겠다고
한 일이 없는 고구려가, 오호십육국시대 분열된 나라들에 외교상으로 제공
한 조공이 어째서 분열된 중국 여러 나라들의 속국이 될 수 있다는 주장인
지를 밝히도록 해야 할 중국이다.


## 3. 中國東北工程 對應 國史改正 불가피 부분


### (1) 中國東北工程 推進 第一要件 高句麗建國 以前 滿洲, 中國 漢族 領土 主張 반증

① 中國三國時代 魏書云 乃往二千載 有檀君王儉 開國號朝鮮 立都阿斯達(滿洲)
以高唐堯卽位五十年庚寅

② 定欽四庫全書 鄭若曾撰朝鮮考 朝鮮國近日 本在其東 相傳 堯戊辰歲 檀君者
  居太白山(不咸山・白頭山) 朝鮮人奉以爲主 此朝鮮立國
③ 中國上古代 地理書 山海經 十八 東海(黃海)之內 北海(渤海)之隅朝鮮 天毒(人
  間惡毒性)其人水(生水・眞理)居 偎人愛之(弘益人間) 증언대로 단군조선을 국정국
  사로 복원하면 중국동북공정 제1요건인 고대 만주가 중국 漢族의 영토 주장은
  완전히 무산되어 버린다.


## (2) 中國史書들 증언 遼東朝鮮 國史復元으로 東北工程 第二要件
  高句麗 中國屬國 주장 반증


① 史記卷六十九 蘇秦列傳 燕東有朝鮮遼東 北有林胡樓煩 西有雲中九原 南有
  嘑沱易水
② 史記卷六秦始皇本記 地東至海曁朝鮮 正義注 海謂渤海南至 楊蘇台等州之東
  海也 曁及也 東北朝鮮國
③ 四庫全書 山海經廣注 東海之內 北海之隅 有國名曰朝鮮 吳任臣案 錢溥朝鮮
  國志 朝鮮有三種 檀君朝鮮・箕子朝鮮・衛滿朝鮮・考箕子封朝鮮 四十一代
  孫至準王 凡九百二十八年 而失國于衛滿
④ 史記卷百十匈奴傳 山西省上谷以東 濊貊朝鮮……漢東拔濊貊朝鮮 以爲郡 正
  義注 樂浪(眞番竝合)玄菟(臨屯竝合) 二郡
⑤ 漢初 淮南子 太行石間東方極 自碣石過 朝鮮遼東大人之國
⑥ 前漢末楊雄 「方言」 燕東北洌水之間 遼東朝鮮
⑦ 三國志魏志卷三十東夷傳 魏略曰 昔箕子之後朝鮮侯 燕乃遣將秦開 攻其地二千
  餘里 朝鮮遂弱 秦使蒙恬築長城到遼東時 朝鮮王否立 否死 其子準立……漢以
  盧綰爲燕王 朝鮮與燕界於溴水(浿水) 燕人衛滿亡命 渡溴水(浿水) 求居西界
⑧ 史記卷百十五 朝鮮列傳 自始全燕時 嘗略屬眞番朝鮮 秦滅燕遼東外徼 至浿
  水爲界 滿亡命渡浿水 稍役眞番朝鮮蠻夷 王之都王險 索隱 徐廣曰 昌黎有險
  瀆縣也 集解注 應劭曰 地理志云 險瀆縣 朝鮮王舊都 瓚云 王險城 在樂浪浿
  水之東也
⑨ 北魏 酈道元著 「水經注」 浿水出遼東樓方縣 東南過 臨浿縣 東入於海
⑩ 前漢書卷二十四食貨志 武帝因文・景帝之畜 忿胡粤之害 彭吳穿濊貊朝鮮 置
  蒼海郡
⑪ 後漢書卷百十五東夷傳 燕人衛滿擊破準王朝鮮 國至孫右渠 元朔元年(BC 128)
  濊君南閭畔右渠 卒二十八萬口 詣遼東內屬 武帝其地爲蒼海郡 數年乃罷
⑫ 管子發朝鮮 山海經十二 朝鮮在燕列陽東海北(渤海北) 山南(大興安嶺南遼東) 朝鮮

## (3) 半島漢江以北 漢四郡 中國史編入 主張 完全 霧散된다

① 前漢書卷二十八地理志下 東賈眞番之利 樂浪·玄菟 武帝時置 皆濊貊朝鮮 箕
   子去之朝鮮 莽曰 樂浪·玄菟屬幽州 應劭曰 故眞番朝鮮國
② 後漢書卷一光武帝記下 樂浪人王調 據郡不服 樂浪郡在遼東
③ 三國志魏志卷三十東夷傳 高句麗復犯遼東宮(太祖王 53~146) 順·桓之間(12
   6~163) 攻西安平 殺帶方令 掠得樂浪太守妻子 靈帝建寧二年(AD 170) 玄菟
   太守耿臨討之

중국 사서기록 동북공정 반증 80여 종 사료를 외교부를 통해서 중국정부
에 전달하고 우리 국사교과서를 이상의 18종 사료에 의거하여 개정하게 되
면 중국동북공정 주장의 근거가 완전 무산되고 중국의 동북공정은 재론의
여지없이 극복된다.

그러므로 국사학계에서 이상의 증언에 이의가 있으면 국사토론회를 개최
하여 이의를 제기할 것을 촉구한다. 이 문제에 관해서는 본 연구결과 요약
보고문을 상고하시기 바란다.


## 4. 中國史書들 東北工程반증史料를 가지고 國史를 改正하면 中國은 어떤 반응 일어날까

이상 열거한 중국 사서들 동북공정 반증사료를 가지고 국사교과서 개정
내용의 注로 활용하면 중국의 동북공정 주장의 논거가 완전무결하게 무산
되고, 동북공정을 극복할 수 있다는 사실을 증언하는 바이다.

그 증거는 아무리 양심부재의 중국공산당국가 동북공정 추진이라 하더라
도 중국의 正史들, 사기·한서·지리서 등 동북공정 반증사료 입각의 한국
사 개정이면 중국의 동북공정 주장의 역사적 근거가 완전무결하게 없어져
버리기 때문에 중국공산당 정부가 더 이상 동북공정을 추진할 근거가 없이

완전 무산(空中分解)될 수밖에 없기 때문에 동북공정은 재론의 여지없이 극복된다는 사실을 밝힌다.

그럼에도 불구하고 중국공산당 국가가 대한민국이 동북공정 대응책으로 개정하는 국사개정에 이의를 제기할 경우 대한민국 정부는 중국동북공정 반증의 개정국사를 세계 각국 공관에 배포하여 개정 한국사를 세계에 전파하게 되면 중국동북공정의 허구적 정체가 드러나 중국의 공산당 국가는 세계 각국으로부터 창피(국가적 체면 손상)를 당할 수밖에 없는 사필귀정을 밝힌다.

그러므로 이렇게 개정된 국사를 외교부를 통해서 세계 각국의 한국공관에 배포하여 한국사를 세계에 알리게 되면 한국사는 세계사 가운데 빛나는 국사가 된다는 사실을 단언하게 된다.

그러나 중국공산당 국가가 대한민국 국사개정에 이의를 제기하지 않을 경우는 세계 공관에까지 개정국사를 배포하여 중국공산당 국가에 체면손상을 주면서까지 가혹하게 할 필요는 없다고 사료된다.

이렇게 볼 때 중국이 동북공정을 추진하려는 목적도 동북공정의 성과를 중국 13억 국민에게 교육하려는 목적과 함께 더 나가서는 세계에 동북공정의 성과를 알리려는 데 목적이 있음을 우리 국민이 인식하게 해야 한다는 것을 밝히는 바이다.


## 5. 東北工程 극복을 위한 國史改正 論文의 결론


배달민족은 5천 년 수난의 역사를 짊어지고 그 무수한 모진 고난들을 극복하는 과정에서 민족역사전통의 위대하고 빛나는 역사를 챙길 겨를 없이 망실해 왔음이 사실이다.

그러하기 때문에 현행국사가 4,300년 전의 단군조선은 역사 아닌 신화라고 배격하고 단군조선의 뒤를 이었던 부여 1,000년 역사 가운데 전한시대 말까지의 부여의 500년 역사를 말살함에 따라 후한 초이던 서기 49년부터 역사상에 나타났다는 국사교과서의 부여는 현행국사에 의해 말살된 부여라고 할 수 있다.

그러므로 BC 37년 고구려 건국 이전의 만주는 우리 민족의 영토였고 역사였다고 주장할 수 있는 역사학적 근거가 없어져 버렸기 때문에 우리 민족의 영산인 백두산 위시의 만주를 중국이 동북공정이라는 이름으로 중국 한족(漢族)의 영토였고 역사였다고 동북공정을 추진하고 있음이 현실이다.

이렇게 된 것은 오늘 우리 국사학자들이 중국의 正史인 史記卷一五帝本記에 중국대륙의 황하문명은 만주대륙의 숙신 동이문화가 중국대륙으로 전해졌던 문화였다는 증언을 국사학계에서 인식하지 못하게 때문이고, 4,300년 전의 숙신족이 단군조선족이었음을 모르는 데서 단군조선은 역사 아닌 신화라고 단정하는 역사적 우를 범하고 있기 때문이다.

그러므로 현행국사학계는 중국 사서 삼국시대 위서(魏書) 및 淸代의 사고전서(四庫全書) 증언의 4,300년 전 만주건국 단군조선을 국정국사로 복원하고 중국 고대지리서인 산해경 증언의 중국대륙 東海(黃海)之內 北海(渤海) 쪽 모두가 고대조선이었다는 증언뿐 아니라 ① 史記匈奴傳 上谷以東 遼東濊貊朝鮮과, ② 史記蘇秦列傳 春秋戰國時代 燕東쪽 遼東조선과, ③ 史記秦始皇本記 渤海 南쪽 山東等州로부터의 東北遼東朝鮮과, ④ 三國志東夷傳 魏略의 陰山南東쪽 遼東準王朝鮮과, ⑤ 史記朝鮮列傳 太行山 동쪽으로부터 渤海 쪽 遼東衛滿朝鮮 등 요동대륙조선을 국정국사로 복원해야 한다는 것을 강조하는 바이다.

이러한 성과를 거두려는 것이 동북공정 극복을 위한 고구려연구재단의 설립이었고 오늘의 동북아역사재단 설립의 목적 또한 여기에 있음을 부인할 수 없다.

그런데도 단군조선을 국정국사로 복원하고 요동조선을 국사로 복원하는 현행국사의 개정을 반대하고 있는 국사학계다.

현행국사는 일제식민지사관과 일치하는 항목이 5개항이고 일제식민지사관과의 차이점은 1개항에 불과하다. 현행국사에서 위만조선의 영토 범위 의혹을 어떻게 해결할 것인가 하는 문제가 여전히 남아 있다.

그러하기 때문에 동북공정 극복을 위한 국사개정안의 논문이 300여 page가 되는 것은 현행국사학계가 객관적 입장의 중국 사서들 증언의 요동조선 역사를 인정하지 아니하고 반도조선 역사만을 고집하고 있는 국사학계가 요동대륙조선 역사를 깨닫고 인정하게 하려는 목적임을 밝힌다.


## 6. 倍達民族 五千年 수난의 의미


우리의 역사교육 목적이 과거의 역사를 거울삼아 현실을 올바르게 인식하고 과거 역사의 거울을 통해 미래를 내다보려는 역사적 혜안(quick eye)을 지니게 하려는 데 역사 연구와 역사교육의 목적이 있는 것이라면 누구보다도 우리 국사학자들이 먼저 이러한 역사 연구와 역사교육의 목적대로 미래를 내다보는 백의한민족 앞에 국사학자로서의 사명을 해야 한다는 것을 강조하는 바이다.

그러므로 백의한민족을 진리로 練段하고 너희의 마음이 백옥같이 정결하게 하려고 흰옷을 입게 하셨다는 백의한민족(白衣韓民族)은 5천 년 동안 고난으로 다지며 연단해 왔던 백의천민(白衣天民)이라는 것을 역사적으로 인식해야 한다.

그 증거가 홍익인간 정신으로 하늘의 정통 이상(正統理想)을 계승케 한 백의한민족이 제2차 세계대전 종전과 함께 인류의 역사가 유신론 사상과 무신론 사상으로 대립하고 있는 선과 악을 식별하게 하기 위한 하늘의 섭리에 따라 남북한이 분단되었고, 따라서 무신론인 유물론을 진리로 신봉함에 따라 인간의 이성과 양심을 말살하는 북한의 공산당 집단으로부터 1950년에 침략을 당했을 때 세계 16개국의 UN군이 동원되어 이 강산에 피를 뿌리고 그들의 뼈를 묻게 된 것은 결코 우연이 아닌 하늘의 섭리에 따른 UN군의 동원이었다는 것을 한국의 국사학자들은 알아야 한다는 말이다.

이러한 역사적인 사실을 직관했던 함석헌(咸錫憲) 옹은 "한반도 금수강산에서 세계 인류가 3년 동안이나 어우러져 싸우면서 붉은 피로 이 강산을 물들이며 제물로 죽어 갔다. 이것은 하나님의 섭리에 따른 새 시대의 새 인종을 얻기 위한 것이었으며, 한국은 하나님 나라의 제단(祭壇)이 되었다.

세계의 후손이 빛나는 인류의 조국인 한국으로 찾아와서 자기네 조상들의 피로 성별(聖別)한 하나님의 제단 앞에 감사하는 눈물로 기도하는 날이 올 것이다. 우리가 서 있는 땅은 우리가 알고 있는 것 이상으로 뜻이 깊고 거룩한 자리이다.

그러므로 세계 인류의 운명이 바로 이 나라 이 땅에서 해결됨을 보는 날이 올 것이다(咸錫憲 著, 뜻으로 본 한국역사, 三中堂版)."라고 증언하셨다. 우리는 바로 그런 민족인 것이다.

# 부 록

## 부록 1. 〈中國側 東北工程 主張〉

## 1. 中華人民共和國 東北工程 參與 孫進己 教授 主張

① 關於高句麗歸屬研究中 幾個問題 「東彊學報」 2002年 5月
② 讓 渤海研究成爲促進 東北亞各國 友好的橋樑 「博物館 研究」 2002年 三期
③ 中國疆域形成發展理論研究 「中國民族大學報」 2003年 二期 土臺 研究發表

## (1) 具體的 內容

① 高句麗의 民族源流 高句麗가 어느 나라 領土內에서 建國되었는가?(高句麗의 正體性 41面) 高句麗는 어느 民族에서 起源하였는가? 어느 民族에 더욱 接近하였는가?

② 韓國人들은 高句麗와 百濟와 新羅가 同一民族이라고 主張한다. 그러나 高句麗와 百濟·新羅가 同一한 民族임을 確認할 수 있는 根據를 發見할 수 없다는 主張이다(現行韓國史 依據의 見解로 보여진다. 此 主張의 根據史料가 中國史書인가 韓國史書인가?)

③ 高句麗는 古代의 中國大陸 吉林省과 遼寧省에서 高夷貊人(夫餘)과 大量의 漢人에서 起源하였고 半島 南部의 新羅는 秦人과 韓半島人의 結合에서 起源하였고 百濟는 流移民(夫餘)과 半島人에서 起源하였다는 主張이다.

④ 高句麗와 百濟 및 新羅 사이에는 漢武帝가 設置한 漢四郡의 樂浪郡과 帶方郡이 存在했던 北方이 高句麗였고 그 南方이 百濟 및 新羅였는데 어떻게 漢四郡 北方의 高句麗와 漢四郡 以南의 百濟 및 新羅가 同一한 民族이었다는 主張인지 알 수가 없다는 主張이다(高句麗의 正體性 42面. 此主張 日本植民地史觀 造作·捏造 國史에서 脫皮하지 못하고 있는 現行韓國史 立脚의 見解로 보인다).

⑤ 그리고 古朝鮮族(現行韓國史 遼寧中心 古朝鮮)은 商人(箕子 以來의 殷人) 良夷와 濊人에서 起源하였으니 高句麗族은 古朝鮮族과 連結될 歷史的 根據가 없다는 主張이다(此主張 亦是 中國史立脚 主張인가? 韓國史 立脚 主張인가?).

⑥ 그 理由는 BC 10世紀 以後 建國되었다는 現行國史 遼寧中心 古朝鮮은 中國

의 戰國時代 末期인 BC 4세기의 燕에 依해 古朝鮮땅 二千里를 喪失하고 半島 淸川江을 燕과의 境界로 했던 半島朝鮮(否王 및 準王朝鮮)이 되었다(魏略 및 史記朝鮮列傳)는 半島朝鮮이지만 그 後인 BC 194年에 燕人 衛滿에게 나라를 奪取當했다가 BC 108년에 다시 漢나라의 武帝에게 滅亡된 後 半島에 漢四郡이 設置된지 70年後인 BC 37年에 漢四郡 玄菟郡 境內인 滿洲 卒本에서 高句麗가 建國되었었기 때문이다(此主張 現行韓國史 依據의 見解로 보인다).

⑦ 그러니 高句麗人이 韓半島에 進入한 時期는 AD 4世紀(AD 313) 漢族의 樂浪郡이 半島에서 물러난 後였다. 이렇게 볼 때 高句麗人은 朝鮮族의 後裔라 할 수 있는 歷史的 根據가 없다는 主張이다(此主張 日本植民地史觀 複寫版 李丙燾 國史大觀을 大本으로 하는 現行韓國史 依據 見解인 것으로 보여진다. 高句麗 正體性 42面).

⑧ 高句麗 滅亡後 興起했던 渤海가 中國의 遼에 滅亡됨에 따라 그 後는 金·元·明·淸·中華民國·中華人民共和國으로 歸屬되었다(高句麗 正體性 45面).

⑨ 高句麗의 文化는 漢帝國의 國敎였던 儒敎文化인 漢族文化에 隸屬되었던 文化였다. 孫進己 「東北民族史硏究」(中舟古書籍出版社, 1994年) 孫泓 「漢文化是高句麗文化主體」 第三期 高句麗學術세미나·輯安 2003年 10月(高句麗 正體性 46面).

⑩ 高句麗의 歸屬問題 高句麗는 建國이 漢四郡 玄菟郡 境內에서 建國되어 成長했고 高句麗는 滅亡할 때까지 中國政府들로부터 東征大將軍 東部遼東郡公 高句麗王으로 冊封받고 中國에 朝貢을 바쳐 온 中國의 屬國으로서의 地方政權이었다는 主張이 中國東北工程이다(高句麗 正體性, 49~50面).

## (2) 孫泓 敎授 中國史書 依據 高句麗 硏究 結果 主張

① 高句麗 中國歸屬 問題는 일찍이 2000年前 漢書에서 提示되었다. 後漢書卷百十五東夷傳 武帝滅朝鮮以高句麗爲縣使屬玄菟 記事가 高句麗는 漢四郡 玄菟郡 境內에 建國되었음의 立證이다.

② 前漢書卷二十八下地理志 玄菟郡 三縣 高句麗·上殷台·西蓋馬

③ 後漢書卷百十五東夷傳 王莽初 發句麗兵以伐匈奴 其人不欲行 彊迫遣之 皆亡出塞爲寇盜……莽令其將嚴尤擊之……更名高句麗王爲下句麗侯……建武八年 高句麗遣使朝貢光武復其王號

④ 三國志魏志卷三十東夷傳 高句麗在遼東之東千里……漢時鼓吹技人 常從玄菟郡受朝服衣幘

⑤ 後漢書卷百十五東夷傳 和帝元興元年(AD 105) 高句麗復入遼東寇略六縣 遼東太守耿夔擊破之 安帝永初五年(AD 111) 宮(太祖王) 遣使貢獻求屬玄菟

⑥ 三國志魏志卷三十東夷傳 高句麗王宮(太祖王)死 子伯固立(伯固는 太祖王之季弟로 後漢書東夷傳에는 宮弟를 嗣子遂成으로 되어 있음) 順帝·桓帝之間(AD 126~167) 復犯遼東 寇新安居鄕 又攻西安平於道上 殺帶方令 掠得樂浪太守妻子 靈帝建寧二年

(AD 169) 玄菟太守耿臨討之 斬首虜數百級 伯固降屬遼東 嘉平中(AD 172~177) 伯固乞屬玄菟

⑦ 晋書慕容䨩記 및 三國史記 高句麗故國原王 十三年(AD 343) 王遣其弟入朝於燕稱臣

⑧ 魏書 魏世祖 高句麗長壽王 23年(AD 435) 魏世祖 遣員外散騎侍郎李敖 王爲都督遼海諸軍事 東部郡開國公 高句麗王으로 册封했다.

⑨ 三國史記 長壽王 68年(AD 480) 南齊太祖蕭道成 册王爲驃騎大將軍 王遣使餘奴朝聘南齊 魏人於海中 得餘奴送闕 魏高祖責王曰……豈是藩臣守節之義 今不以一過掩卿舊款 卽送還藩 其感思恩愆

⑩ 三國史記 文咨王元年(AD 492) 魏孝文帝 遣使王爲使持節都督遼海諸軍事 征東將軍 領護東夷中郎將 遼東郡開國公 高句麗王册封

⑪ 文咨王十三年(AD 504) 遣使芮悉弗入魏朝貢 魏世宗引見 悉弗進曰 小國係誠天極 累葉純誠 地産土毛 無愆王貢.

⑫ 平原王二年(AD 560) 北齊廢帝 封王 爲使持節領東夷校尉 遼東郡公高句麗王册封

⑬ 北周武帝建德 6年(AD 577) 高句麗 平原王 19年 王遣使入周朝貢 周高祖王爲開府儀同三司大將軍 遼東郡開國公 高句麗王. 册封

⑭ 隋書 高句麗嬰陽王元年(AD 590) 隋文帝遣使王爲上開府儀同三司 襲爵遼東郡公 賜衣一襲. 二年 遣使入隋 奉表謝恩進奉,因請封王 隋帝許之. 册封爲高句麗王 仍賜車服. 九年 王率靺鞨之衆萬餘 侵遼西 隋文帝聞而大怒 陽帝下詔黜王官爵 王亦恐懼 遣使謝罪上表稱遼東糞土臣元

⑮ 榮留王 7年(AD 624) 唐遣刑部尙書沈淑安 册王爲上柱國遼東郡公高句麗國王册封

⑯ 寶藏王 二年(AD 643) 唐太宗 詔曰 高句麗國王臧 可上柱國遼東郡公 高句麗王册封 寶藏王 27年(AD 668) 高句麗滅亡唐歸屬 孫泓 敎授 中國史書 依據 高句麗研究 結果

## 1) 中國史記五帝本記 中國黃河文明의 根源이 古代滿洲肅愼 東夷였다는 證言을 確認

① 史記卷一五帝本記 山戎發肅愼 集解注 鄭玄曰 肅愼東北夷 東夷·長夷·鳥夷 索隱注 此言帝舜之德 皆撫及四方夷人 故先以撫字 總之北發……漢書北發 是北方國名 四海之內……天下明德 皆自虞帝始 孟子卷八 離妻下 孟子曰 舜東夷之人也 證言

解釋 : 사기오제본기의 山戎發肅愼은 東北夷라는 해석인데 이 해석 다음에 帝舜之德 撫及四方夷人이라는 撫는 산융숙신이라는 부족으로부터 기인된 撫字임을 증언하고 있다. 이 해석을 더 구체적으로 말하면 帝舜의德 撫及四方夷人은 동북이의 숙신족으로부터 기인된 撫의 덕이라는 증언으로 맹자는 舜을 東夷之人이라고 했는데 중국황하문명의 주인이라고 일컬어지는 舜의 덕은 숙신동북이로부터 기인된 덕이었다는 증언으로의 해석이 아니라면 만주 동북이 숙신의 설명에서 舜의 덕이 논급되어질 이유가 없는 것이라고 보여진다. 따라서 동북이의 숙신은 동이의 기원을 말하는 것임은 재언을 요치 않는다. 그 증거를 한서동이전이 이 사실을 다음과 같이 증언하고 있다.

② 後漢書卷百十五東夷傳 王制云 東方曰夷 夷者柢也 言仁而好生 故天性柔順 易以道御 至有君子不死之國焉……故孔子欲居九夷……所謂中國失禮求之四夷者也 證言

解釋 : 이 증언은 사기오제본기 산융발숙신으로부터 撫가 기인되었다는 증언을 더욱 명학히 확인하는 것이 한서동이전의 王制를 인용한 동이의 증언인데 동방의 사람을 夷라 하는데 동방의 夷는 고대 아세아족의 뿌리(柢)가 된다는 증언이다. 이들 동이는 천성이 유순하여 天道에 쉽게 따르는 사람들이기에 그들 동이의 언행은 어질어서 살리기를 좋아하는 백성들이기에 군자가 끊이지 아니하는 나라였다고 증언하고 공자같은 성인도 九夷의 근원이 되는 동이가 사는 곳에 가서 居하고 싶다고 하고 중국에 禮儀의 법도

가 추락하면 동이라는 四夷로부터 예의와 법도를 구하였다는 증언이다.

③ 山海經卷七海外西經 肅愼氏之國 在白民北 有樹(人物樹·嫡子樹)名曰雄 常先
八代帝 於此取之 證言

　　解釋 : 상고대 지리서인 산해경의 肅愼氏之國 在白民은 숙신은 백의족이라는
　　　　　증언인데 이들은 북방의 동이들인데 有樹란 인물 지칭이다. 이들 숙신족
　　　　　은 용감한 사람들이었기에 雄이라고 칭했었다. 그런데 고대중국의 삼황오
　　　　　제인 八代帝 즉 복희·신농·황제 三皇과 소호·전욱·제곡·당요·우
　　　　　순 등. 五帝 모두가 고대 동이인 숙신씨의 나라로부터 중원대륙으로 이동
　　　　　한 사람들이었다는 증언이다. 이 증언을 더욱 입증하는 것이 사기오제본기
　　　　　黃帝 설명이다.

④ 史記卷一 五帝本記 黃帝者 索隱注 土色黃故稱黃帝 正義注 有熊國 乃小典
國君之次子 號曰 有熊氏 黃帝生於壽丘 在魯東門之北 今在兗州 阜曲縣……
小典之子 索隱注 小典者 諸侯國號 非人名也……黃帝者 小典氏 後代之子
孫 證言

　　解釋 : 사기오제본기의 黃帝는 有熊國이라는 小典國 군주의 차자였다는 증언인데
　　　　　黃帝의 출생지는 옛 노나라 東門之北의 壽丘였고 지금의 兗州 阜曲縣이
　　　　　었는데 小典은 인명이 아니고 제후국의 국명이었다는 증언이다.
　　　　　그리고 黃帝는 이러한 小典氏之後代子孫이었다는 해석이다. 이러한 황제는
　　　　　유웅국 출신으로 어느 종주국 제후이었는지는 밝혀져 있지 않으나 아무튼
　　　　　황제는 소전국(有熊國)이라는 제후국의 후손이었던 것만을 밝히고 있다.
　　　　　이로 미루어 보건대 유웅국이라는 소전국의 종주국은 산해경 해외서경 증언
　　　　　의 만주 東北夷 肅愼氏之國 有樹名曰雄 常先八代帝 於此取之라는 증언
　　　　　대로 만주의 숙신국이 산동동이이던 옛 魯나라 이전 유웅국이라는 소전국의
　　　　　종주국이 아니던가 하고 추찰된다. 이렇게 추찰하는 근거는 다음과 같다.
　　　　　㉮ 韓國古代史 史料 三國遺事 異記 王儉朝鮮篇 古記云昔日桓因(天·
　　　　　帝·上帝) 庶子桓雄 數意天下 貪求人世 父知子意 下視三危太白 可以
　　　　　弘益人間 乃授天符印三箇遣往理之 雄率徒三千於太白山 神檀樹下 謂
　　　　　之神市 是爲桓雄天王也 將風伯雨師雲師而主穀主命 主病主刑主善惡
　　　　　凡主人間三百六十餘事 在世理化 時有一熊一虎同穴而居 常祈于神雄
　　　　　願化爲人 時神靈乂一炷 蒜二十枚曰 爾輩食之不見日光百日使得人形
　　　　　熊虎得而食之 忌三十六日 熊得女身 虎不能忌而不得人身 熊女者無與
　　　　　爲婚 故每於壇樹下 呪願有孕 雄乃可化而婚之 孕生子 號曰檀君王儉
　　　　　以高唐卽位五十年庚寅 都平壤始稱朝鮮 又移都於白岳山阿斯達 御國一
　　　　　千五百年 周虎王卽位

이상의 단군기사는 신화 아닌 역사임이 입증된다. 그 증거가 첫째 동물학적인 곰
과 범은 사람되게 해 달라고 기도할 수 없는 것이 그 증거다. 두 번째 증거가 고

대 중국의 산동지방 有熊國이라는 小典國君의 次子라는 黃帝를 웅씨라고 하고
周나라의 武王을 虎王이라고 하는 것이 그 증거다.

이렇게 볼 때 천자환웅이 웅녀와 결혼했다는 것은 동이기원의 환웅씨 나라이던
桓國은 산동유웅국 小典國이라는 제후국의 종주국임이 입증되는 것은 단군신화
가운데의 熊女는 山東有熊國 小典之諸侯國 출신의 왕녀가 아니었다고 부인할
근거를 찾을 수 없다. 그 증거가 산동지방에는 단군신화와 같은 신화들이 있음이
그 증거라 할 수 있다.

그러니 黃帝를 웅씨라 하고 周나라 무왕을 虎王이라고 한 것처럼 단군조선 출발
이전의 곰과 범은 동물학적 곰과 범이 아니라 인간을 곰과 범으로 상징했던 것임
이 입증되는 것은 최상고대 단군조선의 역사기록을 신화의 형식을 빌어 기술했던
것뿐이라는 것을 인식해야 한다.

이와같이 고대의 신화와 역사는 불가분이라는 사실을 인식해야 하는 것은 고대인
의 세계관인 신화와 그들 고대인들 인생관의 역사는 불가분이기 때문이다. 더 정
확히 말하면 고대인의 역사를 신화적 형식으로 기술해 왔었다는 말이다. 그러니
삼국유사 단군조선의 기록은 신화 아닌 역사였다는 사실을 인식해야 한다.

⑤ 史記卷一五帝本記 自黃帝至舜禹 皆同姓而異其國號 以章明德……帝禹爲夏
   后而別氏姓姒氏 證言

   解釋：고대 중국황하문명의 주인이라는 黃帝로부터 舜을 거쳐 禹에 이르기까지
        八代帝들의 성이 모두 동성이었다고 증언하고 그 국호만을 달리했다는 증
        언인데 이들 八代帝들의 밝은 덕은 모두가 山戎發肅愼 東北夷 此言帝
        舜之德 皆撫及四方夷人과 일치되는 明德이고 自黃帝至舜禹同姓은 산
        해경 해외서경 증언의 肅愼氏之國 有樹名曰雄 常先八代帝 於此取之 라
        는 증언대로 삼황오제 모두가 숙신씨 동성으로 해석된다.

        그렇지 않고는 自黃帝로부터 舜禹에 이르기까지가 동성일 수 있는 근거
        를 발견할 수 없다. 그러니 黃帝有熊.·고양·고신·당요·우순·하우 모
        두가 숙신씨로부터 기인된 숙신씨 동이라는 증언인데 帝禹爲夏后 별씨성
        姒(며느리 사) 씨라는 기사의 后는 帝禹의 皇后姓이 姒氏였다고 해석된다.


## 2) 中國史書 및 地理書와 古典 等의 中國大陸古朝鮮 存在 證言 確認


① 山海經卷十八海内經 東海之内 北海之隅 有國名曰朝鮮 西海之内 流沙之中
   有國名曰壑市·孟子卷七 離婁上 孟子曰 太公辟紂 東海之濱 伯夷辟紂 北
   海之濱 證言

   解釋：상고대 지리서인 산해경의 중원대륙 東海之内 有國朝鮮 기록은 지금 중
        국이라고 일컬어지는 대륙 전체가 상고대의 조선이었다는 증언이고 北海之

隅朝鮮 역시 동일 조선으로서 발해 내륙의 산동·하북·요서·오동 위시
의 만주대륙 전체가 조선이었다는 증언이다. 그러하기에 중국사고전서에 다
음과 같이 기술되어 있다.

② 欽定 四庫全書 鄭開陽雜著五卷 明 鄭若曾撰朝鮮考 朝鮮國近日本以其在東
朝日鮮明故名 相傳 堯戊辰歲有檀君者 居太白山 朝鮮人奉以爲主 此朝鮮立
國 史記卷一五帝本記 蚩尤請風伯雨師 以從大風雨 孔安國曰 蚩尤九黎君號
蚩尤是也 證言
解釋：四庫全書 가운데의 朝鮮考는 본래 해 돋는 곳인 동쪽에 있는 조선은 아
침 햇빛이 선명하다는데서 지어진 나라 이름이라는 증언이다. 전해져 내려
오는 바에 의하면 堯戊辰年에 단군이 장백산이라는 만주 태백산(一名 白
頭山)에 居했는데 조선인들이 단군을 받들어 왕으로 삼았는데 단군이 입국
한 나라가 조선이다. 이러한 조선에는 풍백과 우사가 있었는데 산해경에
이르기를 黃帝가 應龍에게 명하여 蚩尤를 공격했을 때 치우는 단군조선
의 풍백과 우사를 청하여 대폭풍우가 쏟아지게 했다는 증언이다.
그리고 숙신은 조선의 吏讀文(신라 이래 한자음과 뜻을 풀어 한문을 우리 형식
으로 해석한 맞춤법)이라 하는데 竹書記年 증언에 따르면 이러한 숙신조선
은 舜임금 25년에 벌써 국방상의 중요한 무기이던 단군조선의 유명했던
단궁을 수출했다는 것으로 보면 숙신씨 조선은 산해경의 증언대로 堯舜
이전부터 존재했던 조선이었음을 부인하기 어렵다.

③ 欽定四庫全書 山海經廣注卷十八 仁和吳任臣注 東海之內 北海之隅 有國名曰
朝鮮 吳任臣案 錢溥朝鮮國志 朝鮮有三種 一曰檀君朝鮮 一曰箕子朝鮮 一曰
衛滿朝鮮 考箕子封朝鮮四十一代孫至準王 凡九百二十八年而失國于衛滿 證言
解釋：상고대 지리서인 산해경의 해내경 東海之內 北海之隅 有國名曰朝鮮을
吳任臣이 살펴 본 결과 錢溥朝鮮國志에 3종의 조선이 있는데 一曰檀君
朝鮮이고 二曰箕子朝鮮이고 三曰衛滿朝鮮이라고 하고 위만조선은 箕子
去之朝鮮의 41대손으로 準王朝鮮이었는데 기자 이래 928년만에 燕人
衛滿이 준왕조선을 탈취했음을 밝히고 있다.

④ 書經·夏書·禹貢 東漸於海 西被於流沙 朔南曁 聲教訖於四海 證言
解釋：서경은 요순 이래의 역대 군왕들 善政을 공자가 집성한 서책으로 이 역사
서를 漢代의 사마천이 사기찬술의 사료로 삼았다는 것은 세인이 주지하는
바다. 그러니 서경의 東漸於海는 상고대 지리서인 산해경의 東海之內 北
海之隅 有國名曰朝鮮을 지칭한 것이고 西被於流沙는 Gobi사막 지칭임
을 부인하기 어렵다. 이러한 사실을 더욱 확실히 입증하는 것이 삼국지위
지동이전의 기록이다.

⑤ 三國志魏志卷三十東夷傳 書稱 東漸於海 西被於流沙 其九服之制 可得而言
也 然荒域之外 重譯而至 非足跡車軌所及 未有知其國俗殊方者也 自虞曁周

西戎白環之獻　東夷肅愼之貢　皆曠世而至　其邈遠也如此　及漢氏遣張騫　使西
域窮河源　經歷諸國　遂置都護以總領之　證言
解釋：삼국지동이전의 이 기록은 상고대 지리서인 산해경의 東海之內　有國朝鮮
　　　과　西海之內　流沙之中　有國壑市　기록을 인용했던 서경을 기본으로 했
　　　던 삼국지동이전의 기록임이 입증된다. 그러하기에 書稱의　東漸於海朝鮮
　　　으로부터　西被於流沙　壑市　사이의 서융　白環之獻과　東夷肅愼之貢이
　　　언급되어 있는데 동이숙신지공이란　竹書記年卷一舜二十五年　肅愼氏來
　　　朝貢弓矢를 지칭한 것이라 보여진다.
　　　삼국지동이전의 이 기사를 구체적으로 해석하면　東漸於海　九服之制라는
　　　것은　九夷의 제도를 말한 것으로　可得而言也란 이미 중원 사람들이　九
　　　夷(九族)의 제도는 익히 알고 있다는 말이다. 그러나　荒域之外라는 Gobi
　　　사막 쪽은 중원사람들과 언어가 통하지를 않아서 여러 차례 거듭되는 통
　　　역을 거쳐야만 황역지외라는 서역에 이를 수 있었다는 말이다.
　　　그러니 황역지외라는 서역은 사막지대이기에 사람의 족적이 드물어서　車
　　　軌라는 수레를 이용해야만 미칠 수 있는 곳으로 그쪽나라의 풍속들은 익
　　　히 알 수가 없지만 중원의 풍속과는 아주 다른 특수한 풍속이었으리라는
　　　것이다.
　　　그런데　自虞舜시대로부터 문왕 이래의　周나라의 시대에 이르러 서역의
　　　서융들은　白環을 바쳤고 동이의 숙신은　竹書記年 증언대로　帝舜 때 弓
　　　矢의 공헌과 후한서동이전 증언대로 주무왕이 은의 주왕을 멸하는 혁명시
　　　에 동이숙신은 단군조선의 유명한 명물인　檀弓과　楛矢와　石砮를 바쳤다
　　　는 것이　東夷肅愼之貢이었다는 증언이다.
　　　그러니 고대지리서인 산해경 증언의　東海之內　北海之隅朝鮮은 그 영역
　　　이 너무도 광활해서 아득한 지경들이었는데　漢代에 이르러　漢의 무제가
　　　張騫이라는 사람을 서역으로 파견하여 그곳 하천의 근원을 살피고 그곳
　　　여러 나라들의 경력을 살피게 한 다음에 드디어 서역지방에 도호부라는
　　　기관을 설치함으로서 서역이　漢나라의 영지가 되었다는 증언이다.
　　　이와같이 고대 중원대륙　東海之內로부터 서역 Gobi사막 지방까지의 고대
　　　중국은　東夷之人이던　虞舜 이후 동이·구이·구족 중의　西夷之人들이
　　　주축이 되었던　周代를 거치면서 산융이라고 일컬어 왔는데 동이숙신족은
　　　모든 夷들의 중심부족으로서 국가수호의 기본이 되는 무기였던 단군조선
　　　특산물의 단궁을 고대의　舜때부터　周代에 이르기까지 중원으로 수출해 왔
　　　던 숙신조선이었음이 입증된다.
　　　그리고 서경　東漸於海　西被於有沙　朔南曁　聲敎訖於四海라는 기사는
　　　산해경　東海之內　北海之隅朝鮮의　偎人愛之로 나타난 것이 단군조선의
　　　홍익인간정신을 나타내었던 것으로 이것이 다름 아닌 단군조선　理世敎化

의 가르침 명성과 교훈이 朔이라는 북방으로부터 중원대륙 남쪽까지의 동
서남북 사방의 三危太白(중국 서역 감숙성의 삼위산과 동북방 만주 태백산 사이)
에 퍼졌다는 증언이다.

⑥ 孟子卷八 離婁下 孟子曰 舜生於諸馮 東夷之人也(史記五帝本記 舜冀州之人也 正
　義注 河東縣本屬冀州) 文王生於岐周 西夷之人也 地之相距也 千有餘里 歲之相
　後也 千有餘歲 得志行乎中國 史記卷之一 山戎發肅愼 東北夷 東夷·長夷·
　鳥夷……四海之內 正義 爾雅云 九夷八狄七戎六蠻謂之四海 後漢書東夷傳
　東方曰夷 夷者柢(根)也 證言
　解釋：맹자가 舜은 東夷之人이라 하고 문왕은 西夷之人이라 한 것을 두고 후
　　　　대 사람들은 동이와 서이를 전연 다른 夷들인 것처럼 간주하는 예가 적지
　　　　않다. 그러나 이러한 사례는 상고대부터의 동이로부터 四夷 또는 九夷로
　　　　까지 퍼지게 된 것을 너무도 인식하지 못하는데서 기인되는 소치들이다.
　　　　왜냐하면 사기오제본기 山戎發肅愼 東夷·長夷·鳥夷로부터 사방으로
　　　　퍼지게 된 것이 四夷이고 九夷이기 때문이다. 이 사실을 입증하는 것이
　　　　한서동이전 東方曰夷 夷者柢(根)也가 이 사실을 입증하고 있다. 그러하
　　　　기에 四海之內 四夷·九夷.·八狄·七戎·六蠻들이라고 漢高祖 이후
　　　　漢人들의 지칭이었지만 이들 모두는 하나의 夷인 東夷로부터 파생된 夷
　　　　들이라는 것을 인식해야 한다.

⑦ 史記卷三十八 宋微子世家 箕子朝鮮去之 於是武王乃封箕子於朝鮮而不臣也 證言
　解釋：은말의 무왕이 기자가 조선으로 가버렸다는 소문을 듣고 기자를 조선의
　　　　왕으로 인정(封)했다는 箕子東來朝鮮은 산해경 입증의 東海之內 北海之
　　　　隅朝鮮이었음이 입증된다. 그러므로 무왕은 기자를 신하로 삼지를 않았다.
　　　　그런데 만의 하나 은대 이전에 조선이 존재하지 않았으면 기자가 조선으
　　　　로 갔다는 말조차도 성립할 근거가 없음을 알아야 한다. 그러하기에 발해
　　　　내륙과 하북지방에서 기자후로 새겨진 유물들이 발견되고 있다.

㉮ 史記卷三十二齊太公世家　齊桓公二十三年 山戎伐燕 齊桓公救燕 遂伐山
　戎至于孤竹而還……於是桓公稱曰 北伐山戎離枝孤竹 索隱注 駰案地理志
　云 令支縣 有孤竹城 疑離枝卽令支也……離枝孤竹 皆古國名 遼西令支縣
　有孤竹城 證言

㉯ 史記卷百十匈奴傳 唐虞以上有山戎……燕北有東胡山戎 各分散居 自有君長往
　往而聚者 百餘有戎 證言·史記卷一五帝本記 山戎發肅愼 東夷·長夷·鳥夷
　　解釋：사기흉노전에 唐虞(堯舜) 이전은 모두가 山戎이었다는 증언은 사기오
　　　　　제본기 山戎發肅愼으로 기인된 산융인 것으로 융이였음은 재언을 요
　　　　　치 않는다. 그러니 사기제태공세가에 桓公이 북벌했다는 산융은 다름
　　　　　아닌 하북지방의 離枝와 孤竹國이었다는 증언인데 離枝와 孤竹은 사
　　　　　기오제본기 산융발 숙신으로부터 기인된 山戎이다.

㉠ 史記卷五秦本記 戎王 聞繆公賢 故使由余觀秦 秦繆公示以宮室積聚 由余曰
使鬼之則勞神矣 使人爲之亦苦民矣 繆公怪之問曰 中國以詩書禮樂法度爲政
然尙時亂 今戎夷無此 何以爲治 不亦難乎 由余笑曰……夫戎夷 上含淳德以
遇其下 下懷忠信以事其上 一國之政猶一身之治 此眞聖人之治也 證言

解釋 : 우리는 우리 민족의 기원을 단군조선으로 인식하면서도 단군조선의 중
심부족인 산융숙신이 우리 민족의 근본이 되는 先民이었다는 것을 인식
하지 못하고 있지만 중국인들은 고조선을 예맥조선 또는 발조선이라 일
컬어 왔다. 그러니 사기오제본기 숙신부족 산융이 사기제태공세가 離
枝·孤竹·山戎으로 나타나는 山戎인데 이 산융이 사기진본기에 나타
나는 산융의 戎王임이 입증된다. 그러니 고대 단군조선 부족 가운데의
산융이라는 융왕의 眞聖人 정치가 단군조선부족의 내치였음의 입증이다.
그 증거가 사기오제본기의 北山戎發肅愼과 사기제태공세가 山戎과
사기진본기 산융의 戎王 등, 이 모두가 일치되는 산융 또는 융이들임
이 입증되는데 춘추시대 하북지방 발조선 산융의 융이부족왕이 秦의
繆公이 현자라는 소문을 듣고 그것을 확인하려고 由余를 사신으로 秦
나라에 보냈다.

이때 秦의 繆公이 자신의 궁실에 모아 두었던 진귀한 물건들을 융왕
사신 유여에게 보여주었는데 유여가 한 말이 이 진귀한 물건들을 귀신
을 시켜 모았으면 귀신들의 노고가 컸겠고 사람을 시켜 모았으면 사람
들의 고생이 심했겠다고 하니 繆公이 의아하게 여기며 이렇게 말했다.
중국에는 시서와 예악과 윤리의 법도가 있어서 정치를 해도 난리가 끊
이지 아니하는데 융이나라에는 이러한 것이 없으니 무엇으로 정치를
하는지 심히 어렵지 않겠느냐고 하니 융이 사신 유여가 웃으며 대답하
기를 융이나라의 윗사람은 아랫사람을 덕으로 대우하고 아랫사람은 윗
사람을 信義의 충성으로 섬긴다고 하고 한나라의 정치가 한몸을 다스
리는 것과 같은 정치이기에 이 정치는 眞聖人의 정치라고 했다.

이러한 진성인의 정치가 단군조선의 홍익인간정신 의거 정치 또는 산
해경 조선입증의 偎人愛之 의거 진성인 정치요 이러한 정치문화가 고
대 중국으로 전해진 堯舜 이래 皆撫及德治의 明德들이었음이 사기오
제본기 帝舜皆撫及四方以人 故先以撫字 總之北發과 후한서동이전
夷者柢也 中國失禮求之四夷德治였음이 입증된다.

⑧ 山海經卷十二海內北經 朝鮮在列陽東 海北山南 列陽屬燕 證言

解釋 : 산해경 해내북경 조선은 燕의 열양 동쪽의 海北山南이라는 해북은 발해
북쪽을 지칭한 것이고 산남은 발해 북쪽의 대흥안령을 지칭한 것으로 발
해 북쪽의 요동과 만주 대륙이 조선이었다는 증언이다.

⑨ 管子經重甲 發朝鮮不朝 請文皮莚 服而以爲弊乎 一豹之皮容金也 然後八千

里之發朝鮮 可得而朝也 證言

㉮ 後漢書卷百十五東夷傳 夫餘國在玄菟北千里……本濊地也……挹婁古肅
愼氏之國……多勇力善射 弓長四尺 弩矢用楛 靑石爲鏃 鏃皆施毒 中人
卽死 隣國畏患 證言

解釋：관자 증언의 發朝鮮은 산동·하북·요서·오동이 조선이었음은 물론이고
만주대륙까지가 관자 증언의 發朝鮮임이 입증된다. 왜냐하면 齊나라의 환
공이 발조선의 文皮라는 虎皮를 청하면서 호피값을 넉넉하게 지불하게 되
니 그 연후에 팔천리 영역의 발조선의 명물인 호피를 齊나라에 바쳤다는
것이 管子經重甲의 증언이다.

解釋：㉮ 발조선의 최대 명물이 文皮라는 虎皮였는데 그러면 어째서 발조선의
최대 명물이 호피였던가 하는 것은 후한서동이전의 부여국은 단군조선 때
부터 유명했던 단궁을 잘 쏜 만주인들은 단궁의 명궁들이었기에 隣國들이
두려워했고 호랑이를 잡은 호피가 유명했던 만주의 발조선이었고 동시에
예맥조선이었음이 입증되고 있기 때문이다.

⑩ 史記卷百十匈奴傳 諸左方王將居東方 直上谷以往者 東接濊貊朝鮮 證言

解釋：사기흉노전의 상곡 이동 예맥조선은 한제국의 동쪽 경계를 밝힌 것뿐이지
예맥조선 강역이나 내용을 밝힌 흉노전이 아니었다. 그러니 사기흉노전의
예맥조선은 하북·요동 위시의 만주대륙조선 증언이지만 여기 예맥조선의
내용은 맹자라는 고전과 삼국지위지동이전과 사기진본기가 증언하고 있다.
그러면 濊貊朝鮮을 차례로 살펴보기로 한다.

㉮ 孟子卷十二告子下 白圭曰 吾欲二十而取一何如 孟子曰 子之道貉道也 什
一而取堯舜之道也　欲輕之於堯舜之道者貉也……夫貊無城郭宮室宗廟祭
祀之禮 無諸侯弊帛饗殖 無百官有司 故二什而取一而足也 證言

㉯ 三國志魏志卷三十東夷傳 夫餘在長城之北……方可二千里……有宮室倉
庫牢獄 其人性强勇謹厚 不寇鈔 國有君主 皆以六蓄名官……邑落有豪民
名下戶皆爲奴僕……以弓矢刀矛爲兵 家家自有鎧杖……在國衣尚白 白布
大袂袍褲履革鞜 出國則……以金銀飾帽 以殷正月祭天 國中大會 連日飲
食歌舞 曰迎鼓……行道晝夜 無老幼皆歌……漢時夫餘王葬用玉匣 常豫
以付玄菟郡 王死則迎取以葬……其印文言濊王之印 國有故城名濊城皆本
濊貊之地 證言

㉰ 史記卷五秦本記 秦之先帝顓頊之苗裔也……齊桓公伐山戎 次于孤竹(史記
五帝本記 山戎發肅愼東夷)……戎王使由余於秦……聞繆公賢 故使由余觀秦
秦繆公示以宮室積聚 由余曰 使鬼之則勞神矣 使人爲之亦苦民矣 繆公怪
之問曰 中國以詩書禮樂法度爲政 然尙時亂 今戎夷無此 何以爲治 不亦難
乎 由余笑曰……夫戎夷 上含淳德以遇其下 下懷忠信以事其上 一國之政
猶一身之治 此眞聖人之治也 證言

解釋 : ㉮ 예맥조선은 예맥족의 나라를 말하는 것인데 대체로 만주와 요동 및 하
북지방을 예맥조선이라고 한다. 그러나 예맥족의 중심은 동북아 만주의 부
여를 지칭하는 것임은 더 말할 것이 없다.

그런데 白圭가 세제를 20분의 1로 했으면 어떻겠느냐고 하니 맹자가 대
답하기를 20분의 1 세제는 예맥의 세제를 말하는 것인데 요순시대 세제
는 10분의 1 세제였다고 하고 요순의 10분지 1 세제보다 경한 세제로
하고자 하는 세제는 예맥조선과 같은 세제가 된다고 했다.

그 이유를 맹자는 말하기를 貉이라는 예맥에는 성곽도 없고 궁실도 없으
며 종묘의 제사제도도 없고 제후도 없고 弊帛 따위도 없고 관리인 백관도
없고 다만 有司만 있을 뿐이다. 그러므로 20분지 1 세제로도 족했었다는
설명이다.

解釋 : ㉯ 하지만 삼국지위지동이전은 이렇게 증언한다. 貊이라는 예맥족의 부여
에는 궁실과 창고와 牢獄이 있다고 하고 군주 아래의 부여관직은 六畜名
을 따서 부친 관직명이었다고 하고 부여 각 읍락의 부호들은 모두 노비들
을 두었는데 弓矢와 칼과 창들로 무장케 하고 갑옷을 입고 투구를 쓰는
가병들을 부호들 집집마다 보유했던 부유한 부여였다고 한다.

이러한 부여백성의 인성은 强勇하고 謹厚해서 도적이 없었다고 하고 고
대 숙신씨 시대부터 순결을 상징하는 흰옷을 입는 민족으로 白布의 바지
저고리와 도포를 입고 가죽신을 신고 살 정도로 裕足했으며 출타시는 금
은의 패물들로 장식을 하고 冠을 쓰고 다녔다고 한다.

이러한 부여는 敬天愛民 사상에서 10월이 되면 제천의 행사를 거국적으로
시행하였는데 연일 음식을 나누며 노래와 춤으로 즐겼다고 하는데 이 행사를
迎鼓라고 했다.

이러한 부여왕의 印은 濊王의 印이었는데 부여 땅은 본래가 예맥의 땅이
었고 예맥 이전에는 동이의 종주국이던 古肅愼國의 땅이었기에 부여의 성
들을 濊城이라고 불러왔던 것인데 이러한 부여왕이 昇遐하면 玉匣으로 장
례를 치루었다고 한다.

그런데 부여와 數千里 떨어져 있는 長安이 수도였던 漢나라는 항상 미리
옥갑을 준비하여 부여와 인접해 있는 현도군에 맡겨 두었다가 부여왕이 승
하하면 漢나라가 헌상하는 옥갑으로 장례를 치르게 했다는 漢帝國이었다.

이러한 예맥조선이던 부여의 국력은 중국지리서인 산해경에서 東海之內
北海之隅朝鮮이었다는 조선의 근원이었던 단군조선의 발상지로서 아시아
최대의 강국이었고 아시아 최대의 문명국이었다는 증언이 사기오제본기와
사기흉노전과 삼국지동이전과 한서동이전의 증언들이다.

解釋 : ㉰ 사기진본기 우리는 민족의 기원을 단군조선으로 인식하고 있지만 중국
인들은 고조선을 예맥조선 또는 발조선이라 일컬어 왔는데 사기오제본기

숙신부족 산융이 사기제태공세가 離枝·孤竹 등으로 나타난 山戎임이 입
증된다. 이 산융이 사기진본기에 나타나는 戎王이었는데 고대 단군조선
부족 가운데의 산융이라는 융왕의 眞聖人 정치가 단군조선부족의 내치였
음이 입증된다.

그 증거가 사기오제본기의 山戎發肅愼과 사기제태공세가의 山戎과 사기
진본기 산융의 戎王, 이 모두가 동일한 산융이고 융이들임이 입증되는데
춘추시대 하북지방 발조선 산융의 융이부족왕이 秦의 繆公이 현자라는 소
문을 듣고 그것을 확인하려고 由余를 사신으로 秦나라에 보냈다.

이때 秦의 繆公이 자신의 궁실에 모아 두었던 진귀한 물건들을 융왕 사신
유여에게 보여주었는데 유여가 한 말이 이 진귀한 물건들을 귀신을 시켜
모았으면 귀신들의 노고가 컸겠고 사람을 시켜 모았으면 사람들의 고생이
심했겠다고 하니 繆公이 의아하게 여기며 이렇게 말했다.

중국에는 시서와 예악과 윤리의 법도가 있어서 정치를 해도 난리가 끊이
지 아니하는데 융이나라에는 이러한 것이 없으니 무엇으로 정치를 하는지
심히 어렵지 않겠느냐고 하니 융이 사신 유여가 웃으며 대답하기를

융이나라의 윗사람은 아랫사람을 덕으로 대우하고 아랫사람은 윗사람을
信義의 충성으로 섬긴다고 하고 한나라의 정치가 한몸을 다스리는 것과
같은 정치이기에 이 정치는 眞聖人의 정치라고 했다.

그러니 이러한 진성인정치는 단군조선부족 산융의 융이왕 진성인정치였음이
입증된다. 이러한 숙신이라는 단군조선의 정치제도와 문물들이 중국으로 전
해졌기에 中國失禮求之四夷였다고 증언케 하고 있는 것이 단군조선의 뒤
를 이은 예맥조선이다.

⑪ 史記卷六十九蘇秦列傳 燕文侯曰 燕東有朝鮮遼東 北有林胡樓煩 西有雲中九
原 南有嘑沱易水 證言

㉮ 後漢書卷百十五東夷傳 二十五年春 句麗寇 右北平·漁陽·上谷·太原
遼東太守蔡彤 以恩信招之 皆復欵塞. 證言

解釋 : 사기소진열전의 燕東有朝鮮 기사는 전국시대말 燕의 위치를 밝힌 것
에 불과하기 때문에 燕東有朝鮮 동쪽의 요동이 어디인가 하는 것은
밝혀져 있지 아니하였지만 연동쪽 조선요동의 위치가 후한서동이전에
서 고구려가 우북평 어양 상곡의 공격을 거쳐 태원까지 진격했을 때
요동태수 蔡彤이 신의로 고구려군과 협상하여 화친을 맺음으로써 고
구려군이 돌아가게 하여 태원의 요새들을 모두 회복하게 했다는 것으
로 보아 전국시대 燕東有朝鮮의 요동은 태원지방이었음을 한서동이전
이 입증하고 있다.

그러니 사기조선열전에 秦滅燕遼東外徼 조선의 위치가 후한서동이전
의 태원요동 증언으로 진시황이 燕을 멸했을 때 太原東北方遼東에

朝鮮이 존재했었다는 것까지가 입증되고 漢나라가 태원동북방의 遼東
古塞를 수리하여 燕에 속했던 浿水를 漢나라와 조선과의 경계로 했
었다는 浿水의 위치 역시 태원북방 요동 음산으로부터 발원했던 溴水
였음이 입증되는 것임을 부인할 수 없다.

⑫ 史記卷六秦始皇本記 地東至海曁朝鮮 正義 至海謂渤海南至 楊蘇台等州之東
海也 曁及也 東北朝鮮國……北據河爲塞 並陰山至遼東 正義 黃河陰山在朔
州北塞外 從河傍陰山東至遼東 築長城爲北界 證言
　解釋：사기진시황본기 증언의 조선은 요동조선 증언이다. 왜냐하면 진시황 때의
　　　　秦나라 동쪽이 중국대륙 동해라는 바다에 이르렀으나 조선은 발해 남쪽의
　　　　楊蘇台等州의 동해까지의 조선이었고 북쪽으로는 秦나라가 황하를 요새
　　　　로 했던 황하 북쪽 음산산맥 동쪽의 요동이 동북조선국이었다는 증언이다.
　　　　그러니 진시황 때의 조선은 발해 남쪽의 楊蘇台等州까지였고 북쪽으로는
　　　　음산산맥 동쪽의 요동이 동북조선국이었다는 증언이니 진시황 때의 조선
　　　　은 산동북부로부터 하북과 요서와 요동 전체가 진시황 때의 조선이었다는
　　　　증언이다.

⑬ 三國志魏志卷三十東夷傳 魏略曰 昔箕子之後朝鮮侯……秦並天下使蒙恬築
長城到遼東時朝鮮王否立……否死其子準立……朝鮮與燕界於溴水……燕人
衛滿亡命 渡溴水詣準降 求居西界 證言
　解釋：진시황이 천하를 통일한 후 蒙恬將軍으로 하여금 만리장성을 축성케 한
　　　　그 장성 축조가 요동에 이르렀을 무렵에 조선왕 否가 서고 否王이 죽은
　　　　다음에는 그 아들 準이 왕이 되었는데 조선과 燕과의 경계가 溴水라는
　　　　浿水를 경계로 했다. 이 때 연인 위만이 망명하면서 溴水라는 浿水를 건
　　　　너 조선에 이르러 準王에게 투항하고 조선의 서편에 居했다는 증언인데
　　　　이 溴水라는 浿水가 北京 서북방의 영정하가 溴水요 浿水요 薩水였다
　　　　는 것을 밝히었다.

⑭ 古典淮南子 時則訓 太行石間東方極 自碣石過朝鮮 證言
　㉑ 史記卷六十九蘇秦列傳 燕南有碣石鴈門之饒 索隱 戰國策 碣石山在常山九門
　　縣 地理志 大碣石山 右北平驪城縣 西南是也 正義 鴈門山在代燕西門 證言
　　　解釋：前漢初의 淮南子는 漢高祖의 손자로 한무제 직전의 인물이다. 이러
　　　　　한 淮南子가 燕나라 남쪽의 碣石山과 태행산맥 동쪽이 漢나라 동쪽
　　　　　의 끝이라고 하고 燕남쪽의 碣石山과 태행산맥을 지나면 조선이었다
　　　　　는 증언이다.
　　　　　이러한 회남자의 증언대로이면 태행산맥 동쪽의 조선은 산동북부 황하
　　　　　삼각주 내륙의 화북평원 위시의 하북과 요서·요동이 조선이었다는 증
　　　　　언이다. 그러니 회남자 증언의 연남쪽 갈석산과 태행산 동쪽 조선은
　　　　　사기조선열전에서 말하는 準王朝鮮이었고 위만조선이었다는 증언임이

입증된다. 왜냐하면 사기조선열전의 조선은 진번조선이 다름 아닌 準王朝鮮이었고 위만조선이 되었음을 부인할 수가 없기 때문이다. 그러면 이 사실을 확인하기 위하여 사기조선열전을 살펴보기로 한다.

⑮ 方言第一 燕之外鄙朝鮮洌水之間 方言二 燕之外郊朝鮮洌水之間 方言第四 燕之東北朝鮮洌水之間 方言第八 燕之東北朝鮮洌水之間 證言 朝鮮總督府 朝鮮史編修會 朝鮮史 第一篇 第三卷 支那史料

㉠ 史記卷百十五朝鮮列傳 集解 張晏曰 朝鮮有濕水洌水汕水 三水合爲洌水 疑樂浪朝鮮取名於此也 證言

解釋：前漢末 楊雄 저술의 방언에 燕東北 外鄙朝鮮洌水之間 또는 燕東北外郊朝鮮洌水之間이라는 洌水가 어디에 있는 洌水인가 하는 것이 문제가 되는데 洌水는 중국 음산 동쪽 요동으로부터 발원하여 동남쪽으로 흐르는 열수가 北京 서편을 지나 요동조선의 낙랑으로 흘러 발해로 들어간다고 사기조선열전이 증언하고 있다.

그러니 방언이 말하는 洌水는 삼국지위지동이전의 위략에서 溴水라는 洀水이고 薩水인데 洌水·溴水·洀水·薩水라는 洌水는 北京 서북쪽으로 흘러 천진을 거쳐 발해쪽으로 들어가는 永定河가 열수임이 입증된다.

⑯ 史記卷百十五朝鮮列傳 自始全燕時 嘗略屬眞番朝鮮 爲置吏築障塞 秦滅燕屬遼東外徼……至洀水爲界屬燕……眞番朝鮮王之都王險 索隱 徐廣曰 昌黎有險瀆縣也 集解 應劭 注 地理志云 遼東有險瀆縣 朝鮮王舊都 瓚云 王險城在樂浪郡洀水之東也……以故遂定朝鮮爲四郡 封參爲灃淸(山東)侯 陰爲萩苴侯(渤海) 唊爲平州侯(屬梁父)(河北) 長爲幾侯(韋昭曰 屬河東幾縣名) 最以父死頗有功 爲涅陽侯(屬齊) 證言

解釋：일찍이 燕의 전성기라는 燕昭王(BC 311~279) 때의 장수 秦開가 진번조선에 속해 있는 땅을 공략하고 그곳에 鄣塞를 쌓았는데 秦이 燕을 멸했을 때는 음산 동쪽 遼東外徼 조선이었다는 증언이다. 그리고 燕에 속해 있는 洀水를 경계로 했던 진번조선의 왕도는 王險城이었다고 하는데 발해 내륙의 요동에 있는 險瀆縣에 朝鮮王舊都인 王險城이 있었다고 하고 왕검성은 요동낙랑의 洀水 동쪽이었다는 증언이다.

이러한 조선을 멸한 자리에 한사군을 설치했는데 參을 산동지방의 灃淸侯로, 陰을 발해지방의 萩苴侯로, 唊을 하북지방의 平州侯로, 最를 옛 齊지방의 涅陽侯로 각각 봉하고 右渠의 아들 長은 위만조선의 故地와는 거리가 멀리 떨어진 하동의 幾侯로 삼았다고 되어 있는데 이 사실을 입증하는 것이 사기흉노전 漢東拔滅貊朝鮮以爲郡 증언이다.

## 3) 中國史書 및 地理書 遼東漢四郡 證言 確認

① 史記卷百十五朝鮮列傳 自始全燕時 嘗略屬眞番朝鮮 爲置吏築障塞 秦滅燕屬
遼東外徼……至浿水爲界屬燕……眞番朝鮮王之都王險 索隱 徐廣曰 昌黎有
險瀆縣也 集解 應劭 注 地理志云 遼東有險瀆縣 朝鮮王舊都 瓚云 王險城在
樂浪郡浿水之東也……以故遂定朝鮮爲四郡 封參爲澅淸侯 陰爲萩苴侯(渤海)
唊爲平州侯(屬梁父) 長爲幾候(韋昭曰 屬河東幾縣名) 最以父死頗有功 爲涅陽侯
(屬齊) 證言

② 前漢書卷九十五朝鮮傳 故遂定朝鮮爲眞番臨屯樂浪玄菟四郡 封參爲澅淸侯 陰
爲萩苴侯(屬渤海) 唊爲平州侯 長爲幾候 最以父死頗有功 爲涅陽侯 證言

③ 史記卷百十匈奴傳 漢使楊信於匈奴 是時漢東拔濊貊朝鮮以爲郡 樂浪(眞番竝合)
玄菟(臨屯竝合) 二郡 證言

　解釋：사기흉노전에 의하면 漢武帝는 漢帝國 동쪽의 예맥조선 일부를 뽑아내고
　　　　덜어내어서 낙랑군과 현도군을 삼았다고 되어 있는데 이러한 사기흉노전
　　　　의 기사대로이면 漢武帝에게 멸망된 위만조선은 요동기자거지조선으로 예
　　　　맥조선의 부족국가였다는 것이 입증된다.

④ 前漢書卷九十四匈奴傳 於是漢遂取河南地 築朔方 復繕故秦時蒙恬所爲塞 因
河而爲固 漢亦棄 上谷造陽地以予胡

　解釋：이 때 드디어 漢나라가 하남 땅을 취하고 朔方에 요새를 축성했는데 진시
　　　　황 때 蒙恬이 쌓았던 요새를 수선한 것인데 이 때의 漢나라는 上谷과 造
　　　　陽地는 감히 넘겨다 보지도 못했던 예맥조선의 땅이었다.

⑤ 前漢書卷二十八下地理志 樂浪·玄菟武帝時置 皆朝鮮濊貊 殷道衰 箕子去之
朝鮮 證言

　解釋：한서지리지에 의하면 낙랑군과 현도군은 한무제 때 설치되었는데 모두가
　　　　예맥조선에 설치되었던 것으로 낙랑·현도가 설치되었던 예맥조선은 殷나
　　　　라가 衰한 다음에 箕子去之朝鮮이던 예맥조선에 설치되었다는 증언이다.
　　　　이렇게 볼 때 사기흉노전은 예맥조선의 일부에 낙랑군과 현도군이 설치되
　　　　었다고 되어 있고 한서지리지도 箕子去之朝鮮이었던 예맥조선에 낙랑과
　　　　현도가 설치되었다는 증언이고 보면 한무제에 의해 낙랑·현도군이 설치
　　　　되었던 예맥조선은 산동·하북·요서·요동의 예맥조선이었음이 입증된
　　　　다. 이 사실을 더욱 입증하는 것이 한서지리지의 낙랑·현도군 한제국 직
　　　　할령 幽州 편입이다.

⑥ 前漢書卷二十八下地理志 樂浪郡武帝元封三年開 屬幽州 應劭曰 故箕子朝鮮
國也 玄菟郡武帝元封四年開 屬幽州 應劭曰 故眞番朝鮮國 證言

　解釋：한무제 때 설치되었던 낙랑군과 현도군은 한제국의 직할령인 幽州로 편입
　　　　되었으니 사실상의 식민지로서의 한사군은 존재하지 않았음이 입증된다.

⑦ 後漢書卷一光武帝記下 初樂浪人王調 據郡不服 樂浪郡 故朝鮮國也 在遼東 證言

　解釋 : 후한의 광무제 초에 낙랑인 王調가 반란을 일으킨 낙랑은 요동조선의 진
　　　　번조선 낙랑이었음을 입증하고 있다. 그러니 역사상의 고조선은 위만조선
　　　　의 멸망으로 역사상에서 막을 내리고 만다.

⑧ 後漢書卷百十五東夷傳 質·桓帝之間 高句麗復犯遼東 西安平 殺帶方令 掠
　得樂浪太守妻子 靈帝建寧二年 玄菟太守耿臨討之

　解釋 : 후한서동이전에 후한의 10代帝와 11代帝이던 質帝(146)와 桓帝(147∼
　　　　167) 때에 고구려가 다시 요동에 침입하여 서안평의 대방령을 죽이고 이어
　　　　서 요동의 낙랑태수 처자를 사로잡고 靈帝建寧二年(169)까지(後漢書東夷傳
　　　　은 質·桓之間 23年間 三國志東夷傳은 順.桓之間 43年間) 요동낙랑·대방군을
　　　　점거하다가 현도태수 耿臨에 의해 요동 낙랑군에서 물러났다는 증언이다.
　　　　그러니 한무제 때 한사군으로 설치되었다가 유주로 편입되었다고 전한서
　　　　지리지가 증언하는 한사군이었다는 낙랑군은 요동낙랑군이었음이 재론의
　　　　여지없이 입증되는 바다.


## 4) 中國正史의 夫餘와 高句麗는 肅愼國을 繼承한 東夷·濊貊 歷史 證言 確認


### (1) 高句麗의 先民인 夫餘 證言

① 孟子卷十二告子下 白圭曰 吾欲二十而取一何如 孟子曰 子之道貉道也 什一
　而取堯舜之道也 欲輕之於堯舜之道者貉也……夫貊無城郭宮室宗廟祭祀之禮
　無諸侯幣帛饗殮 無百官有司 故二什而取一而足也 證言

② 三國志魏志卷三十東夷傳 夫餘在長城之北……方可二千里其民土著……有宮
　室倉庫牢獄 其人性强勇謹厚 不寇鈔 國有君主 皆以六畜名官……邑落有豪
　民 名下戶皆爲奴僕……以弓矢刀矛爲兵 家家自有鎧杖……在國衣尙白 白布
　大袂袍褲履革鞜 出國則……以金銀飾帽 以殷正月祭天 國中大會 連日飮食
　歌舞 日迎鼓……行道晝夜 無老幼皆歌……漢時夫餘王葬用玉匣 常豫以付玄
　菟郡 王死則迎取以葬……其印文言濊王之印 國有故城名濊城 皆本濊貊之地
　證言

③ 後漢書卷百十五東夷傳 夫餘國在玄菟北千里……本濊地也……挹婁古肅愼氏
　之國……以殷正月祭天 大會連日 飮食歌舞 名曰迎鼓 行人無老幼歌吟 其王
　葬用玉匣 漢朝常豫以玉匣付玄菟郡 王死則迎取以葬焉 多勇力善射 弓長四尺
　弩矢用楛 靑石爲鏃 鏃皆施毒 中人卽死 隣國畏患 東夷夫餘飮食類此皆俎豆

解釋 : 부여는 숙신족이던 단군조선을 계승했던 부여였다는 것을 밝히었다. 그러니
만주족이던 예맥조선세제는 요순시대 세제보다 輕했던 세제였음도 밝혔다.
이러한 예맥족인 부여를 삼국지위지동이전과 한서동이전은 이렇게 증언한
다. 貊이라는 예맥족의 부여는 秦만리장성의 북쪽이었는데 본래가 예맥의
땅이었고 그 이전은 古肅愼氏之國이던 단군조선(吏讀文·신라 이래 한자의
음과 뜻을 풀이하여 한문을 우리 말 형식으로 적어 쓰는 맞춤법)의 故地다.
부여왕 아래의 관직은 六蓄名을 따서 부친 관직명이었다고 하고 부여 각
읍락의 부호들은 모두 노비들을 두었는데 弓矢와 칼과 창들로 무장케 하
고 갑옷을 입고 투구를 쓰는 가병들을 부호들 집집마다 보유했던 부유한
부여였다는 증언이다.
이러한 부여백성의 인성은 强勇하고 謹厚해서 도적이 없었다고 하고 고대
의 숙신조선 때부터 순결을 상징하는 흰옷을 입는 백의민족으로 白布의 바
지저고리와 도포를 입고 가죽신을 신고 살 정도로 裕足했으며 출타시는 금
은의 패물들로 장식을 하고 冠을 쓰고 다녔다고 한다. 이러한 부여는 敬天
愛民 사상에서 10월이 되면 제천의 행사를 거국적으로 시행하였는데 연일
음식을 나누며 노래와 춤으로 즐겼다고 하는데 이 행사를 迎鼓라고 했다.
이러한 부여의 백성들은 老幼할 것 없이 항상 노래를 부르며 살았던 명랑
한 백성들이었는데 漢나라 때 부여왕이 승하하시면 玉匣으로 장례를 치루
었는데 부여와 수천리 떨어져 있는 장안이 수도였던 漢나라는 항시 부여
왕 장례 때 쓸 옥갑을 미리 준비하여 부여와 인접했던 현도군에 맡겨 두
었다가 부여왕이 승하하시면 漢나라에서 헌납하는 옥갑으로 장례를 치루
게 했던 한제국이었다.
이러한 부여왕의 印文은 예맥왕의 印이었는데 부여의 성들 이름은 모두
濊城이라고 해 왔던 것은 부여 땅은 본래가 예맥의 땅이었고 더 거슬러
올라가면 古肅愼氏之國이었기 때문이다. 이러한 부여는 숙신이라는 단군
조선의 전통을 계승했던 아시아 최대의 문명국이었다. 이러한 숙신단군조
선의 문명이 상고대 중원의 舜에게 전해졌다는 것은 사기오제본기 山戎發
肅愼 東北夷 帝舜之德 皆撫及四方夷人이었다는 것과 한서동이전 東方
曰夷 夷者柢(根本)也 中國失禮求之四夷였다는 증언이다.
이러한 부여는 중원동이의 종주국으로서 동방예의지국이었기에 군자가 끊
이지 아니하는 나라였으므로 공자가 그러한 동이의 본국에 가서 살고 싶
다고 한 天性柔順 言仁而好生 易以道御 至有君子不死之國으로서 孔
子欲居九夷也 했다는 동이의 뿌리(夷者柢也)가 되는 나라로서 동이의 종주
국이었음이 입증된다.
이와같이 부여는 아시아의 최대강국이었기에 흉노가 부여의 요구대로 천리

마와 왕비인 閼氏를 바쳤고 한제국은 부여왕 장례 때 쓸 옥갑을 미리 마
련하여 부여와 인접한 현도군에 맡겨 두었다가 부여왕이 승하하면 헌상할
정도의 부여의 힘은 어디까지나 산해경 증언의 東海之內 北海之隅朝鮮
의 핵심인 숙신 단군조선 계승국인 부여였기 때문이 아니라고 부인할 근
거를 찾을 수가 없다.


## (2) 高句麗는 漢族과는 區別되는 獨立國 歷史

① 三國志魏志卷三十東夷傳 高句麗在遼東之東千里(遼東 陰山 東南쪽 太原東北方漢書
東夷傳證言) 南與朝鮮濊貊 東與沃沮 北與夫餘接 都於丸都之下方可二千里 … 東
夷舊語以爲夫餘別種 言語諸事 多與夫餘同……其民喜歌舞 國中邑落 暮夜男女羣
聚 相就歌戲 無大倉庫 家家自有小倉 名之爲桴京 其人潔淸自喜……十月祭天國
中大會名曰東盟 其公會衣服錦繡 金銀以自飾 國人有氣力 習戰鬪 沃沮·東濊皆
屬焉……出好弓 所謂貊弓是也

② 後漢書卷百十五東夷傳 高句麗在遼東之東千里 南與朝鮮濊貊 東與沃沮 北
與夫餘接地方二千里……東夷相傳以爲夫餘別種 故言語法俗多同……以十月
祭天大會名曰東盟……其人性凶急 有氣力 習戰鬪好寇鈔 沃沮·東濊皆屬焉
……出好弓 所謂貊弓是也

解釋 : 고구려는 요동(태원동북방 요동) 동쪽의 천리 밖에 있는데 남쪽은 조선예맥
과 접해 있고 북쪽은 부여와 접해 있는데 丸都城을 수도로 하여 方可二
千里가 고구려다. 동이는 부여의 옛 칭호였는데 고구려는 동이인 부여로
부터 갈라져 나온 별종이지만 언어와 제반 풍속이 부여와 동일했다. 고구
려인들은 부여인들과 같이 가무를 즐겼는데 國邑 가운데 집집마다 창고를
두고 있을 정도로 부유했다.

10월에는 제천이라는 행사를 거국적으로 시행했는데 이것을 東盟이라고
했지만 고구려 경천사상의 제천은 부여의 迎鼓행사로부터 유래한 祭天東
盟의 행사였다. 고구려인들은 전투에 능했던 부강한 나라였다. 고구려인들
은 활을 잘 쏘고 좋아했는데 고구려인들의 이 활들은 단군조선 때부터 유
명했던 檀弓이었는데 이 단궁은 부여를 거쳐 고구려에 전해졌던 貊弓이
었다는 것이 삼국지와 한서동이전의 증언이다.

그런데 삼국지동이전과 한서동이전에 고구려 남쪽에 조선과 예맥이 있었
다는 조선은 예맥조선의 부족국가이던 箕子去之朝鮮이었고 그 후는 진번
조선이 되었는데 이 진번조선이 준왕조선이었다가 그 후에 위만조선이 되
었던 요동조선이 고구려 남쪽에 있었던 조선이었다. 그러니 고구려는 위만
조선 멸망 후인 BC 37년에 건국되었던 고구려가 아니다.

③ 後漢書卷百十五東夷傳 建武二十五年春 句麗寇 右北平·漁陽·上谷·太原

遼東太守蔡彤 以恩信招之 皆復款塞. 證言

解釋 : 삼국지위지동이전과 후한서동이전 建武二十五年(AD 49) 고구려가 요동 동
　　　쪽의 천리밖에 있었다는 요동은 태원동북방이 요동이었다는 것이 입증된다.
　　　그 증거는 고구려가 우북평 어양 상곡의 공격을 거쳐 태원까지 진격했을
　　　때 요동태수 蔡彤이 신의로 고구려군과 협상하여 화친을 맺음으로써 고구
　　　려군이 돌아가게 하여 태원의 요새들을 모두 회복하게 했다는 것으로 보아
　　　고구려 때의 요동은 태원의 동북방이었음을 한서동이전이 입증하고 있다.
　　　그러니 사기조선열전에 秦滅燕遼東外徼 조선의 위치가 후한서동이전의 태
　　　원요동 증언으로 진시황이 燕을 멸했을 때 太原東北方遼東에 朝鮮이 존
　　　재했다는 것까지가 입증되고 漢나라가 태원동북방의 遼東古塞를 수리하
　　　여 燕에 속했던 浿水를 漢나라와 조선과의 경계로 했었다는 浿水의 위치
　　　역시 태원북방 요동 음산으로부터 발원했던 浿水였음이 입증되는 것임을
　　　부인할 수 없다.
　　　그러니 동이예맥족으로서 백의한민족이던 고구려는 건국 초기부터 중원대
　　　륙의 한제국과는 대립관계였음을 입증하는 것이 AD 48년의 慕本王 때 벌
　　　써 漢나라 쪽의 우북평·어양·상곡을 거쳐 태원을 공격했던 고구려였다.

④ 三國史記高句麗本紀 太祖王三年 築遼西十個城 以備漢兵 拓境東至滄海 南
　　至薩水 證言

　解釋 : 그 후의 태조왕 3년(AD 55)에는 요서에 10개성을 쌓고 漢兵을 방비했는
　　　　데 당시 고구려의 漢나라쪽 경계가 漢나라 동쪽은 한무제가 濊君南閭를
　　　　매수하여 蒼海郡을 설치했다가 東濊(東濊 高句麗屬焉 漢書東夷傳 증언 이전)
　　　　의 강력한 항의에 견디지 못하고 蒼海郡을 철폐했던 황화삼각주 화북평원
　　　　까지였고 고구려 남쪽 漢나라쪽 경계는 지금의 중국 북경 서북쪽 永定河
　　　　(洌水·溴水·浿水)인 薩水(永定河)가 한제국과의 경계였음이 입증된다.

⑤ 後漢書卷百十五東夷傳 和帝元興元年 高句麗 復入遼東寇略六縣 遼東太守耿夔擊
　　之 證言

　解釋 : 고구려 태조왕 53년(AD 105) 고구려가 요동에 다시 침입하여 6개현을 침
　　　　탈했다가 요동태수 耿夔에 의해 후퇴했었다.

⑥ 後漢書卷百十五東夷傳 安帝元初五年 句麗復與濊貊寇玄菟攻華麗城 注 華麗
　　縣屬樂浪郡 證言

　解釋 : 고구려 태조왕 66년(AD 118) 다시 현도군의 華麗城을 공격했다는 華麗
　　　　城縣은 요동낙랑군에 속해 있었다는 注다.

⑦ 後漢書卷百十五東夷傳 建光元年 幽州刺史憑煥 玄菟太守姚光 遼東太守蔡諷
　　等 將兵出塞擊之 捕斬濊貊渠帥 獲兵馬財物 宮乃遣嗣子遂成……遂成因據
　　險阨以遮大軍 而潛遣三千人 攻玄菟遼東焚城郭 殺傷二千餘人……蔡諷等
　　追擊於新昌戰死 證言

解釋 : 후한 6代帝인 안제 建光元年(AD 121) 유주자사와 현도태수와 요동태수가
　　　　합세하여 고구려를 침공했을 때 王弟인 遂成이 험하고 좁은 곳으로 적군
　　　　을 유인하여 대군을 막아내고 한편으로는 3천여 병력으로 도리어 현도성
　　　　과 요동성을 역공하여 성곽들을 불태우고 2천여인을 살상했는데 이 때 요
　　　　동태수 蔡諷은 신창에서 전사했다.

⑧ 三國志魏志卷三十東夷傳 高句麗王宮(太祖王)死 子伯固立 順桓帝之間(AD 126~
　167) 高句麗復犯遼東 寇新安居鄕 又攻西安平於道上 殺帶方令 掠得樂浪太守
　妻子 靈帝建寧二年(AD 169) 玄菟太守耿臨討之 斬首虜數百級 伯固降屬遼東
　解釋 : 고구려 태조왕 다음의 차대왕 때의 고구려는 漢帝國의 順帝(AD 126~
　　　　144) 때부터 冲帝・質帝 뿐 아닌 桓帝(AD 147~167)를 거쳐 靈帝建寧 2
　　　　년(AD 169)까지의 43년간을 요동낙랑군을 점령했었던 고구려였음이 입증
　　　　된다. 그러나 후한서동이전의 기록은 다음과 같이 다르다.

⑨ 後漢書卷百十五東夷傳 質・桓之間 高句麗復犯遼東西安平 殺帶方令掠得樂
　浪太守妻子 建寧二年 玄菟太守耿臨討之 斬首數百級 伯固降乞屬玄菟云
　解釋 : 한서동이전에는 고구려가 다시 質帝7와 桓帝(147~167) 사이에 요동서안
　　　　평에 침입하여 대방령을 죽이고 요동낙랑태수 처자를 생포하고 요동낙랑
　　　　군을 점령했다가 靈帝建寧 2年(AD 170) 현도태수 耿臨이 고구려를 토벌
　　　　했는데 그 때 고구려왕 伯固가 항복하고 현도에 속하기를 구걸했다고 기
　　　　술되어 있는데 이렇게 되면 삼국지동이전에는 고구려가 요동낙랑군을 점
　　　　령했던 기간이 43년이었는데 한서동이전에는 24년이 된다. 그러고 보면
　　　　고구려가 요동낙랑군 점령 기간이 20년간이나 차이가 나는 중국의 역사서
　　　　들이고 보면 고구려왕 伯固라는 次大王이 현도군에 속하기를 구걸했다는
　　　　것은 과장임이 후한서 아래의 원문들로 입증된다.

⑩ 後漢書卷百十五東夷傳 是歲宮(太祖王)死 子遂成立 姚光上言 欲因其喪發兵
　擊之 議者皆以爲可許 尙書陳忠曰 宮前桀黠 光不能討 死而擊之 非義也 宜
　遣弔問……安帝從之 證言
　解釋 : 고구려 태조왕이 죽고 王弟였던 遂成을 아들 伯固라고 기술되었을 때
　　　　현도태수 姚光이 上奏하기를 고구려왕이 죽은 상중인 이때를 이용하여
　　　　고구려를 정벌하는 것이 유리하겠다고 하니 그 자리에 참석했던 사람들
　　　　모두가 찬성했으나 尙書인 陳忠이 前王이 걸출하여 姚光이 능히 정벌치
　　　　못했는데 그 왕의 상중에 공격하는 것은 비리로서 불의한 짓이니 마땅히
　　　　弔問을 보내야 한다고 함에 安帝가 陳忠의 말을 받아들여 고구려에 조
　　　　문사절을 보내었던 한제국이었다.

⑪ 後漢書卷百十五東夷傳 明年遂成 還漢生口……安帝詔曰……今自以後 不與
　縣官戰鬪 而自以親附送生口者 皆與贖直 縑人四十匹小人半之 證言
　解釋 : 遂成이 고구려의 차대왕이 된 후 漢나라로부터 잡아 온 漢人들을 모두

돌려보내겠다고 하니 安帝가 조서로 양국간 전쟁을 하지 아니하고 화친하기 위해 漢人포로를 송환하면 漢나라는 그 대가의 贖直으로 大人포로 1인당 비단 40필과 小人은 그 반으로 보상하겠다고 했던 한제국이었다. 이렇게 볼 때 중국동북공정의 주장대로 고구려가 중국 漢帝國의 속국인 지방정권으로서 주종관계였다면 인류역사상에서 속국이 본국의 영토를 수백년에 걸쳐 침탈하고 수100년간이나 본국을 배역하는데도 속국으로서의 주종관계가 성립되거나 유지되었다는 역사가 중국동북공정 주장 이외의 역사가 세계사 가운데서 그 어디에 있는지 중국의 역사학자는 밝혀야 한다.

## 5) 史記匈奴傳 漢帝國과 匈奴와의 關係 證言 確認

① 史記卷百十匈奴傳　　冒頓出獵……射殺單于頭曼……是時東胡(濊貊夫餘)强盛 聞冒頓殺父自立　乃使使謂冒頓　欲得頭曼時有千里馬　冒頓問羣臣　羣臣皆曰 千里馬匈奴寶馬也勿與　冒頓曰　奈何與人隣國而愛一馬乎　遂與之千里馬　居 境之東胡以爲冒頓畏之　乃使使謂冒頓　欲得單于一閼氏　冒頓復問左右　左右 皆怒曰　東胡無道　乃求閼氏請擊之　冒頓曰　奈何與人隣國　愛一女子乎　遂取 所愛閼氏予東胡　證言

解釋 : 단군조선의 뒤를 이어 그 후광을 입었던 秦末漢初의 부여는 한제국으로부터 조공을 받고 있었던 흉노(史記卷百十匈奴傳)를 좌지우지했던 부여였음이 입증되는 것은 흉노왕 冒頓이 父王을 살해하고 왕이 되었음을 알게 된 부여가 흉노왕 모돈에게 부왕 살해의 죄를 추궁하며 頭曼 생존시의 천리마와 흉노의 왕비 閼氏를 달라고 했다. 이에 모돈의 모든 신하가 천리마는 흉노의 寶馬이니 줄 수 없다고 했고 왕비인 閼氏 요구는 무례하다고 거절했는데도 모돈은 천리마와 왕비 閼氏를 부여왕에게 바쳤다.

② 史記卷百十匈奴傳　是時漢初定中國　匈奴大攻圍馬邑　韓王信降匈奴　高帝自將 兵往擊之　於是冒頓從精兵　四十萬騎　圍高帝於白登　高帝乃使使間厚遺閼氏 閼氏乃謂冒頓曰……漢王有神　單于察之……亦取閼氏之言　乃解圍之一角　於 是高帝　從解角直出……於是漢患之　高帝乃使劉敬　奉皇室女公主　爲單于閼 氏　約爲昆弟　以和親冒頓乃少止

③ 史記匈奴傳 孝文皇帝　復遣宗室女公主爲單于閼氏　使宦者中行說傅公主　說不 欲行漢疆使之　說曰　必我行也爲漢患者　中行說旣至因降單于　單于甚親幸 之……歲有數　今天下大安　萬民熙熙　朕與單于爲之父母　朕追念前事　證言

④ 前漢書卷九十四上匈奴傳　孤鹿姑單于遣使遺漢書云　南有大漢　北有强胡(濊貊 夫餘)　胡者天之驕子也

解釋 : 모돈 후의 孤鹿姑單于는 漢나라에 사신을 보내면서 흉노의 남쪽에는 大漢

帝國이 있고 흉노의 북쪽에는 강력한 胡라는 예맥부여가 있다고 하고 胡라
는 예맥부여는 천지에서 驕子라고 불평을 털어놓기까지에 이르렀다고 한다.

⑤ 前漢書卷九元帝記 竟寧元年(BC 33) 匈奴虖韓邪單于來朝……詔曰 匈奴郅支
單于 背叛禮儀旣伏其辜 虖韓邪單于不忘恩德 鄕慕禮儀 復修朝賀之禮……
賜單于待詔 掖庭王穡爲閼氏 應劭曰 待詔王穡王氏女名昭君閼氏 證言

解釋 : 이상의 흉노전으로 미루어 볼 때 漢帝國은 흉노 單于를 부모의 나라로
섬기겠다고 하고 漢皇室의 공주를 흉노 單于의 妃인 閼氏가 되게 바쳐
왔고 漢帝國이 父母之國으로 섬기던 郅支單于를 배반했던 죄를 자복하
고 다시 虖韓邪單于에게 충성을 맹세했던 한제국이 고구려가 장수왕(413
~492) 이래 중국의 五胡十六國시대부터 중국열국과의 국제적 외교로 중
국의 여러 열국으로부터 封爵을 받고 조공을 했던 것이 사실이었다 하더
라도 그것 때문에 고구려가 중국의 속국이었다는 주장이라면
한제국 역시 한고조(BC 206~195) 때부터 한제국의 안보를 위해 漢皇室의
공주를 흉노에게 바치고 동시에 수많은 재물을 수없이 조공했고 10대 황
제인 元帝가 죽을 때까지(BC 33) 근 200년간이나 황실의 공주 헌상과 조
공을 했던 한제국은 흉노제국의 선우를 父母國으로 섬기었던 한제국이 고
구려가 중국의 혼란기였던 오호십육국시대 이래 작봉을 받고 몇 번 藩臣
이라 했던 것과 다를 것이 무엇인지 해명할 것을 촉구한다.
그런데도 끝까지 동북공정이 고구려가 중국의 속국이었다고 주장한다면
고구려 역사 700년 가운데 10년이 멀다 하고 한제국 땅을 침범했을 뿐
아니라 順帝에서 靈帝에 이르기까지 43여년간을 한제국의 직할령이던 幽
州의 낙랑군을 점령하고 지배했는데도 고구려가 독립국이 아니고 중국 지
방정권의 속국이었다는 말인가?


## 6) 史記 및 魏略 朝鮮땅 二千里 奪取는 歷史的 事實 아닌 捏造임을 確認

① 史記卷百十匈奴傳 燕有賢將秦開 爲質於胡 胡甚信之 歸而襲破走東胡 東胡
卻千餘里……燕築長城 自造陽至襄平 置上谷·漁陽·右北平·遼西·遼東
郡以拒胡 主張

解釋 : 사기흉노전에 의하면 전국시대 말 燕의 장수 秦開가 東胡라는 예맥조선
땅 천여리를 탈취하고 造陽으로부터 상곡·어양·우북평·요서·요동의
襄平에 이르기까지 천여리에 장성을 쌓고 胡라는 예맥조선을 방비했다는
것이다.

② 三國志魏志卷三十東夷傳 魏略曰 昔箕子之後朝鮮侯 見周衰燕自尊爲王 欲東

略地朝鮮……燕乃遣將秦開 攻其西方取之二千餘里 至滿潘汗爲界 朝鮮遂弱
乃秦並天下 使蒙恬築長城到遼東時朝鮮王否立……否死其子準立 證言
　解釋：삼국지위지동이전의 위략에 燕將帥秦開가 조선땅 二千里를 탈취하고 滿
　　　　潘汗을 경계로 함으로써 조선은 드디어 약화되었다는 것이다. 그리고 진
　　　　시황이 燕을 멸하고 통일한 다음에는 蒙恬將軍으로 하여금 만리장성을
　　　　축성케 했는데 만리장성의 축성이 요동에 이르렀을 무렵에 조선왕 否가
　　　　서고 否王이 죽은 다음에는 아들 準이 조선왕이 되었다는 기사다. 그러나
　　　　이상의 秦開朝鮮땅 二千里 侵奪은 중국역사학자들의 날조임이 다음 증
　　　　거로 입증된다.
③ 史記卷三十二齊太公世家 齊桓公二十三年 山戎伐燕 燕告急干齊 齊桓公救燕
　　遂伐山戎 至于孤竹而還
④ 史記卷百二十九貨殖列傳 夫燕亦勃碣之間 一都會也 南通齊趙 東北邊胡 上
　　谷至遼東 …… 北鄰烏丸夫餘 東縮濊貊朝鮮眞番之利 證言
　解釋：燕 秦開 조선탈취 날조 첫째 증거가 사기화식열전에 의하면 춘추전국시대
　　　　의 燕은 영토국가라 할 수 없을 정도의 小國이었기 때문에 史記齊太公世
　　　　家 증언대로 자국의 연명에도 급급했던 燕이었다. 이러한 燕의 남쪽은 齊
　　　　나라와 趙나라 그리고 동북쪽으로는 烏丸과 夫餘 그리고 예맥조선의 부족
　　　　국가이던 진번조선 등과의 사이에서 중개무역을 해서 이득을 취해 왔던
　　　　燕이었음을 밝히고 있다.
⑤ 史記卷六十九蘇秦列傳 燕文侯曰 燕東有朝鮮遼東 北有林胡樓煩 西有雲中九
　　原 南有嘑沱易水 蘇秦曰 秦之攻燕也 戰於千里之外 趙之攻燕也 戰於百里之
　　內……是故願大王與趙從親則 燕國必無患矣 文侯曰 子言則可 燕吾國小 西
　　迫彊趙 南近齊 齊趙彊國也 子必欲合從以安燕 寡人請以國從 證言
　解釋：蘇秦이 燕의 文侯에게 秦나라는 燕의 천리 밖에 있지만 趙나라는 燕의
　　　　백리밖에 있으니 燕이 趙나라와 더불어 화친하게 되면 우환이 없어질 것
　　　　입니다 라고 하니 燕의 文侯가 蘇秦 자네 말이 옳다고 하고 燕은 소국이
　　　　니 蘇秦 자네가 권하는 合從策애 따라 燕을 安保할 것이라고 했던 燕은
　　　　자국의 안보도 지킬 능력이 없었던 燕이었음이 立證되는 소국이었다.
⑥ 史記卷八十樂毅列傳 齊大破燕 燕昭王怨齊 未嘗一日而忘報齊也 燕國小辟遠
　　力不能制……燕昭王問伐齊之事 樂毅對曰 齊覇國之餘業也 未易獨攻也 王
　　必欲齊伐之 莫如與趙及楚魏 證言
　解釋：사기낙의열전에 의하면 秦開 때의 燕王이던 昭王(BC 311~279)은 강국이
　　　　던 齊나라에 대한 원한을 하루도 잊어버릴 수 없으리만치 깊고 컸지만 약
　　　　소국인 燕으로서는 어찌할 도리가 없었다. 그러하기에 秦開 때의 昭王이
　　　　樂毅에게 어떻게 하면 齊나라에 보복할 수 있을지를 물으니 樂毅가 대답
　　　　하기를 齊나라는 列國七雄 중에서 패권을 잡고 있는 강국이니 燕나라 단

독으로는 齊나라를 칠 수 없으니 왕이 齊나라를 치고자 하시면 趙나라와
楚나라와 魏나라들과 연합하지 않고는 燕이 齊나라를 단독으로 칠 수 없
다고 할만치의 약소국이었음이 입증되고 있다.

이렇게 볼 때 燕은 자국의 국력으로는 자국의 연명도 지키기 어려웠던 燕
昭王(BC 311~279) 때의 秦開가 조선땅 이천리를 탈취하여 천리장성을 쌓
고 조선을 방비하였다는 것이 可當(可能)키나 한 말인가?

만의 하나 이러한 진개가 가공인물이 아닌 실존인물이었다면 중국의 역사
상에서 진개보다 더 큰 장수가 없는데 어찌하여 중국사서의 그 흔한 열전
가운데 진개의 열전이 없는지를 중국의 역사학자들은 그 이유를 밝혀야
할 일이다.

그러니 전국시대 燕의 조선땅 二千里 탈취가 날조 아닌 역사적인 사실이
었다면 어찌하여 燕을 멸했던 진시황 때 秦나라와 조선과의 국경이던 경
계가 중국 동쪽 동해라는 발해 남쪽 황해내륙의 楊蘇台等州 까지가 조선
이었다는 증언과 북쪽으로는 음산 동쪽의 요동에 조선이 존재했었다는 사
기진시황본기가 거짓 날조였다는 말인가?

만의 하나 燕秦開朝鮮二千里奪取가 역사의 날조가 아니었다면 중국의 사
학자는 사기흉노전과 위략의 燕秦開 조선 二千里 탈취와 정반대가되는 사
기진시황본기 동북조선 증언을 중국사서의 날조가 아닌 역사적 진실임을
어떻게 입증할 것인지 밝혀야 한다.

그 뿐 아니다. 한무제 직전 회남자 증언 역시 중국태행산맥 동쪽 조선 증
언은 산동·하북·요서·요동조선 증언이었고 따라서 사기흉노전 漢東拔
濊貊朝鮮以爲郡과 한서지리지 幽州屬樂浪玄菟 따위 모두가 거짓 중국
사의 날조였다는 말인지를 중국의 사학자들은 밝혀야 할 일이다.

중국 동북공정이 부여와 고구려가 漢族 중심 중국의 속국으로서 중국중앙
정권하의 지방분권정부였다는 주장이지만 고구려는 부여와 동족인 예맥족
으로서 부여로부터 분립되었던 고구려였음은 중국내외사서들 모두가 입증
하고 있는 바다.

그러니 중국동북공정이 부여와 고구려가 중국의 속국이었다는 주장은 어
디까지나 수치스러운 일이기는 하지만 일제의 식민지사관에서 탈피하지
못하고 있는 현행 한국사 의거의 중국동북공정주장이지 중국정사들에 입
각하는 중국동북공정의 주장이 아니라는 것이 입증된다.

그러하기에 고구려는 백의한민족의 正統인 동이예맥족의 중심국가이던 부
여, 더 거슬러 올라가면 동이족 기원의 동이종주국으로서의 고대숙신국이
던 단군조선의 정통을 계승했던 정통 백의한민족의 부여이고 고구려 역사
임이 재론의 여지없이 입증된다.

## 7) 漢帝國 以前 古代中國은 東夷族 中國支配歷史 證言 確認

① 史記 五帝本記 山戎發肅愼 集解注 鄭玄日 肅愼東北夷 東夷·長夷·鳥夷
索隱注 此言帝舜之德 皆撫及四方夷人 故先以撫字 總之北發……漢書北發
是北方國名 四海之內 …… 天下明德 孟子卷八 離婁下 孟子日 舜東夷之人
也 證言

② 後漢書卷百十五東夷傳 王制云 東方日夷 夷者柢也 言仁而好生 故天性柔順
易以道御 至有君子不死之國焉……故孔子欲居九夷……所謂中國失禮求之四
夷者也 證言

③ 孟子卷八 離婁下 孟子日 舜生於諸馮 東夷之人也(史記五帝本記 舜冀州之人也 正
義注 河東縣本屬冀州) 文王生於岐周 西夷之人也 地之相距也 千有餘里 歲之相
後也 千有餘歲 得志行乎中國 史記卷之一 山戎發肅愼 東北夷 東夷·長夷·
鳥夷……四海之內 正義 爾雅云 九夷八狄七戎六蠻謂之四海 後漢書東夷傳
東方日夷 夷者柢(根)也 證言

　解釋：맹자가 舜은 東夷之人이라 하고 문왕은 西夷之人이라 한 것을 두고 후
　　　　대 사람들은 동이와 서이를 전연 다른 夷들인 것처럼 간주하는 예가 적지
　　　　않다. 그러나 이러한 사례는 상고대부터의 동이로부터 四夷 또는 九夷로
　　　　까지 퍼지게 된 것을 너무도 인식하지 못하는데서 기인되는 소치들이다.
　　　　왜냐하면 사기오제본기 山戎發肅愼 東夷·長夷·鳥夷로부터 사방으로
　　　　퍼지게 된 것이 西夷이고 四夷이고 九夷이기 때문이다. 이 사실을 입증하
　　　　는 것이 한서동이전 東方日夷 夷者柢(根)也가 이 사실을 입증하고 있다.
　　　　그러하기에 四海之內 四夷·九夷.·八狄·七戎·六蠻들이지만 이들 모
　　　　두는 하나의 夷인 東夷로부터 파생된 夷들이라는 것을 인식해야 한다.

④ 山海經卷十八海內經 東海之內北海之隅有國名日朝鮮 證言

⑤ 欽定 四庫全書 鄭開陽雜著五卷 明 鄭若曾撰 朝鮮考 朝鮮國近日 本以在其
東 朝日鮮明故名 相傳 堯戊辰歲有檀君者 居太白山 朝鮮人奉以爲主 此朝鮮
立國 證言

⑥ 山海經卷七海外西經 肅愼氏之國 在白民北 有樹(人物樹)名日雄 常先八代帝
於此取之 證言

⑦ 史記五帝本記 黃帝者 小典國君之次子……小典氏 後代之子孫 證言

　解釋：중국 삼황오제로부터 출발한 중국의 고대사는 夏族과 殷族과 周族 모두
　　　　가 동이족들의 역사였을 뿐 아니라 전국시대말 진시황 때까지의 고대중국
　　　　의 역사는 동이가 중국을 지배해 왔던 東夷朝鮮(東海之內 北海之隅朝鮮)이
　　　　었다는 것이 입증된다.
　　　　이렇게 볼 때 중국 진시황 때까지의 고대역사는 동이가 중국을 지배해 왔
　　　　던 조선이었다면 오늘 중국의 중심 민족이라는 漢族은 어디서 기인된 민

족인가 하는 것이 문제가 된다. 이 문제에 관해서 대만대학의 徐亮之 교
수는 「中國史前史話」라는 저서에서 이렇게 밝히고 있다.

⑧ 徐亮之著 「中國史前史話」 殷周以前乃至 殷周之世的 東夷其活動面 實包括
今日河南江蘇 安微湖北及山東河北遼東 朝鮮半島 廣大地域而山東半島其中
心 當四千餘年前 漢族未入中國以前 中原之北部及南部 苗族東夷占領 漢族
侵入中國以後漸與接觸 證言

⑨ 王桐齡著 「中國民族史」 當漢族未入中國以前 現在 湖北 湖南 江西等地 本
爲苗族所屬 此族之國名九黎 君主蚩尤 證言

⑩ 林惠詳著 「中國民族史」 孟子言舜東夷之人也 今人推得舜殷人之祖 殷人爲東
夷 興於東方而殷亡後 箕子東走朝鮮 亦爲東夷殷民族所居地也 證言

解釋 : 이렇게 볼 때 여기에서 문제로 되는 것은 티베트(Tibet) 계통 語族인 중
국의 漢族은 알타이(Altai)어 계통의 동이족이 지배하던 중국으로 이동한
후 한고조가 한제국을 세우기 이전까지는 소수민족으로 동이로 귀화했던
한족이었으나 한고조 이후 동이족과 차별화되면서 많은 민족들이 漢族으
로 귀화하기에 이르렀다.

그 단적인 예를 든다면 중국의 五胡十六國時代에 여러 나라를 세웠던 鮮
卑族이나 遼나라를 세웠던 契丹族이나 金나라를 세웠던 여진족이나 元
나라를 세웠던 몽고족이나 淸나라를 세웠던 女眞족은 모두가 알타이어족
으로서의 동이족이었으나 지금은 모두가 漢族으로 귀화한 민족이 되어 있
음이 그 예이기도 하다.

그러니 이상 열거한 중국사서 및 지리서와 고전들이 대륙고조선 및 부여·고구려 증
언 역사를 현재의 중국이 그대로 인정한다면 중국이 동북공정을 주장할 근거가 없다.
그런데도 중국이 부여와 고구려와 발해가 漢族 중심의 중국역사라고 주장하는 근거
는 현 한국사 의거의 주장임이 입증된다.

그 증거가 중국동북공정 주장은 이상으로 살펴본대로 중국정사들에 의거하는 동북공
정 주장이 아니고 어디까지나 현 한국사가 일제식민지사관에서 탈피하지 못하고 있는
점을 이용하여 거짓된 한국사 의거의 역사논쟁을 하고 있다. 하지만 역사논쟁은 사료
논쟁이 되고 사료신빙성 논쟁에서 피할 수 없는 것이 현실인데도 중국이 이러한 거짓
된 역사논쟁을 계속한다면 결국 중국은 국제적 망신을 당할 수밖에 없게 될 것입니
다. 그러니 역사 이래 형제지국의 우의로 다져 왔던 그 역사적 우정에 돌이킬 수 없
는 피차간의 불행을 초래할까 심히 우려되는 바입니다.

그러하오니 한중 양국은 세계사의 추세가 민족과 국가를 초월하려는 세계화 추세에
부응하는 대한민국과 중화인민공화국이 되어 역사적인 형제국의 우의로 더욱 결속하
여 양국의 역사를 승화시키는 계기로 삼았으면 하는 것이 韓國 老古代史學者의 간
절한 소망임을 간곡히 전달하는 바입니다.

부디 중화인민공화국의 무궁한 발전과 건승 있으시기를 간곡히 기원하면서 중국정사

및 지리서 등 대륙고조선 증언 확인 소송에 대한 확인 결과의 답신 주시기를 앙망하는 바입니다.

만의 하나 이 訴訟에 중국정부의 회신이 없을 경우 우리는 중국정부가 중국의 정사들과 지리서와 고전들의 대륙고조선 증언과 동이예맥족 역사증언을 인정하는 것으로 간주할 수밖에 없다는 것을 첨언하는 바입니다.

최재인 ───────────────────────────────────────────────────

▌약력 및 저서

 • 慶北大學校 勤務
 • 西洋哲學 研究
 • 東洋哲學 研究
 • 韓國古代史 研究

▌주요 논문 및 저서

著書(저서)
 • 祖國統一을 위한 勝共哲學(79년), 未來文化社.
 • 陸軍本部, 反共教育全書(81년), 唯物論哲學批判 및 政治理論批判 執筆.
 • 宗教的 立場에서 본 世界의 歷史(76년), 裕林文化社.
 • 亞細亞 등불 上古朝鮮史(79年), 未來文化社.
 • 잃어버린 上古朝鮮 三千年史(98년), 精神文化社.
 • 21世紀 人性教育(2000년), 精神文化社.
 • 우리 歷史 歪曲 어떻게 할 것인가?(2002년), 精神文化社.
 • 比較宗教學 儒教·佛教·힌두교·기독교·이슬람교(2004년), 未來文化社.
 • 우리教育 이대로는 안 돼!(2008년), 精神文化社.

論文(논문)
 • 月刊 <北韓> 80년 12월부터 滿 1년간 連載, 社團法人 北韓研究所.
 • 國民反共倫理, 國民倫理學會誌 13호.
 • 現行 國史 民族異質化 問題(81년), 國史찾기協議會.
 • 現行國史教科書의 漢四郡 問題 再檢討, 檀君學會誌 5號.

# 東北工程을 극복하려면 國史改正 불가피하다

초판인쇄 | 2009년 11월 20일
초판발행 | 2009년 11월 20일

지은이 | 최재인
펴낸이 | 채종준
펴낸곳 | 한국학술정보㈜
주　　소 | 경기도 파주시 교하읍 문발리 파주출판문화정보산업단지 513-5
전　　화 | 031) 908-3181(대표)
팩　　스 | 031) 908-3189
홈페이지 | http://ebook.kstudy.com
E-mail | 출판사업부　publish@kstudy.com
등　　록 | 제일산-115호(2000. 6. 19)

ISBN　978-89-268-0533-6 93910 (Paper Book)
　　　　978-89-268-0534-3 98910 (e-Book)

내일을여는지식 은 시대와 시대의 지식을 이어 갑니다.